地势坤，君子以厚德载物。

# 知道点中国名人

汪淼 著

中国友谊出版公司

图书在版编目（CIP）数据

知道点中国名人 / 汪森著. -- 北京：中国友谊出版公司，2021.6（2023.7重印）
ISBN 978-7-5057-5165-1

Ⅰ. ①知… Ⅱ. ①汪… Ⅲ. ①名人－生平事迹－中国
Ⅳ. ①K82

中国版本图书馆CIP数据核字（2021）第043559号

书名　知道点中国名人
作者　汪　森
出版　中国友谊出版公司
发行　中国友谊出版公司
经销　新华书店
印刷　河北鹏润印刷有限公司
规格　880×1230毫米　32开
　　　10印张　216千字
版次　2021年8月第1版
印次　2023年7月第3次印刷
书号　ISBN 978-7-5057-5165-1
定价　45.00元
地址　北京市朝阳区西坝河南里17号楼
邮编　100028
电话　（010）64678009

# 序

余秋雨

这套“知道点”丛书，邀我写序。我对丛书的名称有点好奇，一问，明白了他们的意思，就决定写了。

原来，这套丛书里每一本的标题，都以“知道点”开头，如《知道点中国历史》《知道点中国文化》《知道点世界文化》……落脚点都显得宏大，而着眼点却很谦虚，显出青年作者的俏皮。中外文化是万仞群峰，我们不应该畏其高峻而仓皇躲开，更不应该看了两眼就自以为已经了如指掌。我们所能做的是，恭敬地在山脚下仰视，勤快地在山道口打听，简单说来，也就是：知道点。

首先，不知道是可惜的。区区五尺之躯，不以文化群峰作为背景，只是一种无觉无明、平庸卑琐的生理存在。人凭文化与外界进行不同层次的沟通，并通过文化证明自己是谁，对此，即使文化程度不高的人也有一种荣辱感。记得有一次中央电视台举办全国直播的青年艺术人才大奖赛，比赛中有一项文史知识测试。结果出乎意料，几亿观众对这一部分的关注远远超过比赛的主体项目，全国各省观众对于自己省派出的选手在艺术技能上的落败并不在乎，却无法容忍他们居然答不出那些文史知识的试题。由此可知，直到今天，很多人还是习惯于在文化上寻求自身尊严和群体尊严的，这很不错。

但是，紧接下来的问题是，又必须提防人们对于文史知识的沉溺。沉溺，看似深入，实则是一种以文化名义制造的灭顶之灾。中国从明清之后一直有一批名人以引诱别人沉溺来谋生，很不道德。因此，必须在文化的群峰间标画一些简明的线路，在历史的大海中铺设一些浮标的缆索，使人们既领略山水之胜又不至于沉溺。这种做法用一种通俗用语来表述，就是不必知道得太多、太杂、太碎、太滥，只需“知道点”。

“知道点”，不是降低标准，而是提高标准。这就像线路的设定者一定比一般的逛山者更懂得山，缆索铺设者也一定比一般的游水者更熟识海。不仅更懂、更熟识，而且也更有人道精神，更有文化责任。

正是在这个意义上，我觉得这套“知道点”丛书是一项有价值的事业。新世纪的公民不可能全然舍弃人类以前创造的文化历史背景，却又不能让以前的创造来阻断今天的创造，因此应该有更多的山路划定者和缆索铺设者。只有这样，壮丽的历史文化才能真正成为新世纪的财产。

# 目 录

## 第一辑　圣哲智慧

002　道家鼻祖老子
006　万世师表孔子
009　平民思想家墨子
013　儒家亚圣孟子
017　逍遥游仙庄子
020　总汇百家的哲人荀子
023　法家思想的集大成者韩非子
026　倡议独尊儒家的一代大儒董仲舒
030　理学宗师朱熹
033　心学泰斗王阳明

## 第二辑　帝王风骚

038　千古一帝秦始皇

042 布衣皇帝刘邦
046 一代雄主汉武帝
049 乱世枭雄曹操
053 改姓君主魏孝文帝
056 明君典范唐太宗
060 士兵皇帝宋太祖
063 一代天骄成吉思汗
065 出身贫寒的皇帝朱元璋
069 建功立业明成祖
074 盛世英主康熙帝
078 勤政而富有创造性的皇帝雍正

## 第三辑 谋臣策士

082 谋略家的鼻祖吕尚
085 变法第一人商鞅
088 战国说客之冠苏秦
091 “运筹帷幄，决胜千里”的张良
094 凿通西域的张骞
097 深谋远虑的王猛
101 开国元勋刘基

## 第四辑　良臣名相

106　春秋第一相管仲

110　汉初名相萧何

114　智慧的化身诸葛亮

117　贞观明镜魏徵

120　进退皆忧范仲淹

123　“铁面青天”包公

126　“中国11世纪的改革家”王安石

129　“留取丹心照汗青”的文天祥

## 第五辑　名将风流

134　百世兵家之师孙武

138　忍辱不屈的军事大师孙膑

141　匈奴克星李牧

145　西楚霸王项羽

148　“将兵多多益善”的韩信

153　龙城飞将军李广

156　大将军卫青

160　骠骑骁将霍去病

164　绝域英才班超

168　南北朝第一名将陈庆之

171　抗辽名将杨业

174 千古精忠良将岳飞
180 抗倭名将戚继光

## 第六辑　文史佳话

186 中国文学第一骚人屈原
190 汉赋风流司马相如
192 史家之绝唱司马迁
195 田园诗人陶渊明
198 文论泰斗刘勰
201 千古诗仙李白
205 诗坛之圣杜甫
209 诗魔白居易
213 “唐宋八大家”之首韩愈
216 散文大师柳宗元
220 以史资鉴司马光
223 豪情千古苏轼
228 元曲大师关汉卿
230 红楼一梦曹雪芹

## 第七辑　艺苑巨擘

234 书圣王羲之
237 画才顾恺之

240　人物画大师阎立本
243　百代画圣吴道子
246　书法亚圣颜真卿
250　楷书名家柳公权
253　草圣张旭
256　狂草名僧怀素
259　书法博士米芾
261　元人冠冕赵孟頫

## 第八辑　科技宗匠

264　造纸术的大革新家蔡伦
267　约己博艺的大科学家张衡
270　医圣张仲景
272　神医华佗，妙手回春
275　数学王国的巨星祖冲之
277　活字印刷术的发明者毕昇
279　中国科学史的坐标沈括
283　东方医学巨典之父李时珍

## 第九辑　巾帼红颜

288　和平使者王昭君

291 蔡文姬归汉
294 汉藏友好使者文成公主
298 一代女皇武则天
302 婉约词宗匠李清照
306 女子英雄梁红玉
308 纺织革新家黄道婆

# 第一辑

# 圣哲智慧

# 道家鼻祖老子

儒家和道家是我国历史上最重要的思想学派，在汉武帝独尊儒术之前，也曾呈现分庭抗礼之势。其实，早在孔子之前，老子就已经在西方声名远扬了，西方的一些批评家和学者研究过老子，并且对其推崇备至。道家经典《道德经》是中文书中被译为外文译本最多的书，包括40种英译本和9种德译本。它是除了《圣经》之外，最被西方人推崇的书籍之一。

关于老子，留给后世的资料甚少，就连确切的生卒年月也未曾留下。流传最为广泛的一个版本是：老子姓李名耳，字伯阳，楚国苦县厉乡人。现在传世的《道德经》一书是战国时期道家学派传人根据老子的言行、思想整理编著而成。

▲《老子骑牛图》

虽然关于老子的生平事迹已难详考，但并不影响他在历史文化中的重要地位。道家思想具有非常大的影响，老子被尊为聪慧、渊博、才智的代表。之后，统治者尊孔，为官者尊崇重礼数的儒家思想，而向往自由、崇拜自然的诗人则尊崇老子。不过，有意思的是，当诗人走上仕途、戴上了高帽之后，便公开推崇儒学的崇礼性、尚修身，只在背地里研究老庄的学说。而这种“自相矛盾”的做法正是道家渐渐“式微”而儒家渐渐“兴盛”的原因，也是很多诗人仕途不畅的原因之一。

从另一方面来说，若不是汉武帝推行“罢黜百家，独尊儒术”，之后历代帝王尊孔子为圣人，大力推行儒家思想，用儒家思想来巩固自己的统治地位，老子就可能成为中国历史上影响最大的人物。

从思想的角度来看，老子提出了哲学的最高概念“道”，认为“道”是万物之源，是万物起始以及变化的总规律。他在《道德经》中指出，“道生一，一生二，二生三，三生万物”，并且认为“道”是玄远幽微、深不可测的；“视之不见”“听之不闻”“搏之不得”“迎之不见其首，随之不见其后”；“道”是极其特殊的，可以说是生天生地，统御万物，亘古而长存。

老子拥有宏大的宇宙观，认为“道”是从无到有，意味着万物也是从无到有，并且“无”和“有”是相互转化的。这是“道”的一个重要特征——“反者道之动”，即任何事物都具有正反方面的对立及转化。他提出了“祸兮福之所倚，福兮祸之所伏”“正复为奇，善复为妖”，只是他推出这些观点的目的并非为了积极地推动事物的发展，而是让人明白“弱者道之用”的道理。

可见，老子的部分思想是消极的，倾向于抗拒外物。我们知道，“无为”“道法自然”是老子思想的重要组成部分，在他看来，刻意去干涉事物，让其变得更加强大就等同于加速其衰亡，这并不符合“道”的哲学。因此，他提出了“坚硬者早衰，柔软者长存”“物壮则老，谓之不道，不道早已”“人法地，地法天，天法道，道法自然”的思想，认为事物如果一直处于一个羸弱的位置，就能够避免强盛早衰的败局。

这种思想的形成与老子所处的时代不无关系。春秋末期，诸侯争霸，社会混乱，周天子号令天下的时代一去不复返。面对巨大的社会变革，老子看到了万物盛壮之后必然走向衰亡，看到了周王朝由强盛走到了尽头，所以思想中带有强烈的悲观主义和消极主义色彩。他认为人不能违背“自然规则”，不应该强行改变这个世界，而应该尊重和适应这个世界。

但老子并不是彻底的悲观主义者，他看到了强弱之间的转化，认为：“将欲弱之，必固强之；将欲废之，必固兴之；将欲夺之，必固与之。”他并不提倡人们始终“示弱”，而是应该抓住时机将弱转化为强，学会为了“强”而适当“示弱”，而这也成了后来封建统治者玩弄权术、研究统治策略的一个依据。

与孔子相比，老子的道家思想并非为统治者准备，而是为了百

▲《道德经》（竹简版）

姓。他崇尚自然，向往朴素的生活，更不愿意追逐权力富贵；他认为，一个明智的统治者应该顺其自然，而不是企图利用各种法律，或是残酷的刑罚来控制民众；他认为，人们应该避免暴力，统治者应该避免发动战争、横征暴敛，因为这都是不符合自然规律以及道德的。

总之，虽然在中国历代思想家中孔子的影响最大，一些统治者对老子也并不青睐，但不可否认，在我国璀璨的文化中，除了孔子，没有一个能与老子相比的思想家，就连儒家也曾经把老子的思想融入自己的学说之中。而且，老子提出了最朴素的辩证法，对于中国哲学的思想发展有着极其深远的影响。

▲福建泉州清源山老子雕像

# 万世师表孔子

孔子，儒家学派创始人，中国历史上影响最大的思想家。他所创立的儒家思想无时无刻不在影响着每一个中国人，沉淀在中国人的头脑里。

相较于老子的神秘，孔子的生平就详细多了。孔子，名丘，字仲尼，公元前551年生于鲁国陬邑（今山东曲阜），祖籍宋国栗邑（今河南商丘市夏邑县）。孔子出生于贵族之家，父亲在他两岁时就去世了，从此家道中落，过着清贫的生活。

▲ 曲阜孔庙大成殿

21岁那年，孔子在鲁国做了负责管理粮仓事务的小官，后来又被调任管理牧场，可仕途并没有什么太大发展。孔子平时读书非常努力，学问越来越渊博，对治理国家和改进社会秩序产生了浓厚的兴趣。他曾经多次向鲁国国君谏言，阐述自己的治国想法，可惜始终没有得到重视。为此，孔子只好改变策略，周游列国传播自己的思想。

在周游列国的过程中，孔子开办私人学校，广收门徒，宣讲自己的思想和学说。他到过齐、宋、楚、卫等国，但是并未被这些国的国君重视，不得不回到鲁国。虽说孔子的政见一开始没有得到鲁国君主的重视，但孔子的主要成就还是以鲁国为阵地的，在他51岁的时候，就已经位及司寇。由于他的一些思想与当时的社会“格格不入”，孔子又不得不离开，直到晚年才重新回到鲁国，致力于教育事业。

孔子一生都致力于教育，兴办私学，广招学生，到73岁去世前已有“弟子三千”，其中有72名都是后世有名的学者，比如我们熟知的颜回、子路、冉求、子贡，等等。因此，孔子被后世读书人尊称为“至圣”“万世师表”“大成至圣先师”。

孔子的生平言行散见于先秦古籍中，后人将其整理编撰成《论语》一书，记录了孔子及其弟子的言行，现存20篇。

孔子提出了“仁”的学说，即要求统治者能够体察民情、爱惜民力，不要过度压迫人民，主张“仁政”；他还推行以德治民，反对苛政和任意刑杀，主张“施惠于民”，在上要“贤能政治”，在下要“富而后教”；学以致用，提出“学而优则仕”。但是孔子有严重的等级思想，强调“君君，臣臣，父父，子子”，用礼教来治理国家，认为仕途应该是学子之间的较量。

孔子建构了仁、义，礼、智对举的哲学范畴，讲“立人之道，曰仁与义”“知崇礼卑”；讲“圣”，认为人人可以成圣，人人皆尧舜。在经济思想方法上，孔子重义轻利，教育人们应该“见利思义”。这些思想对于后世的影响非常深远，至今还影响着人们的言行。自古以来，人们提倡的“礼义廉耻”四个字，就是孔子深深刻在我们每一个人内心之中的。

除此之外，孔子还整理了很多文献，包括《诗》《书》《礼》《乐》等，这些都是儒家学派的经典，对于后世人们的思想有着深远的影响。

当然，孔子以及儒家思想的巨大影响，和后世统治者的尊崇是分不开的。汉武帝独尊儒术，将孔子神化，之后历代统治者更是将儒家典籍奉为圭臬，甚至唯一教材；南宋的朱熹更是将佛教和道教的宗教修养方法渗透到儒家学说中。从此，孔子成为至圣，儒家学者成为一个教派，世上读书人都是孔圣人的学生，都必须研读“圣贤之书”。

时至今日，儒家思想还是深深印刻在中国人的心中，在为人处世、三观情感、文化习俗等方面。我们尊崇孔子提出的仁、礼、德，推崇儒家提出的孝、廉、忠。举例来说，一个“孝”字，就像一把尺子，衡量着每一个中国人。

不仅仅是中国，在世界其他国家，孔子和儒学也都有着一定的地位，包括韩国、日本、朝鲜在内的亚洲国家推崇儒学、研究孔子，认为它是东方思想的集中代表。

毫不夸张地说，孔子的学说和思想是中国古代文化的重中之重，不了解它就不了解中国的古代文化，更不能充分认识今天的中国。

# 平民思想家墨子

春秋战国时期是中国思想和文化最为辉煌灿烂、群星闪烁的时代。这个时期大批杰出思想家涌现，出现了百家争鸣的空前盛况，最具代表性的便是孔子和墨子，有“非儒即墨”之称。孔子代表着春秋时代的结束，墨子则代表着战国时代的开始。

在战国和汉初时期，墨子是与孔子并肩的大思想家，以德智的崇高为世人所敬仰。只是后来孔子被人推上神坛，墨子则慢慢地光彩日衰。究其原因，墨子和孔子的部分思想与学术是相互对立的。

▲墨子故里

▲墨子塑像

墨子，名翟，生卒年不详，一说鲁阳人，另一说滕国人。虽然他生前在宋国任大夫，但出身贫寒，是中国历史上唯一一个出身农民的哲学家。正因如此，他和贵族出身的孔子在思想上存在巨大差异。

孔子拥护传统制度，墨子则追求一种新社会秩序；孔子认为学者是高尚的，手艺人是等级当中比较低微的，墨子则崇尚机械手工，还曾经创制过一只能自动飞行的木鸢；孔子平时养尊处优，而墨子则喜欢粗衣粗食，用双脚踏遍天下；孔子到处游学，宣传自己的学说，不谙军事，墨子则是一名尚武的战士，研究攻守之道；孔子喜好音乐，是造诣较高的音乐家，墨子则认为音乐是应该禁止的靡靡之音。

墨子曾经学习儒术，但是因为不满“礼”之烦琐，才另立新说，宣讲与儒学相对的墨家思想，成为儒家的主要反对派。墨家思想的重要观点是“兼爱”“非攻”，主张“尚贤”“尚同”。这一思想来源于对矛盾重重的社会现实的不满，他认为儒家所提倡的礼义只不过是统治者的自圆其说。

平民杀人是死罪，战争中杀敌却受封赏，甚至会被歌功颂德；掠夺他人财物被人所不齿，但战争中掠夺他国城邑却是战功赫赫；底层民众饥寒交迫，但上层人却穷奢极欲、奢侈无度；统治者代代相传，一个家族管理着一个国家，不管他的子孙如何愚蠢凶残，底层百姓却代代贫苦，忍受着各种痛苦，甚至死于饥寒；一个贵族死了，却要众多无辜的平民殉葬……在他看来，这些都是社会的不公，都是旧秩序的腐朽，人们应该建立新的社会秩序。

对于这个新秩序，墨子认为应该是“天下之大利”的，而不是为一个阶层、一个国家的私心服务。所谓的天下大利，应该是世间所有的人都丰衣足食、生活安定；从天子、诸侯国君到各级正长都应该选择“天下之贤可者”来充当；人人都应该相亲相爱，不能发动恃强凌弱的战争。

显然，在他看来，当时并非这样，所以他认为应该从自身开始，以身作则。至于之后应该如何去做，墨子并没有做过更多的考虑。但想要完成这一步已经是一个十分漫长的过程，在这个过程中，人们应该追求生存的最低需求，除此之外，任何“先天下之乐而乐”的事情都属于掠夺，是罪恶的。

同时，墨子提倡极端的勤劳和节约，他和他的门徒以大禹为榜样。他们居陋室，吃粗茶淡饭；在服装方面冬用鹿皮，夏用葛布，极其简陋原始。可以说，墨子和每一个墨家弟子都过着苦行僧般的生活，不贪图享乐，并且以此为荣。

墨子认为人死后不该厚葬久丧，比起奢华的陪葬品以及烦琐的棺椁，“桐棺三寸”“服丧三日”才是最符合“天下之大利”的。他还认为应该改变王侯世袭和贵族世官世禄的旧制度，选举全天下最贤的人做天子，在国之下设置里，里之下设置乡（相当于现在的省、市），天子选择次贤的人辅佐自己，里、乡“长官”选择能人辅佐自己，否则就是违反“天下之大利”。

墨子设想了一个理想中的社会，即“尚同”“尚贤”“一同天下之义”，这些思想对于统治者的统治和利益是非常不利的，也就不难理解为什么在漫长的历史洪流中墨子渐渐地淡出历史舞台了。

除了政治思想，墨子的哲学思想也具有非常重大的影响。他认为宇宙是一个连续的整体，这个统一的整体又可以分为多个组成部分，而整体和个体之间存在着必然联系。这种思想带有初步的唯物主义色彩，为后世的唯物主义思想家所继承和发展。

可以说，墨子的思想是超前的，提出了民主、平等的概念。他强调“非命”“尚力”，认为决定人们境遇的不是“命”，而是“力”。虽然他的思想并未受到重视，但却是时代进步的一个标志。

同样地，墨子的思想也有其局限性。他相信鬼神之说，认为自己的理想贵为“天志”，把“天”说成是有意志的人格神，宣扬“顺天意者必得赏”“反天意者必得罚”。这种自相矛盾恰好说明了他思想的局限。

# 儒家亚圣孟子

孔子创立了儒家学说，孟子则是真正将儒家学说发扬光大的人。所以，后人称孔子为“孔圣人”，称孟子为“亚圣”。

在孔子死后，他创立的儒家慢慢分成了八个不同的学派，即子张之儒、子思之儒、颜氏之儒、孟氏之儒、漆雕氏之儒、仲良氏之儒、孙氏之儒、乐正氏之儒。孟氏，自然就是孟子了。

孟子，名轲，字子舆，战国时邹（今山东邹城东南）人。据说他是鲁国三桓孟孙氏的后人，曾在孔子的孙子子思的弟子门下学习，成为儒家子思学派的继承者，并发展了这一学派。为了实现自己的抱负，孟子开始周游列国，前后到过邹、齐、鲁、宋、滕等国。虽

▲孟子故里

然他受到各国礼遇，曾位列卿相之尊，但是他中意的齐宣王和梁惠王都不相信他的治国之道。只有滕文公对孟子的游说极感兴趣，愿意推行他的治国主张。但是滕国不过是“绝长补短，将五十里”的小国，国力非常羸弱，不足以让孟子施展伟大的抱负，最后他不得不离开。

孟子有极大的抱负，却也非常自负，他曾慷慨激昂地说：“如欲平治天下，当今之世，舍我其谁也！”然而现实就是如此残酷，孟子游历列国终无所获，只能同孔子一样走上了著书立说、教授门徒的道路。他希望能够通过这种方法宣传自己的学说，希望自己的思想能够在后世得到实现。

与《论语》不同，《孟子》一书是孟子亲自参与整理编撰的。在结束政治活动后，孟子和弟子把自己的哲学体系、教育纲常以及政治主张整理收纳成册，以便教学育人、流传于世。《孟子》汇聚了重要的儒家思想，和《论语》一同被列为士大夫的必读经典。

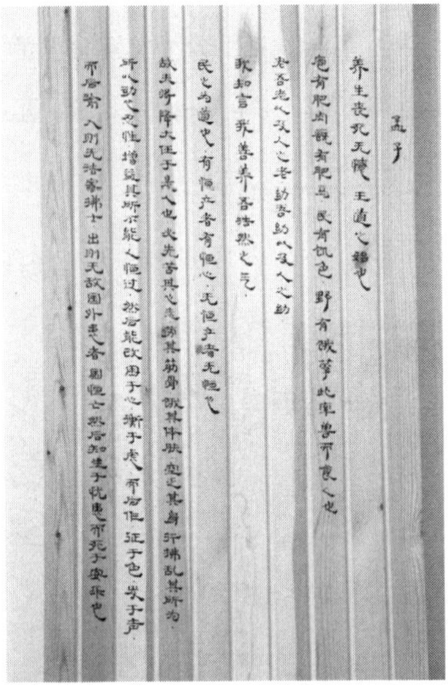


▲《孟子》（竹简版）

儒家学说以“仁、义、礼、乐”为中心，一方面强调等级的差别，维护封建统治秩序；另一方面则强调“民惟邦本”，主张重视人民。孟子继承了孔子“仁”的思想，并且把“仁”从伦理原则层面推广到社会政治层面。

孟子希望统治者能够实施“仁政”，能够做到“正心、诚意、修身、齐家”，只有如此才能实现“治国平天下”的目的。他颂扬“汤武”，反对“桀纣”，提出“民贵君轻”；他强调“性善”“道尧舜”，反对战争，排斥“杨朱”。

显然这些主张都是对于最高统治者的建议，都是教导统治阶级如何做到“得其民斯得天下”的。也就是说，孟子虽然放弃了政治活动，但是并未放弃其政治理想，正因如此，孟子的思想始终被统治者推崇和重视。

孟子的核心思想主要在于得民心者得天下，要得民心，君主自然不能自恃过高，要懂得“民为贵，社稷次之，君为轻”，民心所向才是治国的根本。他反对霸权和战争，认为如果统治者像商纣王那样施行暴政，到最后一定和商纣王有同样的结局；不管是君主还是普通地方官员，都应该关心民间疾苦，仕途是不断改变人民生活的路途，而非个人富贵的实现捷径。他认为士人要进入仕途，但是目的不应该是为了个人利益、权势，而应该是为了“行道”。

孟子还强调舍生取义，“生，亦我所欲也；义，亦我所欲也。二者不可得兼，舍生而取义者也”；强调用“礼义”来约束自己的一言一行，不能因为利益、金钱而违背礼义，“万钟则不辩礼义而受之，万钟于我何加焉”！

但是，任何事情都有两面性，孟子的思想也有其落后的一面。他认为人性本善，君子能够保持善性并且发扬光大，所以才会为善；庶民不会保持善性，丢掉了善性，所以才会为恶。

显然，这是以偏概全的，并且带有严重的偏见，他认为统治阶级的人性一定是“善”的，庶民的人性一定是“恶”的，因为他们丢掉了原本的善。他还认为小私有者和手工业者提出的某些政治要求是不合理的，是人性“恶”的一种体现。

同时，孟子强调并发扬儒家的天命论，把天想象成具有道德属性的精神实体，天是人性观念道德的本源。他还认为历史发展是循环往复的，“五百年必有王者兴，其间必有名世者”。

孟子也继承了孔子的等级差别思想，认为人是分等级的，有“君子”与“野人”“劳心者”与“劳力者”之分，并且强调“劳心者治人，劳力者治于人”。“劳心者”指的是统治者，“劳力者”则是普通民众。

可以说，孟子的思想是为统治者服务的，为统治阶级压迫劳动人民提供了理论依据。正因如此，历朝历代的统治者都把儒家学说作为治国根本，并且要求士人、读书人必须研学孔孟之道。

▲孟庙亚圣殿

# 逍遥游仙庄子

庄子，名周，字子休，生于战国时期宋国蒙（今河南商丘市东北），他是老子之后道家学派的代表人物，继承和发展了老子“道”的观点，与老子并称“老庄”。

庄子出身贫寒，生活非常贫苦，曾经在蒙城做过管理漆园的小官，但因为崇尚自由、不喜仕途而隐居。之后，庄子游历各国，研究各学派的学问，声名逐渐传播开来。楚王听说庄子很贤能，便派使臣带着丰厚的礼物去聘他为相。庄子笑着对楚国使臣说：“千金，确实是很厚重的礼；卿相，确实是尊贵的职位。可是您看到祭祀天地所用的牛羊了吗？人们会精心地喂养它，几年后就会给它披上华丽的绣花绸缎，送进太庙当祭品。这个时候，它即使再向往自由，难道还能做到吗？您赶快离开吧，不要玷污了我。我宁愿在小河沟里自得其乐，也不愿意被君主所束缚。我终身都不会做官，只愿自己的心智自由自在。”

在诸侯混战的环境下，庄子不愿与统治者同流合污，不愿被所谓的金钱权势束缚，甘愿逍遥物外。他甘于清贫，向往自由，并且追求自然，真正做到了生不足喜、死不足悲。

据传，庄子始终生活在贫民区，靠打草鞋维持生活。一次，他穿着满是补丁的衣服和破鞋去见魏王。魏王问：“先生为什么如此潦倒？”庄子笑着回答：“我虽然生活贫穷，但并不潦倒，我只不过是

▲庄子画像

生不逢时而已。”他还把自己比喻成落在荆棘丛里的猿猴，只是暂时处于劣势，不能展现才能而已。可即便如此，庄子依然不抱怨、不强求，安贫乐道。

庄子虽然对战乱和贵族阶层不满，但是他却没有反抗，他的思想中有豁达、淡泊的成分，但是也有消极的因素。他继承了老子“无为”的思想，走向了否定一切的虚无主义道路。因为处于逆境、“落在荆棘”，所以他转而学习仙道；因为无力反抗，所以他悲观厌世、玩世不恭。

庄子的思想，继承和发展了老子和杨朱学说，老子认为“道”是万物的初始，而庄子则认为“道”“我”是天然的合一。他认为“道”是无限的，无所不在，却又是超越时空、不可感知的。庄子否认了神的主宰，认为事物都是自生自化的。同时，庄子认为天人之间、物我之间、生死之间，以及一切现象与本质之间存在着无条件的统一，“人之生，气之聚也，聚则为生，散则为死”，“天”和“人”是相对的两个概念，“人为”是一切与自然相背离的。人们应该顺应天道，摒弃“人为”，摒弃人性中的“伪”的杂质，例如心机、利益，等等。

在庄子看来，世界上的所有事物都是相对的，生死、天我、是否、福祸都是没有任何区别的。这无疑抹杀了一切事物的界限和区别，虽然思想中包含着朴素的辩证法因素，但同时却在思辨方法上完全陷入了相对主义，带有神秘的诡辩主义色彩。庄子一生豁达，对一切抱着无所谓的态度。据说，他的妻子死后他并没有悲伤，反而坐在尸体旁边，敲着瓦盆，唱起了歌。因为他认为生死是没有区别的，既然如此，为什么自己还要悲伤呢？

正因如此，他厌恶社会，悲观隐居，研究仙道。他对现实不满，反对一切文化的进步，甚至希望回到最原始的人类社会。这种思想反映了没落贵族绝望、厌世、希望恢复旧秩序的内心。

庄子的思想中有不少消极的因素，但是他不愿与统治者同流合污，始终以敝屣富贵、淡泊利禄的态度处世。他认为统治者是残暴的，认为“伴君如伴虎”，不能拍马屁，以防拍马屁拍到马蹄子上，“虎之与人异类而媚养己者，顺也；故其杀者，逆也”。

庄子的学问非常渊博，几乎无书不读，为后世留下《庄子》一书，又称《南华经》，是道家经典之一。《庄子》共33篇，其中“内篇”7篇，被认为是庄子自己所写，“外篇”和“杂篇”被认为是其弟子或该学派弟子所写。这部文献的出现，标志着战国时代我国的哲学思想和文学语言已经发展到了非常高的水平，在中国思想史和文学史上都占据着非常重要的地位。

《庄子》的文章，文字雄美，想象奇特，文笔富有变化，具有浪漫色彩。同时，文章采用了寓言故事说理的形式，具有幽默讽刺的意味。在书中，庄子构建了一个想象的世界，虽然虚无、消沉，但却体现了他蔑视权贵、倡导自由、追求精神自由的思想。

《庄子》的文章极具浪漫色彩，这在古代散文中非常罕见，对后世文章的影响也非常深远。可以说，《庄子》代表了先秦散文的最高成就，标志着先秦散文已经发展到了成熟阶段。之后，很多文学家对此给予高度评价，鲁迅赞扬说：“其文则汪洋辟阖，仪态万方，晚周诸子之作，莫能先也。”郭沫若也称赞说：“一般的散记文学应该推他为鼻祖。足以和他分庭抗礼的，在韵文方面当数屈原，在散文方面或当推司马迁吧。”

# 总汇百家的哲人荀子

荀子，是战国时期著名思想家，创立了先秦时期完备的朴素唯物主义哲学体系。他的著作《荀子》全面地总结了先秦百家争鸣的理论成果，对各家都有所批评，但唯独尊崇孔子的思想。

荀子，名况，时人尊而号为“卿”，故又称荀卿，赵国人。他早年在齐国稷下游学，学问博大，曾三次担任齐国祭酒。公元前264年，应秦昭王邀请入秦，从儒家立场出发，对秦国政治给予肯定，说秦“四世有胜，非幸也，数也”。但是，他反对秦国重刑法吏治、轻视仁德的方略，提出用“节威反文”的方式来实现统一的建议，却被秦国拒绝。后来，荀子游学赵国、楚国，在赵孝成王面前议兵，后受春申君委任为兰陵（今山东省临沂市兰陵县）令。春申君死后，荀子更不被重视，于是他便离开楚国，后来游历天下、广收弟子。

▲荀子画像

荀子以孔子的继承人自居，在学术上，他与孟子齐名，是儒家学派著名的代表人物。然而韩非、李斯都是荀子的入室弟子，这两人都是法家的代表人物，主张“以法治国”，这也导致后世很多学者怀疑荀子是否是真正的儒家学者。

不可否认的是，荀子非常崇拜孔子，拥护周王朝的制度，希望能恢复旧制度。天、天命、天道等一直是先秦时期各家关切的问题，孔子认为天命是一切的主宰，可荀子却认为天是自然化、客观化的，没有善恶好坏之分；天是自然天，不是人格神；宇宙的生成不是神造的，而是万物自然运动的结果。

显然，这是继承了道家“道法自然”的学说，认为宇宙间一切事物的变化都是遵循规则的，没有天意的主宰，没有妖祥的征兆。但是与道家不同的是，荀子不再唯心，他认为天有自己不变的规律，这规律不是神秘的天道，而是自然的必然性，不依赖于人的意志。人们不能违背这一规律，只能严格地遵守它，只有利用这个规律才能战胜自然。

同时，荀子还认为一切人为的法则——一切礼制，也像自然法则一般，有自己不变的规则，人们不能违背它，应该遵守和适应它。人为的法则，既然可以适用于过去，那么一定可以适用于现在和未来。正因为如此，他坚决维护“周制”，希望恢复周朝制度，反对变法，反对诸侯叛乱。

荀子最著名的思想就是他的“性恶论”，这恰好与孟子的“性善论”相反。孟子认为人性本善，认为只要人们能够顺其自然，不被外力阻碍，便会走上正路、恢复善的本性。所以孟子注重加强个人修养的修炼，注重“先立乎其大者”；在政治上建议统治者用德来感化民众、注重对民众进行德行的引导。可荀子就不同了，他认为人性本恶，“生而有好利”“生而有疾恶”“生而……有好声色”。他认为凡是善的东西，都是人努力之下的产物，如果让人们顺其自然，结果只能滋生争夺、暴乱；人就好像是野兽，要靠礼制、规则来约束，否则就会“噬人”。所以，人们必须守礼，按照“周礼”去行事，“人之命在天，国之命在礼”。当然这“礼”包括了所有传统的仪节、行为规范和一切合理的社会制度——包括规定贵贱、尊卑、贫富等阶级“身份”的制度。

荀子虽然认为人性本恶，但是他还认为人们具有趋乐避苦、趋利避害的智力。人们的智力是不同的，智力最高的是圣人，智力最低的是庶民。“礼”是圣人创造出来的，目的是为人们谋福利，让人们能去恶向善。在原始社会，人们不能分工合作、互利互爱，所以不能形成社会。正因如此，圣人创造出种种礼制，让人们不再争斗、敌视，学会了相让相安、相亲相爱，才形成了社会和文明。荀子的这一观点继承了墨家的学说。

在尊崇礼制的同时，荀子特别强调贵贱贫富的阶级差别。他认为若是没有这种差别，社会秩序就会变得混乱。若是没有统治者的压制和约束，人们的恶就会肆意横行，人人为了私欲而争斗，人人都成为强盗。若要避免这种情况，就必须有统治阶层的存在，同时统治阶层必须建立相应的制度，“两贵之不能相事，两贱之不能相使，是天数也。势位齐而欲恶同，物不能澹（充足，满足）则必争，争则必乱……先王恶其乱也，故制礼义以分之，使有贫富贵贱之等，足以相兼临者，是养天下之本也”。

这就是说，荀子是统治阶层的代言人，和孔子、孟子一样都极力维护统治阶层的利益，甚至比前两者更甚；他的理论为统治阶层的礼法、王霸之道提供了理论依据。与孔孟相比，荀子的思想更现实主义，他在重视礼仪教育的同时，也强调了政法制度。这也难怪他的两大入室弟子都是法家代表。

# 法家思想的集大成者韩非子

韩非子是法家学派的代表人物，他是先秦诸子百家中法家思想的集大成者。他将商鞅的“法”、申不害的“术”及慎到的“势”集于一身，形成自己独特的思想。同时，他还将老子的辩证法和荀子的朴素唯物主义融为一体，同时吸收了墨家、儒家思想，集儒、道、墨、法四大思想流派的精华于一身。

韩非子，名非，韩国公子。韩非子虽然是荀子的弟子，但是其主张和荀子却大大相反，他爱好“刑名法术”之学，主张君王应该用“法”“术”“势”三者结合来治理国家。

韩非子之前法家有三派：一是以商鞅为宗的“法”。商鞅是杰出的法家代表，他的变法使得秦国逐渐强大，他重视严刑厚赏并且用此来推行法令，使得所有遵守法令的人都有奖赏，所有违反法令的人都受惩罚。二是以申不害为宗的“术”。这里的“术”是权术、谋略，主张君主应该用权术和“阴谋”来操纵臣下，不动声色地辨明忠奸。三是以慎到为宗的“势”。这里的“势”是指君主的威严、权势，主张把权势集中在君主手中，即君主集权、君主专制，如此才能统御臣下、威慑百姓。

最初，韩非子为韩国效力，但是他多次献策，都没有得到韩国君主的重用。后来，韩非子把荀子的著作传到秦国，受到了秦王的赞赏。之后秦国攻打韩国，韩非子被派遣出使秦国，受到了秦王的

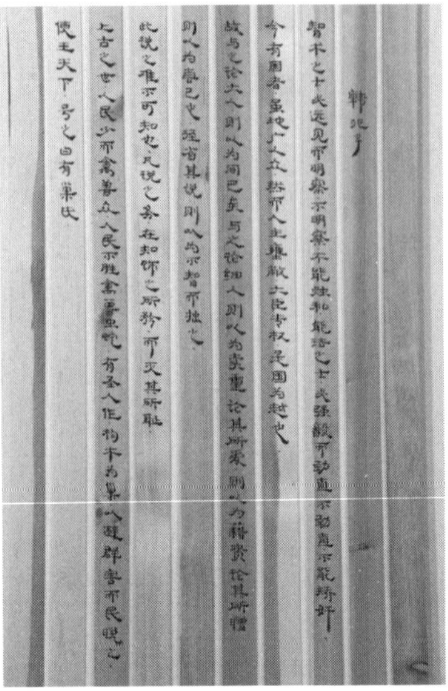

▲《韩非子》（竹简版）

喜爱和重用。只是当时李斯已在秦国受到重用，且推行了灭六国的计划，而首要目标就是韩国。韩非子与李斯政见相左，秦王更倾向于相信李斯，还听从了李斯等人的诋毁，结果韩非子被投入监狱，最后被逼服毒自尽。

虽然韩非子的主张始终不被重视，但是他的思想是深邃而又超前的，对后世的影响非常大。韩非子认为，弱国想要强大，强国想要更加强大，甚至用武力统一天下，这都是无可非议的。但是这些国家采取的大部分手段，尤其是自认为最贤明的手段——儒家的手段都是无用的，只能让其与目标远离。儒家和墨家提倡用贤人治国，可是真正的贤人能有几个？可以说是屈指可数。但是，国家的重要官吏却非常多，至少有100名。既然很难得到那么多贤人，为什么不选择那些重要的官吏呢？

韩非子认为，人天生是恶的，天生贪利怕祸。只要能够重赏，那么人们愿意替你做任何事情；只要重典刑罚，那么人们什么坏事都不敢做。同时，刑罚不但要重，还要使人无可逃避，几乎无人可以成为“落网之鱼”。

韩非子反对儒家的“爱民以博得人民爱戴”的主张，他认为这对于统治者没有好处，就像是父母爱子教子一样，若是不能管束孩子，那么孩子就会顽劣不堪；若是用制度、法令、惩罚管制人民，人们就会服服帖帖。所以，想要让人民服从，与其用爱，倒不如用威严、法令，因为“能爱人者亦能恶人”。

韩非子不同意统治者满口尧、舜、禹、汤，或神农、黄帝，也不赞同统治者敬仰那些所谓的说士和游侠，认为这些人对于统治管理国家没有用处。统治者需要的是能够拼死打仗的士兵和供给兵士粮食的农民。可是现在那些所谓的贵族享受着荣誉或富贵，而兵士和农民却生活贫寒，处于社会的最下层，就连战士的遗孤都沦为乞丐。这就是说，韩非子提倡重视军事、农业的发展，如此一来才能开疆拓土、经济繁荣。这是富国强兵思想的具体体现。

韩非子重视法令，希望统治者能够“以法治国”。同时，他强调君权是不可侵犯的，君主统治权是一切事物的核心，君主应该用严刑峻法和重赏来统御臣下、治理人民。所以他不赞成统治者尊崇那些破坏法令的说士和游侠，认为他们会让君主威严扫地，会鼓动人心，“明主之国，无书简之文，以法为教；无先王之语，以吏为师”。

韩非子的思想对于秦始皇统一六国有着深远的影响，当时秦王嬴政读了韩非子的文章，赞叹道：“寡人得见此人与之游，死不恨矣！”与荀子不同，韩非子反对复古，主张因地制宜。因为当时社会动荡、诸侯混战，他提倡重赏、重罚、重兵、重农，提倡君权神授，他的君主专制理论深受后世封建统治者的推崇。

# 倡议独尊儒家的一代大儒董仲舒

汉武帝推行独尊儒术，确定了儒家的正统地位。而这一思想的倡导者就是西汉大儒董仲舒。

董仲舒出生于公元前179年，家族是有大批藏书、无数家产的地主阶级，他从小就研读儒家经典，尤其对《春秋》非常有研究。他学习非常刻苦，据说到了如痴如狂的地步，现在人们熟知的“三年不窥园”说的就是他刻苦读书、两耳不闻窗外事，三年时间连自己家的园圃都没有去过的故事。

30岁时，董仲舒开始广招学生，精心讲学。在讲学的时候，他会在课堂上挂一道帷幔，因此很多人虽然是他的弟子，跟着他学习了很长时间，却没有见过他本人。通过讲学，董仲舒为朝廷培养了很多能人贤士。因为董仲舒广招弟子、宣讲儒学，所以在汉景帝时成为《春秋》的博士官。

但是，董仲舒真正扬名天下还是在汉武帝时期。众所周知，西汉初年刘邦结束了战乱，实现了国家的统一。可是因为连年战争，国家的政治、经济破坏严重，社会陷入饥荒，百姓苦不堪言。为了恢复经济和社会稳定，西汉的前几任皇帝，尤其是文帝和景帝实行了“休养生息”的宽松政策。这种政策主要包括两方面内容——“轻徭薄赋”和“与民休息”，它是对“黄老之说”的最好运用。“文景之治”的出现，使得西汉政治、经济得到恢复，国家日渐富强。这个时候，“无为而治”的思想就不再能满足统治者的需要，国家需要一种更为强有力的思想武器，这样，儒学就再一次登上了历史舞台。汉武帝即位后，为巩固皇权，下诏令各地推荐贤良文学之士上书对策，以备朝廷之用。一时间，全国各地的名士聚集京都，想要通过金殿对策取得皇帝的赏识。

▲董仲舒画像

董仲舒被推举参加策问，汉武帝一看到董仲舒的文章，就被他的主张和文采所吸引，连续对他进行了三次策问。因为汉武帝与董仲舒之间的策问内容是关于天人关系的，所以被后人称为“天人三策”。在这个过程中，董仲舒阐述了天人感应的问题，论述了神权与君权的关系，更提出了“罢黜百家，独尊儒术”的建议。

他认为，上天和人事是相互关联的，天命是需要敬畏的。如果君主治理不好国家，上天就会制造种种灾害，谴责和警告君主。如果君主能够改正，那么国家就会恢复正常；可若是君主执迷不悟，那么就会遭到亡国之祸。同时，他还认为国家想要长久安定，就必须实行儒家的“礼乐教化”，对人民实行“德教”。为此，他建议统治者在京都设立太学，在地方设立地方学校。两汉时期，太学和地方学校对于培养人才和促进文化发展起到了非常重要的作用，也促进了中国古代教育制度的发展。

董仲舒的对策正好适应西汉当时政治、经济的发展需求，更切中了汉武帝想要巩固君权统治、实现思想统一的心思，所以深受汉武帝信任和重用。之后，董仲舒先后担任江都易王刘非的国相、胶西王刘端的国相，后来皇帝祭祀的地方连续两次发生大火，他认为这是宣扬天人感应的好机会，便向汉武帝上书，指出两次火灾说明上天已经对汉武帝不满。可还没有来得及上书，就被嫉妒他的主父偃偷走交给了汉武帝，汉武帝勃然大怒，罢黜了他的官职。

之后，董仲舒重新开始讲学，讲《公羊春秋》。尽管如此，朝廷每有大议，汉武帝都会命人询问请教，可见，汉武帝对于董仲舒还是非常尊重的。董仲舒对于朝廷大事也非常关心，甚至在临终前还上书汉武帝，坚决反对盐铁官营的政策。

其实，董仲舒不仅尊崇儒家学说、宣扬儒家的治国方略，还极力推崇《公羊春秋》。在辞官教书的过程中，他以《公羊春秋》为依据，把周朝以来的宗教天道观和阴阳五行学说结合起来，并且吸收了法家、道家、阴阳家思想，建立了一个新的思想体系，被人们称为新儒学。

他从《公羊春秋》中找到了“大一统”，认为大一统是天地的常理，是古今任何时代的道理，是宇宙间最一般的法则。他强调君主的中心地位，认为“天”“天意”绝非简单的人格神或人格意志；他认为君主必须实现思想的统一，必须废止不合于六艺、孔子之道的学说，那些乱七八糟的教派和学说不过是迷惑百姓的东西，只有确定儒家的正统地位才能使国家的法令制度凸显地位。

同时，董仲舒对儒家学说进行了新的解释，并且在著作《春秋繁露》中提出了“三纲五常”的学说。所谓“三纲”指的是“君为臣纲，父为子纲，夫为妻纲”，就是要求臣子必须服从君主，子女必须服从父亲，妻子必须服从丈夫；“五常”指仁、义、礼、智、信这五个封建道德规范和标准，是为“三纲”的行为准则。这种思想对于我国古代人的思想产生了重大影响，是维系封建社会关系的道德标准。

可以说，董仲舒的学说尤其是君权神授理论和“三纲五常”是完全为统治者服务的，已经由一个学派的思想理论发展成为专有的封建统治思想。虽然在当时，这种思想对于社会稳定、经济发展有着积极的促进作用，但在之后却长期禁锢着人们的思想，让人们处于君权、神权、封建伦理的统治之下。

总之，董仲舒是儒学历史上的重要人物，为儒学发展做出了巨大贡献。同时，他也是把儒学发展成封建统治思想的重要人物，通过教育、选举等方式使儒学成为封建统治者的武器，渗入社会生活的各个层面，并且统治中国人的思想长达2000多年。

▲董子祠

# 理学宗师朱熹

朱熹，字元晦，号晦庵，别称紫阳，世称朱子、朱文公，徽州婺源（今属江西）人。朱熹出身于书香门第，父亲朱松是一名很有民族气节的文人，因不满南宋王朝的懦弱、苟安而举家搬到福建。

朱熹从小就博览群书，6岁能读《孝经》，并且在书额题字“若不如此，便不成人”。19岁时考中进士，后担任秘阁修撰等职。24岁时朱熹跟随程颐的三传弟子李侗学习理学。朱熹一生做官的时间不过十几年，虽官至漳州知州、浙东茶盐公事，然而却同父亲一样

▲武夷精舍书院朱熹雕像

不求仕途，把精力投在了教育和理学的研究之中。

早在北宋时期，程颢、程颐兄弟就提出了理学，建立了一整套客观唯心主义思想体系。他们认为“理”是这个世界的本源，世界上的一切事物都是由理而出。而朱熹发展了程颢、程颐的学说，认为“理”“气”是相辅相成的，但是“理在先，气在后”。同时，朱熹继承了董仲舒“三纲五常”的思想，认为它是永恒不变的天理，君臣必须有君臣之礼，父子必须有父子之礼。

朱熹还认为，每个人都有每个人的“天分”，“天分即天理”，父亲有作为父亲的“天分”，并且必须安其本分；子女有作为子女的“天分”，必须安其本分；君臣更应该如此。他提出任何违背天理的东西都应该被遏制，任何不利于“礼法”的思想和学说都应该予以扑灭。这就是所谓的“存天理，灭人欲”，是对人们思想的严重束缚，是对封建统治阶级的维护。因为朱熹继承了二程的学说，后人将他们合称为程朱，并且把他们的学说称为“程朱理学”。

朱熹非常重视教育，重视理学的宣扬，为此他花费了大部分时间从事教育活动，即便在做官时仍不忘提倡理学。每到一个地方，他都会大力整顿学校，不仅恢复了白鹿洞书院和岳麓书院，还创办了武夷精舍书院。他认为人人都应该接受教育，应该按照人的年龄、心理及理解能力，设小学、大学等各类学校；他还主张因材施教、循序渐进的教育方式。虽然他的目的是为统治阶级培养合格的统治人才，是为了整顿封建伦理道德，但是对于后世的教育思想产生了很大影响，所以他不仅是著名的思想家，更是一位著名的教育家。

到了晚年，朱熹因为卷入政治斗争而被罢黜官职，其学说也被称为“伪学”，直到去世也没有解除“伪学首魁”的“罪名”。但是，朱熹死后不久，“罪名”就被解除，为人们所推崇，地位日渐上升。

因为潜心研究理学，朱熹成为程颢、程颐之后儒学的重要人物。他是唯一非孔子亲传弟子而配享孔庙的儒家学者，位列大成殿“孔门十哲”。在儒家学者中，朱熹的地位和影响仅次于孔子和孟子。他不仅是儒家的集大成者，还无所不学，深入研究先秦诸子的学说、史学、诗歌、天文、地理、音律、典章、自然科学，并且在这些方面都小有成就。朱熹的著作有很多，包括《四书章句集注》《楚辞集注》《诗集传》《周易本义》《西铭解》《太极图说解》，以及后人编纂的《晦庵先生朱文公文集》《朱子语类》等。

在明清时期，朱熹被文人视为儒学正宗，在文人士子阶层形成了“非朱子之传义不敢言”的局面。朱熹的思想一直被视为封建统治阶层的官方哲学，在政治领域和思想文化领域都拥有举足轻重的地位。它强化了“三纲五常”，对后期封建社会改革起到了一定的阻碍作用，同时它对王阳明的心学也有深刻影响。不仅如此，朱熹的思想还影响了李朝时期的朝鲜、德川时代的日本，可以说是远播海外、影响巨大。

# 心学泰斗王阳明

王阳明，即王守仁，字伯安，余姚（今属浙江）人。因为他曾经在绍兴阳明洞筑室居住，后又创办阳明书院，所以被称为阳明先生。

王阳明是我国历史上很特殊的一位思想家，他既是心学集大成者，精通儒、道、佛家思想，又是一位出色的军事家，曾担任御史、巡抚、总督等职位，曾荡平盗贼、平定叛乱。他既是羽扇纶巾、挥斥方遒的学者，又是壮怀激烈、身先士卒的将领，在我国历史上很难找到如他一样的儒将。

他从小就很喜欢玩带兵打仗的游戏，时常带着孩子们“冲锋陷阵”，同时他能保护弱小，不恃强凌弱，成为附近小有名气的孩子王。

21岁时，王阳明第一次参加乡试，考中举人，后学业大有长进，同时他热衷于兵法、军事，并且沉迷于射箭等任侠之习。虽然他有很高的天赋才能，朝堂的元老们都惊讶于他的才华，可是嫉妒他的人却说他若是中举必然目中无人，结果他多次科考都不能中举。终于，在28岁那年，他参加礼部会试而被推选为官。

不久，因为反对宦官刘瑾，王阳明被杖责四十大板，流放到贵州，担任边境知事的小官，同时他的父亲也被赶出北京。但是，王阳明并不气馁，根据当地风俗教化百姓，受到百姓的爱戴。后来，王阳明被推荐为都察院都御史，当时南中地带盗贼四起，不少盗贼占山为王，王阳明到任后先是整顿吏治、肃清盗贼的耳目，然后亲自率兵绞杀盗贼，连破40余座山寨，铲除为患数十年的盗贼。

王阳明一生中最重要的事情，就是平定“宸濠之乱”，这次平乱更是凸显了他的军事才能，也给了他一个绝好的建功机会。公元1519年，南昌的宁王朱宸濠起兵造反，占领了以南昌为中心的长江中游的广大领地，号称有7万精良军队。此时，明武宗正德皇帝沉溺于淫乐，使得国政荒废、百姓苦不堪言，于是宁王与朝廷中的奸佞之臣相互勾结，企图夺取天下。

最初宁王的军队确实非常勇猛，势如破竹，直逼南京。这个时候，王阳明刚刚平定盗贼之乱，准备回南京述职。知晓宁王叛乱的消息，王阳明立即召集附近的官军，直指宁王的老巢——南昌城。在宁王率军返回之时，王阳明在鄱阳湖畔对其进行攻击，在这个过程中，王阳明指挥若定、挥斥方遒，仅仅用三天时间就用火攻将宁王逼至绝境。

王阳明只花了43天的时间就平定了宁王之乱，可以说在历史上是罕见的。然而，王阳明的平叛之功并没有被明武宗认同，因为当时虚荣心作祟的正德皇帝已经自封为“威武大将军”，要领军南下亲自平叛。王阳明的平叛成功让正德皇帝扫了兴，于是在一帮奸佞之臣的策划下，正德皇帝上演了一场释放宁王、重捉叛贼的闹剧。

看到这样的情形，王阳明觉得急流勇退才是正确的选择，然后称病辞官。之后明世宗即位，王阳明受到了短暂的赏识和重用，多次成功平定叛乱。作为将领，王阳明用兵如神，同时他还军纪严明、正直无私，不仅得到士兵和百姓的爱戴，甚至连盗贼都尊重他。所以，他病逝后，“丧过江西，军民无不缟素哭送者”。

当然，王阳明最重要的成就还是在于他的思想和学说，他继承和发展了程朱一派的学说。最初他是对程朱理学倍加推崇的，后来发生了转变，认为程朱理学太僵化了，于是便转而攻击它。

程朱理学重视“格物致知”，把它置于“诚意”之先，可王阳明却认为格致本于诚意，以诚意为主；程朱理学把心和理一分为二，把知和行分隔开，而王阳明则主张心和理合一、知和行相互统一。同时，王阳明继承和发展了心学大师陆九渊的心学，强调心和理的合一，建立起自己的哲学体系。王阳明的心学超过了之前的水平，并且集心学之大成，对于后世的影响非常大。

王阳明提出了一个著名的哲学命题：心外无物，心外无理。他认为，心是一切事物的本源，心的“灵明”是万物的主宰，没有人的“灵明”就没有这世界万物。也就是说，没有“我”的意念活动，就没有客观事物。而所谓“心外无理”，也就是说“理”不存在于客观事物之中，而是存在于人的心中，即“心即理”。这强调了主观意识的能动性，却混淆了主体和客体、意识和客观存在之间的界限，甚至混淆了两者的关系，是典型的唯心主义思想。

同时，王阳明还提出了良知说，认为人心之灵明就是良知，良知就是天理，天地万物都是从良知中产生。没有“我”的良知，就没有天地万物。所谓的“良知”，其实就是主观意识，就是人们心中所固有的伦理道德观念。想要“致良知”，人们就应该先体会心中的伦理道德，自觉地为善去恶，用伦理道德规范自己的行为。他还认为良知是无善无恶的思想，是超出善恶之上的绝对至善。

然而，王阳明晚年又提出了“无善无恶心之体，有善有恶意之动，知善知恶是良知，为善去恶是格物”，这四句表现了他思想的矛盾，也引起了心学后人的争论和分裂。

王阳明和朱熹一样，认为“人欲”和“天理”是对立的，先天的

“良知”会受到外来物欲的迷惑和干扰。正因如此，人们才不能产生善的思想和行动，才会有恶的思想和行为，所以他极力宣扬“去人欲，存天理”。如果能够扫灭私欲，即便再愚笨的人也能成为圣人。

王阳明的心学，归结起来，就是要求人们自觉地消除一切反抗的念头，从心底服从封建统治。不过，王阳明的学说是反传统的，与程朱理学是相对立的。到了明代中期以后，他的弟子形成了阳明学派，与程朱学派对抗，形成了很大的影响。

▲王阳明故居

# 第二辑

# 帝王风骚

# 千古一帝秦始皇

秦始皇，姓嬴，名政，秦庄襄王之子，生于公元前259年，卒于公元前210年。秦始皇是第一位完成中国统一的皇帝，他和他创建的秦王朝在中国数千年的历史上占据了显著而又醒目的一页，被后人誉为“千古一帝”。

春秋战国时期，秦国经过几代君王的变革，尤其是秦孝公任用商鞅实行变法之后，成为七国中最强大的诸侯国，为秦始皇大一统奠定了基础。

▲秦始皇雕像

秦庄襄王嬴楚本在赵国邯郸做质子，后在吕不韦的帮助下成为秦王。之后，他继续推行秦孝文王的政治、经济、军事政策，积极对外扩张，使得秦国在政治、军事、经济等各方面都空前繁荣，达到了统一六国的条件。此后，嬴政13岁成为秦王，21岁亲政，任用李斯等人，同时提拔许多得力武将，灭掉了韩、赵、魏、楚、燕等国，最后于公元前221年灭掉了齐国，完成了统一大业。

秦王朝是中国历史上第一个中央集权的统一王朝，它的建立结束了中国自春秋以来长达500多年的诸侯割据纷争的局面。在统一中国的过程中，秦始皇采用了远交近攻、分化离间、各个击破的策略，即趁六国之乱“灭诸侯，成帝业”。

之后，秦始皇继续执行商鞅变法之后的法家政策，加强君主专制，削弱旧贵族的势力，提拔有军功的新贵族。秦始皇废除了商周以来的分封制，土地由“王有”变更为“国有”；建立了一套由中央到地方的郡县制和官僚制，规定郡官职位不能世袭，重要官吏由皇帝直接任免；中央政府最高的官职是丞相、御史大夫和太尉，即我们熟知的“三公”，地方郡的长官为守，县的长官为令；郡官会定期调动，避免形成割据势力；确定咸阳为首都，修建连通首都与各郡的驰道、直道。君主专制、中央集权是中国封建社会唯一的政体形式，在中国古代实行2000年之久，具有划时代的意义。

为了巩固中央集权，秦始皇还推行了很多政策和措施，统一法律、度量衡、货币、文字。货币和度量衡的统一，促进了我国封建社会的商品交换、经济发展和繁荣；文字的统一，对于我国古代文化大融合和文明发展起到了巨大的推动作用。

尤其是文字的统一具有非常大的意义，春秋战国时期虽然思想文化空前繁荣，可由于各国文字不同，给文化交流、传承带来了很大麻烦。统一文字后，虽然各地语言不同、发音各异，经历了改朝换代，但是统一的文字却把中华民族始终联系在一起，把中华民族的文明传承下去。而文字改革促进了小篆和隶书的兴起，完成了从古文字到今文字的转变。

在对外政策上，秦始皇继续对外扩张，征服了百越，打击了匈奴，使得政权更加稳固。尤其是对于匈奴的沉重打击，起到了稳定边境、保证百姓安居乐业的积极作用。之后为了遏制匈奴，秦始皇连接了原燕、赵、秦三国的长城，并且进行了重新修筑。“万里长城”成了北方抵御外敌的一道屏障，更成了中国悠久文明的象征。今天，世界各国人民提到中国，第一个想到的就是这雄伟的“万里长城”。

公元前213年至公元前212年，为了加强中央集权、打击异端思想，秦始皇采纳了李斯的建议，下令焚烧除农书、法书、医书和秦朝史籍之外的各国史书和其他书籍，并且坑杀了460余名儒家学

▲万里长城

派名士，这就是历史上有名的“焚书坑儒”。秦始皇的初衷是维护统一的集权政治，进一步排除不同的政治思想和见解，但却严重地扼杀了思想自由、学术自由，中断了春秋以来百家争鸣、思想繁荣的局面。更为重要的是，先秦百家经典著作被毁，实为中华民族千余年文化发展的一种损失。

为了筑长城、击匈奴、戍边塞，秦始皇横征暴敛，大兴苛税重赋，使得百姓苦不堪言；为了修建陵墓，不惜加重赋税，举全国劳力长年累月地去营造，造成无数人死亡；妄想长生不老，为了求得长生不老药，不惜数次派童男童女出海……

正是因为秦始皇施行暴政，使得全国上下民不聊生。公元前209年，陈胜、吴广揭竿而起，秦王朝在秦始皇死后不到5年就轰然崩溃、灰飞烟灭。秦始皇是中国历史上前所未有的皇帝，可是他的秦王朝却仅存在了15年，在中国历史的长河中犹如昙花一现。

他的功绩，可以流传万代；他的过失，却也昭彰青史！

# 布衣皇帝刘邦

刘邦，字季，西汉第一位皇帝，泗水郡沛县（今属江苏）人。他出身贫寒，祖祖辈辈都是农民，可为人豁达、心胸宽广。年轻时，刘邦不爱干农活，时常被父亲训斥，但是他依旧我行我素。

刘邦很仰慕信陵君魏无忌，很想投入信陵君门下，只是一直没能如愿。信陵君死后，其门客张耳开始广招门客，刘邦便投到他的门下。后来，魏国灭亡，刘邦回到沛县，之后成为泗水亭长，在当地小有名气。

有一次，刘邦奉命押运一批民夫去骊山服役，恰好碰到秦始皇出巡。看到浩浩荡荡的队伍，秦始皇威风八面，他感慨地说："大丈夫就应该如此啊！"后来，许多民夫不愿到骊山服役便逃跑了，刘邦见无法向上面交差，干脆把民夫全部放走，然后带着十几个人逃入芒砀山，占山为王。很快，刘邦便聚集了百余人，还得到了沛县衙门的文书萧何、监狱官曹参的暗中帮忙。

当时，秦始皇横征暴敛、奴役百姓，百姓苦不堪言。公元前209年，陈胜、吴广在大泽乡掀起大规模的起义，各地农民纷纷响应，揭竿而起。刘邦也聚集数百人，与萧何、曹参、樊哙等人响应起义，攻占了沛县，尔后众人拥立刘邦为沛公。陈胜死后，刘邦带领部众归属项梁，后项梁战死，刘邦便与项羽共同推举楚怀王为领袖，继续坚持反抗秦王的暴政，后逐渐成为与秦军战斗的主力。

刘邦受楚怀王的命令带兵向关中挺进，一路上勇猛杀敌、势如破竹，相继攻破宛城、武关，最后攻占咸阳。看到秦皇宫的奢华和雄伟，刘邦也产生了贪念，幸好被谋士张良及时劝阻才醒悟过来。之后，刘邦退出咸阳，驻扎在霸上，他废除秦朝苛政峻法，与关中百姓约法三章，深得百姓的支持和拥护。

不久项羽也进入咸阳，驻扎于鸿门（今陕西省西安市临潼区城东）。项羽忌惮刘邦的势力，便听从谋士范增的建议，摆下“鸿门宴”，想要杀掉刘邦。刘邦早已知晓项羽的用心，席间故意示弱，低声下气地向项羽赔罪，并且表示自己并没有争天下的野心。此举果然让项羽放松了警惕，顿时改变了杀刘邦的主意，尽管范增一再示意，他都假装没有看到。

范增见项羽如此优柔寡断，便派项庄入席，欲以舞剑助酒兴为

▲ 刘邦雕像

名刺杀刘邦。幸好樊哙冲入帐中，才保护了刘邦的安全。这就是我们今天所说的“项庄舞剑，意在沛公”。后刘邦借着上厕所的机会，由樊哙保护偷偷地离开了项羽大营。

鸿门宴之后，刘邦占领巴蜀以及汉中一带，自封为汉王，而项羽则定都彭城（今江苏徐州），自称“西楚霸王”，至此，长达四年的楚汉之争拉开了序幕。在楚汉争霸的前期，刘邦是处于劣势地位的，屡屡被项羽击败。可是，与项羽相比，刘邦善待百姓，不残暴横行，关心民间疾苦，同时他能够知人善任，懂得发挥部下的长处。因此，刘邦得到了将士们的爱戴、百姓们的拥护。

刘邦的势力越来越强大，于公元前202年击败项羽，实现了统一天下的宏愿。同年二月，刘邦称帝，定都长安，建立了汉朝，史称西汉。登基之后，刘邦先后消灭了韩信、彭越等异姓王侯势力，裂土分封九位同姓王，巩固了中央集权统治。

另一方面，鉴于长期征战导致的社会凋敝、国家势弱，刘邦采取了休养生息的宽容政策，让士兵回到家乡，让返乡者恢复爵位和田宅；实行重农抑商的政策，恢复社会经济发展，稳定封建统治秩序；修改《秦律》，制定《汉律》九章；定算法、历法和度量衡；不仅如此，为了稳定政权，他还令各地豪强迁徙关中，采取和亲政策与匈奴恢复关系。

实际上，刘邦的政策是以儒家思想为主、法家思想为辅的，并且借鉴了道家的“黄老之说”，所以他取消了秦朝的严刑峻法，废除了连坐法，提出了以教化为主、刑罚为辅的宽松政策。这些与民生息的政策对于稳定社会、恢复经济起到了很大作用，也为汉王朝的强大繁荣奠定了基础。

刘邦虽然是马上得天下，但是他非常重视文化，建立了规模宏大的国家图书馆——天禄阁、石渠阁等；注重祭祀和尊孔，成为第一位亲临孔庙的君主。

公元前195年，刘邦亲自带兵平定英布叛乱，不幸胸部中箭受伤。后因创伤复发，病势危重而去世。去世前，刘邦要求众臣歃血为盟，宣誓从今之后凡异姓者不能封王，若是谁违背盟约，天下人可以共同讨伐他。

刘邦是西汉的开国皇帝，死后尊号为高皇帝，在历史上被称为汉高祖。他不仅是汉王朝的开拓者，更是汉民族和汉文化的开拓者，对于汉族的发展以及中国的统一和强大做出了突出贡献。

# 一代雄主汉武帝

刘邦是汉王朝的开拓者，而真正让汉王朝繁荣强大的是汉武帝。

汉武帝，名彻，是汉景帝刘启的第10子，4岁被立为胶东王，7岁被立为太子，16岁登基，在位54年，开疆拓土，功业辉煌，可以说是历史上少有的具有雄才大略的君主。

刘彻从小就好学上进，兴趣广泛。他喜欢学习黄老之学、儒家之学，还喜欢丝竹、辞赋、刀剑，等等。他为人心胸开阔，不因身为皇族而嚣张跋扈，所以结交了很多良师益友。

汉景帝非常重视对于刘彻的教育，虽然他深受道家黄老思想的影响，主张无为而治、清静自由，却也具有前瞻性。面对纷乱的朝局和外来势力的虎视眈眈，汉景帝深知主张无为的黄老之学已经落后了，不能使国家更加稳定和强大。于是他特意选择卫绾作为刘彻的老师，教导他儒家的治国之策。以后的事实证明，汉景帝的决定是正确的，刘彻在儒家思想的影响下注重中央集权的巩固，推行了一系列的重大改革，使得汉朝政治、经济都得到了一定程度的发展。

▲汉武帝刘彻画像

公元前141年，汉景帝为刘彻举行了隆重的冠礼，之后突患重病死去，而刘彻当即即位。少年天子，雄心勃勃，一心想要施展才华、建功立业。可刘彻并不浮躁，他知道想要治理好国家，就必须选贤任能。于是，他下诏召集贤能，要求各地举荐贤能之士上书对策，一时间，各地贤良之士纷纷会聚京师，参与策对。

在策对的过程中，刘彻亲自出题、亲自阅卷、亲自面试，选举了众多出色的人才，其中就包括儒学大师董仲舒。前面我们已经说过，汉武帝与董仲舒进行了三次策问，为其观点和文采所折服，并且采纳了他“罢黜百家，独尊儒术”的建议。至此，刘彻开始主张以儒家思想治国，“罢黜百家，独尊儒术”成为汉王朝推行新政的指导思想。

为了推行新政，刘彻大力选拔通晓儒经的学士，通过察举选拔、天子征召、设立太学的方式让很多有用之才得到重用。刘彻任人唯贤、任人唯能，不拘一格，只要有才能就不在乎其门第、出身、辈分。

同时，为了巩固中央集权，刘彻采纳主父偃的建议，推行“推恩令”。当初，刘邦创立了分封制，除了在全国设立15个郡，还设立了9个诸侯国，封刘姓子弟为王。在诸侯国内，诸侯王的权势很大，不仅拥有人事权、财政权，还有部分的军事权。慢慢地，诸侯王的势力越来越大，野心也越来越大，汉景帝之时就发生了“七国之乱”，使得汉朝政权受到很大动摇。虽然叛乱被镇压下去，但诸侯国强大的势力始终对国家政权存在很大威胁。

而“推恩令”的实行在很大程度上削弱了诸侯国的势力。原本在诸侯国内，只有嫡长子可以继承王位，诸侯国代代相传，势力越来越大。可现在刘彻下令诸侯王也可以分封自己的儿子、孙子，所有的王子都可以继承诸侯王的领土。如此一来，一个大诸侯国被分解成众多个小国，势力自然就被大大削弱了，无力再与中央抗衡。而且，诸侯国内的子弟不仅没有反对，还对皇帝感恩戴德，这有利于中央集权的巩固。

解决了内忧，刘彻就开始着手解决匈奴这一最大的外患。虽然西汉是一个强大的国家，但边境时常受到匈奴的侵扰。自刘邦开始，由于国家刚刚从兵燹洗礼走上战后恢复，国力尚弱，因此汉朝只能采取和亲政策，在军事上则消极防御，尽量避免与匈奴决战。

为了解决匈奴这一外患，刘彻加强军队建设，选拔年轻有为的将领卫青、霍去病。最终三次成功反击匈奴的侵扰，彻底击败了匈奴，保证了北方的经济文化发展。刘彻的军事行动使得匈奴远徙漠北苦寒之地，再也无力与汉王朝对抗，之后更是逐渐走向衰落。

刘彻的另一大功绩就是开通了“丝绸之路”，促进了中西经济、文化的交流，促进了中国多民族的大融合。公元前139年与公元前119年，刘彻两次命张骞出使西域，开辟了东起长安，经河西走廊、塔里木盆地，翻过帕米尔高原，通向中亚和西亚，西达地中海东岸的贯通亚欧的大通道。这条绵延1000多千米的大通道不仅对于汉朝的经济文化发展有重大意义，对于中国经济文化发展也意义重大，建立起了中国与西方国家交流的桥梁。

刘彻还采取大臣桑弘羊的建议，下令取消郡国铸币权，收回销毁郡国原有旧钱，由中央统一铸币发行。这一举措对于经济的发展和繁荣具有很大的推动作用。

可以说，汉武帝刘彻的功绩是显著的，他具有雄才大略、经天纬地之才。但是他晚年也犯了很多错误，穷兵黩武、连年征战，给汉朝经济带来了不良影响。然而他能认识到自己的过失，在轮台下诏罪己，这也是非常难得的。公元前87年，汉武帝病逝，享年70岁，谥号孝武皇帝，葬于茂陵。

# 乱世枭雄曹操

曹操，字孟德，小名阿瞒，东汉末年沛国谯县（今安徽亳州）人。曹操出身于宦官世家，父亲曹嵩是宦官曹腾的养子，后官至太尉，在当时有一定名望。年轻时的曹操十分机敏，能够随机应变，而且任性好侠、放荡不羁。同时，他又博览群书、熟读兵法。

20岁时，曹操就被推举为孝廉，做了郎官，后被授予洛阳北部尉，因为执法毫不留情而得罪了权贵，被调离洛阳。之后曹操多次因为得罪权贵而被贬职，直到27岁时才再次被任命为议郎。

黄巾起义爆发后，曹操被任命为骑都尉，参与了镇压起义的活动，立下了军功。之后，曹操表现出杰出的军事才能，曾受到叛军的重视和招揽，但是都被他拒绝了。董卓作乱后，天下豪杰纷纷起事征讨，曹操也招募了一支5000人的队伍，加入了讨伐董卓的大军之中。之后，曹操占据兖州，镇压并收编了再次起义的黄巾军，实力迅速壮大，成为中原小有势力的一支武装队伍。

打败袁术、征讨陶谦、平定兖州之后，曹操成为中原最有势力的力量。为了争取在逐鹿中原的斗争中占据有利地位，曹操把汉献帝从洛阳迎到许昌，并且以天子的名义发号施令，名正言顺地征讨各地割据势力，这就是历史上著名的“挟天子以令诸侯”。曹操表面上恭迎汉献帝，其实只是把他当作傀儡，当作自己争夺天下的工具而已。

此时，唯一能与曹操对抗的就是袁绍，虽然曹操的势力大增，但是与袁绍却相差甚远。不可一世的袁绍根本不把曹操放在眼里，亲率精兵10万，向曹操发动了进攻。曹操在官渡迎击，利用奇袭和智谋以少胜多，大败北方第一强敌袁绍。“官渡之战”也是中国历史上以少胜多的著名案例，这一战不仅使得曹操势力大增，更奠定了他统一北方的基础。之后，曹操陆续剿灭袁绍的残余势力，成了北方的真正统治者。

为了表彰曹操统一北方的功绩，汉献帝封他为丞相。但是曹操的“野心”并不在此，他想要实现中国的真正统一。经过一番筹划后，曹操亲率80万大军下江南，击败刘表，夺取荆州；击败刘备，占据江陵，然后继续挥师南下，想要趁势一举消火孙权势力，吞并江东。在曹操的重压下，刘备和孙权达成联盟，合力抗曹。之后，孙刘联军和曹操在赤壁展开了激战，周瑜依靠火烧赤壁的计谋大败曹操，取得了“赤壁之战”的胜利。

之后，曹操退回北方，孙权和刘备各自发展势力范围，三方势力初步形成鼎立的局面。曹操认识到，若要彻底消灭孙、刘两家，实现真正的统一，必须在政治、军事、经济上做好充分准备，而不能急于一时。

▲铜雀三台遗址公园曹操雕像

为此，曹操在北方开始发展经济、励精图治。他非常重视人才的选拔，事实上曹操是历史上少有的能举贤任能、任人唯贤的领导者。他打破了东汉以来的门第规则，提出了“唯才是举”的用人方针，并且下了一道《求贤令》。

要知道，东汉时期的用人制度存在着很大缺陷，汉安帝施行了“任子”制度，即让公、卿、校尉、尚书的一子做郎，如此一来，朝廷官员绝大部分出自世家豪族；同时，朝廷公开选拔人才采取的是察举征辟的方式，即让地方上有势力的豪强推选和评价所谓有才能的人。这就导致了有钱有势的人出钱买官、仗势做官的现象，使得真正有才华的普通人无出头之日。

曹操的用人方针打破了这一限制，使得所有有才能的人都能施展才华，不管他是出自世家还是出自里巷。同时，曹操还采用因才授任的方法，使人尽其能。他引用了孔子的话，说春秋时鲁大夫孟公绰是个廉士，担任晋国赵、魏两家的家臣绰绰有余，但是他却不能胜任像滕、薛那样小国的大夫。因为适合做大国贵族家臣的人才，并不一定能做小国的大夫。

经过一番选拔，曹操让各地人才投奔到自己门下，形成猛将如云、谋臣如雨的盛况。其中包括荀彧、荀攸、郭嘉、满宠、张辽、徐晃、张既，等等。这些人大多是出身贫寒的地主或普通官吏，深受曹操重视。比如，荀彧投奔曹操时还只是一个小小的县令。曹操见识到荀彧的才华和能力时，立即破格提拔他为司马，建都许昌后，曹操亲自带兵出征之时，甚至把中央大权都交给了他。

曹操重视出身卑贱的人，但并不排斥豪强地主出身的人，如果他能展示才华，同样会给予其重用。比如许褚、李典等人都是豪强出身，后来受到曹操重用，成为统兵的大将，立下了赫赫战功。许褚投靠曹操后，还将自己门下的一批侠客介绍给曹操做卫士，后成为曹操极为信任的“虎士”。

曹操不仅重视那些有治国用兵才能的人，也非常重视有才华的文人。当时文坛上最有名望的“建安七子”孔融、王粲、徐幹、陈琳、阮瑀、应玚和刘桢，这七人中除了孔融之外，都是曹操的幕僚。曹操非常看重他们的才华，并且不计前嫌，如陈琳本为袁绍部下，曾经替袁绍起草讨伐曹操的檄文，把曹操的祖宗三代痛骂一通。袁绍失败后，陈琳归降曹操，曹操并没有治罪于他，反而重用他。

曹操大力提倡文学，重用和尊重文人，使得当时涌现出一大批出色的作家和作品。不仅如此，曹操个人的文学造诣也很高，留下了很多脍炙人口的诗文，如《蒿里行》《观沧海》《龟虽寿》等。他的作品气魄雄伟、慷慨悲凉，既抒发了自己的政治抱负，又反映了汉末时期百姓的苦难。曹操的散文清峻整洁，开启了建安文学，给后人留下了宝贵的财富，史称“建安风骨”。同时，曹操也擅长书法，尤其是草书。

可以说，曹操是三国时代的一代枭雄，虽然没有亲自完成统一，但却削平了北方的割据势力，恢复了北方的经济和封建秩序，为西晋的统一奠定了良好基础。

曹操是一位杰出的政治家、军事家、文学家、书法家，称得上是有多方面历史成就的人物。历朝历代人们对于曹操的评价都很高，李瓒评价说：“时将乱矣，天下英雄无过曹操。”李世民评价说：“帝以雄武之姿，常艰难之运。栋梁之任，同乎曩时；匡正之功，异乎往代。”就连鲁迅也给予他很高的评价，说他是一个很有本事的人，至少是一个英雄。

不过，人们对曹操也有很多争议，有人说他奸诈、多疑，有人说他心机颇深，就连死后也要筑疑冢72座。但是不可否认，三国乱世，尽管英雄人才辈出，但是独领风骚的当属曹操。他具有雄才大略，同时还是才华横溢的诗人，文采风流几乎无人能企及。

# 改姓君主魏孝文帝

北魏的孝文帝拓跋宏，姓拓跋，名宏，又名元宏，是北魏王朝的第七个皇帝，也是我国历史上著名的少数民族皇帝，为促进民族大融合做出了突出的贡献。

东汉末年以后，匈奴、鲜卑、羯、氐、羌等少数民族开始向黄河流域迁徙，与汉族人民混居在一起，形成了以汉族为主体的民族大融合的局面。鲜卑族是匈奴之后在蒙古高原兴起的游牧民族，后逐渐建立起属于自己的政权，十六国时期鲜卑各部趁中原混乱迅速崛起，并且进入黄河流域，其中鲜卑族拓跋部于公元386年建立了北魏政权。

由于鲜卑人一直过着游牧生活，以畜牧业为主，政权建立后，发展农业生产就成为当务之急。然而当时鲜卑人不喜农业，甚至连有些平民和仆役也游手好闲，靠剥削掳掠汉族人民为生，过着锦衣玉食的生活。为了反抗鲜卑族的残暴统治，汉族和各民族人民揭竿而起，直到孝文帝时期暴动仍不时发生。当然，发生暴动的原因除了鲜卑人的暴政，更重要的是相对落后的民族和相对先进民族的矛盾。实际上，一个相对落后的民族是无法统治比它先进得多的民族的。

为了缓和矛盾，孝文帝拓跋宏即位后，对北魏的政治、经济、文化和社会习俗等各方面进行了一系列的改革，推行汉化政策，学习汉族先进的文化和制度。原本北魏的都城定在平城（今山西大同东北），该地偏远闭塞，集中了大部分守旧的鲜卑贵族，不利于汉化政策的推行。为此，孝文帝决定迁都洛阳，当时洛阳是中原的政治、经济、文化中心，迁都不仅有利于鲜卑族的汉化，还有利于加强对中原地区的控制。

然而，迁都洛阳受到了许多鲜卑贵族的反对和阻挠，但孝文帝并没有放弃。公元493年，他以“南征”的名义，亲率20万大军南下，一路的长途跋涉让这些鲜卑贵族和官兵疲惫不堪。这个时候，又恰逢阴雨连绵、道路泥泞，到了洛阳之后，这些平日里贪图享乐的鲜卑人再也支撑不住了。这正好中了孝文帝的下怀，他趁机说若不南征就迁都于此吧。于是，孝文帝不顾鲜卑贵族的反对，宣布定都洛阳，之后他进一步重用和拉拢汉族地主阶级。

迁都成功之后，孝文帝立即开始大刀阔斧地改革，下令改革鲜卑旧俗。规定鲜卑贵族必须穿汉族服装，禁止穿鲜卑服；全国上下一律改说汉语，禁止鲜卑贵族讲鲜卑语；官员在朝廷上必须讲汉语，否则就要被惩罚撤职；命令鲜卑贵族改汉姓，就连他自己都改姓元；改变鲜卑人的籍贯，规定死后不得归葬塞北；主张鲜卑族与汉族通婚联姻。同时，孝文帝还参照南朝的典章制度，改革北魏的政治制度，设立乐官，修订法律，改革官职名称，并且镇压了反对改革的守旧贵族，处死太子。

孝文帝的一系列改革不仅促进了鲜卑人与汉人的交往，促进了北方各族人民的融合和发展，还大力推动了北魏政治、经济、文化、军事等方面的发展。

在改革的过程中，孝文帝广纳人才，制定了很多发现、提拔、推荐人才的规定，并且把能否推荐人才作为考核官吏的一个重要标准。孝文帝求才若渴，能够真正做到不拘一格、礼贤下士，同时给予人才真正的尊重和信任。即便对南齐投降过来的官吏，他也能放下皇帝的猜忌，委以重任。

孝文帝在推行汉化政策的过程中，最重要的政策就是推行三长制和均田制。所谓“三长制”是指五家立一邻长，五邻立一里长，五里立一党长；而“均田制”是指按照人口分配土地，部分土地在耕作一定年限后归其所有，部分土地在其死后还给官府。这无疑巩固了政权，缓和了阶级矛盾和民族矛盾，对农业生产起到了恢复和发展的作用。

孝文帝推行改革之后，北方经济得到了迅速恢复，民族隔阂慢慢消除。同时，先进的文化代替了落后的习俗，促进了北方各少数民族向封建社会过渡。可以说，北魏孝文帝是一个出色的政治家和改革家，他接受先进的文化、学习先进的经验，促进了北方各民族大融合，是我国古代民族融合的积极推进者。

# 明君典范唐太宗

唐朝是我国古代历史上最辉煌、最强盛的王朝之一，其政治、经济、文化、军事等达到了空前繁荣，开创了“四夷宾服，万邦来朝”的局面。直到今天，各国人民还称呼中国人为“唐人”。

开创这一伟大王朝的君主就是唐太宗李世民。李世民是唐高祖李渊的第二子，具有杰出的军事才能，在唐朝统一全国的过程中南征北战、战功赫赫，是起决定性作用的军队统帅。同时，他也是能够治世的明君，政治清明、重视人才、从谏如流，开创了历史上有名的“贞观之治”。

李世民非常重视吏治，曾经命令房玄龄、李靖等巡查全国，考察官吏的风评，并将此作为升降奖惩的依据。不过，李世民最值得称道的还是他的从谏如流，历史典籍和民间传说流传着很多关于他善于纳谏的故事。

“兼听则明，偏信则暗。”这是魏徵对李世民的建议，而他也始终铭记在心。有一次，李世民问魏徵：“怎样能分辨出明君和昏君？”魏徵回答说：“国君之所以圣明，是因为他能够听取不同的意见；国君之所以昏庸，是因为他只听一方的意见就信以为真。古代尧、舜是圣明的君主，他们广开言路，善于听取不同的意见，所以小人不能蒙蔽他。而秦二世、梁武帝、隋炀帝都是昏庸的君主，他们远离忠臣和百姓，听信小人的谗言，所以直到国家灭亡、百姓背叛还不自知。如果君王能够广泛地采纳臣下的建议，那么就能听到百姓的声音，就不会做出错误的决策。”

从此，李世民非常信任和重用魏徵，凡事都喜欢征求魏徵的意见。而魏徵是刚正不阿的谏臣，李世民对他也有些敬畏之心。有一次，李世民得到了一只非常漂亮的鹞鹰，时常把它拿在手中逗弄，甚至忘了处理国家政事。一天，李世民正在兴味十足地把鹞鹰放在臂上逗弄，恰好魏徵有事求见，他怕魏徵说什么“国君不可玩物丧志”之类的话，便立即把鹞鹰藏在怀里。

▲ 唐太宗李世民画像

其实，魏徵早就看到了那只鹞鹰，却故意大讲特讲“帝王不可玩物丧志”之类的话，结果李世民自知理亏，不好意思打断魏徵，结果鹞鹰闷死在怀中。之后，李世民再也没有因为玩乐而延误国家大事。

李世民的心胸是非常宽广的，善于纳谏，只要臣下提出的意见是合理的、正确的，他就会虚心接受。有一次，李世民想要把洛阳破败的乾元殿修饰一番，作为巡视外地的行宫。这本是一件小事，可是却遭到了官员张玄素的反对，他上了一道奏折，痛斥李世民的过失：“修建阿房宫，秦朝倾覆；修建章华台，楚国灭亡；修建乾元殿，隋朝崩塌。这些深刻的历史教训历历在目，难道还不值得警醒吗？现在，国家财力薄弱、百废待兴，还比不上当初的隋朝，难道陛下要在此时继续奴役百姓、大兴土木吗？陛下没有继承前代帝王的长处，却继承了百代帝王的弊端，从这一点来看，陛下的过失远远超过了隋炀帝。”

张玄素把李世民比作昏聩的隋炀帝，可以说是胆大妄为、冒犯天威了。若是换作其他皇帝，看到这一大不敬的奏折，肯定会大发雷霆，将其治罪。但是李世民却没有如此，他觉得张玄素非常有胆量，且敢于直言。

为此，李世民召见了张玄素，假装愤怒地质问说：“你竟然说我不如隋炀帝，那和夏桀、商纣相比，又如何呢？”张玄素丝毫没有退缩，大胆直言：“如果陛下真的修了乾元殿，那和昏庸的夏桀和商纣就没有什么区别了。”听了这话，李世民被张玄素的敢言深深打动，随即收回了重修乾元殿的谕旨，同时还给予张玄素赏赐。

魏徵听闻此事后，感慨地说：“张公论事，有回天之力，可谓仁人之言哉。”这也就是“回天之力”一词的来源，不仅表现了张玄素的敢于进谏、忠于社稷，更体现了李世民的虚心纳谏。

李世民的另一个杰出贡献是对少数民族采取了比较开放的民族政策，与颉利可汗歃血为盟，与突厥维持友好的关系；后大破突厥，追击突厥至阴山以北；在东突厥故地设置安西都护府，保证了北方边境的安定，促进了北方民族的团结。之后，突厥一些部众归顺，李世民把他们迁到内地，并且任用突厥贵族为官，其中阿史那社尔、契苾何力等铁勒部人受到重用。

同时，李世民还采用和亲的民族政策，把文成公主嫁给了吐蕃王松赞干布，促进了汉藏民族关系的融合，也促进了藏族经济文化的发展。李世民采取的民族政策使得各少数民族心悦诚服，纷纷前来归顺，并且尊称他为“天可汗”。

李世民在位期间，对内文治天下、厉行节俭、轻徭薄赋、宽刑轻法，实现了国家的经济繁荣和社会稳定；对外开疆拓土，攻破东突厥、薛延陀，征服高昌、吐谷浑，设立安西四镇，采取宽容的民族政策，为唐朝的盛世奠定了重要基础。可以说，李世民是我国历史上少有的明君典范。

# 士兵皇帝宋太祖

赵匡胤是宋朝的开国皇帝，涿州（今属河北）人，出生于一个军人家庭，父亲赵弘殷曾是后唐、后晋、后汉、后周四代王朝的禁军将领。

受家庭的影响，赵匡胤从小就喜好骑射和练武，并且练就了一身好武艺。父亲为了培养他，还为他请了非常有名望的老师，而他也勤学好问，养成了爱看书的好习惯。21岁时，赵匡胤走出家门，寻找大展拳脚的机会，后来成为郭威麾下的一员。郭威即位成为后周太祖后，赵匡胤也被任用，后深得后周世宗柴荣的赏识和重用，成为屈指可数的禁军高级将领。

公元959年，后周世宗北征燕云，势如破竹，可是在途中却因染上重病而去世。后周世宗临死前任命赵匡胤为殿前都点检，后又兼领宋州归德军节度使，掌握军机大权。第二年，在下属的提议下，赵匡胤发动“陈桥兵变”，夺取后周政权，建立了宋王朝，定都开封。

▲ 宋太祖赵匡胤画像

赵匡胤称帝之后，继续向江南用兵，争取天下的统一。

他采用了各个击破的战略，先后攻灭荆南、湖南、后蜀、南汉、南唐等割据政权，实现了江南的统一。自此，唐末五代以来混战割据的局面结束，中原地区再一次实现了中央集权的统治。这不仅对社会经济的恢复和发展起到了很大的促进作用，还使各民族间的经济文化交流得到了进一步发展。

为了加强中央集权，赵匡胤选用将领长期驻防北方要地，加强对契丹的防范，同时，他还削夺了禁军将领和藩镇兵权。提及削夺将领兵权，就不得不说一说“杯酒释兵权”，这是赵匡胤自导自演的一出好戏。赵匡胤是通过兵变的方式来夺取政权的，所以非常忌惮下属拥兵自重，更担心自己会重蹈覆辙。

公元961年七月，赵匡胤在宫中设宴，宴请那些和自己征战沙场、战功卓著的将领。酒兴正浓时，赵匡胤故意装醉，说道：“我这个皇帝当得太难了，没有一天能安然入睡。”众将领忙问其缘故，赵匡胤说：“这皇帝的位子谁不想坐？虽然你们没有异心，可是你们的下属也没有吗？如果下属拥立你们，你们能做到不动心吗？”是啊！赵匡胤就是如此被下属拥立的！将领们一听这话，个个吓得满头大汗，连连叩头。第二天，众将领都以有病为由，主动交出了兵权。就这样，赵匡胤顺利地拿到了兵权，解除了将领对于政权的威胁。

为了进一步巩固自己的权力，赵匡胤还重新编制禁军，设立“三衙”，规定“三衙”只有统兵权，军队调动权归枢密院，后勤供应归“三司”，使其相互牵制、相互监督。

解决军事问题后，赵匡胤开始着手改革财政，收回了中央的财政权。他派文官代替将领掌管地方行政，另派大臣分管地方财政；派京师朝官主持地方税收，责令藩镇亲吏不许插手地方税收；地方的财政税收必须送到京师，州县“不得占留”；州府官员不能私自从事牟利活动。

接下来便是行政方面的问题了，为了加强皇权，避免地方势力过于强大，赵匡胤采用了官职分离的方法。即设“三司”分散宰相的权力，掌管财政，设“枢密院”掌管武事。为了遏制宰相的权力，他还把任命台谏官的权力收回，亲自选定任命。台谏官只服从于皇帝，成了监督大臣的工具。同时，为了防止官员在一地生根盘踞，他还采取了差遣的方式，差遣是临时的，或三年一任，或两年一任，到时即调迁。

赵匡胤采取的一系列措施加强了中央集权，使得皇帝集军、政、财三大权于一身，成为绝对的、至高无上的统治者。之后，历代皇帝都延续了这一政策，自此中国的封建皇权走向了绝对化，皇权至高无上。但是这种“重文轻武、偏重内防”的方针也给宋朝留下了隐患，不仅使得机构臃肿、重叠，也使得国家军事能力减弱，形成了“积贫积弱”的局面。

因为赵匡胤重视文臣，大力提拔文人担任各部官吏，所以宋代文化、教育事业得到了空前发展，涌现出一大批出色的文人。同时，赵匡胤也对科举制度进行了改革，规定不论家庭贫富、声望高低，只要有能力、有才华就可以参加科举考试；确定复试、殿试制度，遏制了徇私舞弊的现象，使得真正有才能的人能脱颖而出。

赵匡胤是一位出色的皇帝，他死后弟弟赵光义继承兄位，成为宋朝的第二位皇帝。可关于赵光义的即位，后人众说纷纭，有人猜测赵光义趁着赵匡胤卧病在床，用斧子杀死了哥哥，夺取了哥哥的皇位，这也就是典故“斧光烛影”的由来。可这毕竟只是推测而已，至于赵光义是否是名正言顺地当上皇帝的，则无人知晓。

# 一代天骄成吉思汗

元朝是中国历史上首次由少数民族建立的大一统王朝，其开创者便是成吉思汗。成吉思汗，孛儿只斤氏，名铁木真，出生于公元1162年。铁木真的父亲是蒙古一部落的首领，后被敌对部落的人毒死。为此，铁木真所在的部落分散了，他们一家人被敌对势力排斥，开始了最为艰难的生活。

当时，蒙古高原上有很多大小不一的部落，各部落首领为了争夺地盘，相互掠夺和仇杀，蒙古人民生活在战乱、灾难之中。铁木真也是如此，青年时期他曾经被敌对部落俘虏，成为卑贱的奴隶。为了防止他逃跑，敌人还给他加上木套圈。

可就是因为铁木真遭受过战乱的痛苦，看到过百姓遭受的灾难，所以树立了统一蒙古的远大志向，并且为此付出了巨大的努力。铁木真18岁的时候，因为打败了蔑儿乞人，被推举为乞颜部可汗。后来，他的力量不断强大，开始向杀死自己父亲的敌人寻仇，成功击败主儿乞部。虽然草原各部落都害怕铁木真崛起，他却以出色的才华，率领部众一一战胜了各强敌，将各部落全部聚集在自己的大旗之下。

公元1206年，蒙古贵族和将领召开大会，尊称铁木真为“成吉思汗”，成为整个蒙古的大汗。之后，铁木真开始对外发动大规模的战争，先后击败了畏兀儿、西辽、西夏、金朝，使得各族政权都臣服于自己。

之后，铁木真继续开始西征，企图把疆土向西扩张，他先后征服了花刺子模等国，使得征服疆域到达中亚、东欧的黑海海滨。虽然他的征战扩大了疆土，但也给中亚、西亚以及欧洲的一些国家和人民带来了巨大灾难。因为战线过长，蒙古军采取了烧杀抢掠的战略，并对所占领的城市实行了大规模的屠城，蒙古军所到之地哀鸿遍野，花刺子模、讹答剌、马鲁绿洲等都遭受了巨大灾难，几乎变成荒芜之地。同时，蒙古族的广大牧民也承受着巨大的灾难，所有少壮劳力都被迫从军，甚至连六七十岁的老人也都被送上前线，无数人战死沙场、葬身异国，给蒙古族的发展带来了巨大隐患。

铁木真的军事行动，为之后忽必烈灭掉金、宋，统一吐蕃、大理，实现全国的大一统奠定了坚实基础。

可以说，铁木真是中国历史乃至世界历史上最伟大的军事家之一，即便是不可一世的亚历山大大帝也没有创造像他那样的光辉业绩。他驰骋东西，“灭国四十”，缔造了一个横跨欧亚的大帝国，这在世界历史上非常罕见。他被蒙古民族奉为至高无上的神，也被后世视为最具有军事才能的战神。他极大地影响了中国乃至世界历史，威名远播中亚和欧洲。

▲成吉思汗雕像

# 出身贫寒的皇帝朱元璋

朱元璋是中国历史上出身最贫寒的皇帝，当过乞丐，做过和尚，比汉高祖刘邦的身份更低微。可就是这样的人，恰好赶上了乱世，凭借一身军功，成为明朝的开国皇帝。

朱元璋的父亲和祖父乃至曾祖父都是贫苦农民，在淮河流域到处躲债，一心想找一个地方做佃农，以便养家糊口。到了父亲朱五四这一辈，一家人终于成为一家地主的佃农。由于家里孩子多，生活非常贫苦，时常食不果腹，朱元璋很小就给地主家放牛。

朱元璋17岁的时候，淮河两岸发生了严重的旱灾，之后瘟疫横行，无数人死于瘟疫、饥饿。朱元璋的父亲、兄长相继去世，他只能到寺庙做行童，这段时间他每天干着繁重的杂活，还要受人欺凌。后来，因为饥荒日渐严重，寺庙也难以维持下去，他只能离开寺庙，做起了游方和尚。

在云游各地的三年里，朱元璋受尽了苦难和欺凌，每天靠乞讨维持生活。虽然这段时间让他尝尽苦楚，但是艰苦的流浪生活也让他接触到各地的风土人情，见了世面、开阔了眼界，并且磨炼了他的意志。更重要的是，他看尽了和自己一样贫苦的人民所遭受的苦难，一心想要改变这样的状况。他开始读书识字，刻苦学习，一心想成就一番事业。

当时，元朝统治者残暴横行，政治腐败、经济凋敝，官府对于

▲朱元璋画像

遭受旱灾的百姓充耳不闻，使得饥民遍野、饿殍满地。在朱元璋云游途中，看到了许多农民起义反抗元朝的腐败统治。其中就包括韩山童、刘福通等人领导的红巾军，他们揭竿而起，英勇作战，形成了滔天之势。很快，朱元璋加入了郭子兴的红巾军，因为作战英勇、机智灵活，且有些学问，深受郭子兴的赏识。郭子兴还把自己的义女马氏嫁给了他，从此，军中改称他为朱公子，他也正式起名为朱元璋。

朱元璋非常英勇，屡次带领队伍取得胜利，又因为是郭子兴的女婿，很快就得到了将士们的拥护，在军中颇有声望。慢慢地，他掌握了军权，后来郭子兴病逝，他便成为这支队伍的真正统帅。

随后，朱元璋带领着队伍攻城略地，逐渐收编各起义军，成为反元队伍中最有势力的武装。由于他军纪严明、赏罚分明，所到之处势如破竹。同时，他还重视儒士文人的作用，每到一地都向当地的名儒讨教。就这样，朱元璋经过16年的奋战，终于推翻了元朝的统治，合并了各支起义军队伍，建立了统一强大的明朝，定都应天（今江苏南京）。

朱元璋从小没读过多少书，但是很爱学习，他知道在马上可以打天下，但在马上不能治天下。所以，即便在带兵四处征战之时，他也抓紧时间读书，还时常向身边的儒士请教。他接受大儒们的合理建议，把汉高祖刘邦作为榜样，之后的很多施政都效法刘邦。

朱元璋非常聪明，通过努力学习，后来不仅可以快速地阅读各种书籍，还可以作诗、写赋。他的诗作非常不错，气势磅礴、慷慨激昂，其中《与田兴书》《周颠仙人传》流传至今。

因为亲身经历过饥寒交迫的痛苦，看到过百姓的艰难生活，朱元璋对于农民的痛苦生活感同身受。他采取了一系列惠民的政策，轻徭薄赋，减轻农民的负担；设立预备仓，大量存储粮食，以备荒年之用；设立惠民药局，为贫苦人民免费治病；恢复民族平等，取消贵族特权。同时，每当灾难发生时，他都下诏减免税赋和赈济灾民，他在位的31年内，减免税赋和赈济灾民多达70多次。

朱元璋施惠于民，是因为他知道只有百姓富足，国家才能富足；只有百姓生活安定，国家才能安定。他将唐太宗李世民的警告"民可载舟，亦可覆舟"牢记于心，并且时常教导自己的儿子："凡居住食用，事事处处要想到农民的辛劳，取之有制，用之有度，使他们不致受饥寒煎熬，这才是统治之道。"

朱元璋是我国历史上最勤政节俭的皇帝之一，从登基到去世，几乎没有休息过一天，更别提游玩享乐了。每天天还没亮，他就起床更衣，然后上朝与大臣商议国家要事；直到正午才有短暂的休息时间，此时还要同儒士们讨论文学；午后继续与大臣们商议国事，处理各种奏章，直到黄昏。不管政事大小，他事必躬亲，每天批阅200余件奏章，处理国事多达400余件。

朱元璋非常节俭，修建皇宫时只求坚固耐用，不求华丽奇巧，还命人在墙上画了很多壁画来警醒自己。每天早饭，只吃蔬菜，外加一道豆腐；所用的床，没有金龙；造车子、轿子时，则用黄铜代替黄金。

在政治上，朱元璋是非常严苛的，他大力惩办贪官污吏，刚刚登基不久就掀起了轰轰烈烈的“反贪官”活动。不管是皇亲国戚还是功勋将领，不管是地方官员还是朝廷官员，只要是贪官污吏都要严惩，其中包括驸马欧阳伦。他是朱元璋与结发妻子马皇后所生的安庆公主的丈夫。当时，朱元璋下令禁止私贩茶叶，违令者严惩。可欧阳伦仗着自己是皇亲国戚便不顾禁令，擅自派家人到边境私贩茶叶。东窗事发后，朱元璋竟毫不留情，斩杀了欧阳伦，同时奖赏了举报此事的小吏。

为了加强皇权，朱元璋设立了特务机构，培养大量检校人员，暗中监视百官。同时，他还将皇帝禁军改为锦衣卫，授以侦查、缉捕、审判、处罚罪犯等权力。这些特务机构起到了加强皇权的作用，但也使得文武百官人人自危。

事实上，朱元璋之所以设立特务机构，是因为他过于多疑，尤其是晚年之后，心性褊狭，颇好猜忌。他认为那些战功显著的宿将不可靠，想要谋权篡位。所以，太子朱标病故之后，他没有选择颇有势力的皇子们，而是立朱标次子朱允炆为皇太孙。为了“保护”皇太孙，他不惜故意制造冤狱，以剪除那些功臣宿将的“威胁”。

其中最典型的便是蓝玉案和胡惟庸案，蓝玉征战多年，战功卓著，被誉为明代的卫青、李靖，可是朱元璋却诬陷他谋反，并大肆株连，杀掉其家人、部属达1.5万人；左丞相胡惟庸也是如此，被牵连杀掉的达到3万多人。

朱元璋有功绩显著的一面，他施惠于民、惩治贪官；但是他也有残暴的一面，为了维护专制统治制造冤假错案、滥杀无辜。他还重新兴起以人陪葬的制度，去世后被葬于南京钟山的孝陵，殉葬的宫人10余人，陪葬的嫔妃46人，殉葬人数之多，令人发指。

# 建功立业明成祖

尽管朱元璋极力保护皇太孙，但是他的努力白费了，朱允炆只做了四年皇帝，朱棣便起兵造反，夺取了皇位。

朱棣是朱元璋的第四子，11岁时被封为燕王，封地北平，就是今天的首都北京。在当时，北平是北方重镇，曾经是金、元两朝的都城，是全国重要的经济、政治中心。朱元璋把这样的北方重镇交给只有11岁的朱棣，说明对他是很器重的。

朱棣年轻的时候，带兵东征西讨，建立了赫赫战功。尤其是成为燕王之后，多次与北方蒙古族战斗，战功更是卓越，不仅成为诸藩王之首，还在北方军队中树立了足够的威望。正因如此，太子朱标去世后，朱元璋对朱棣有所忌惮，年幼继位的朱允炆更是如此。再加上当时诸位藩王拥兵自重、坐镇一方，朱允炆内心恐惧不已，生怕皇位受到威胁。于是，他积极采取削藩政策，派多名大臣任北平布政使、都指挥使，加强对朱棣的防卫。朱棣本来就不服朱允炆，看到这个侄子皇帝又要削藩，又要防范自己，便滋生了不臣之心，谋划起兵造反。公元1399年7月，朱棣发动“靖难之变”，联合各地旧部起兵，经过四年的苦战终于攻下南京，夺得帝位，年号永乐。因此，明成祖朱棣又被称为永乐皇帝、永乐大帝。

朱棣即位后，为了稳定局势、巩固政权，采取了安抚诸位藩王的政策，先后复位各位藩王；加强对豪强地主的控制，完善文官制度，并且建立形成了后来的内阁制；重视监察机构的作用，鼓励官员相互监督，恢复锦衣卫，设置特务机构东厂。

最重要的是，朱棣迁都北平，并且把北平改名为北京。因为朱棣兴起于北平地区，根基在此，再加上北平是北部重要边镇，所以他认为天子居北，正是居重御轻，决定迁都北平。

朱棣知道迁都关系到国家兴亡，必须经过深思熟虑之后才能行事，便在迁都前做了一系列准备。

迁都之前，朱棣首先为北平正名，下令改北平为北京，升为陪都，改北平府为顺天府，提高了北平的政治地位。之后，他开始想办法提升北京的经济地位，北京虽然多次被定为都城，但是地理位置较为偏远，经济发展远不及南京，甚至不如江南少数发达城市。而且，当时蒙古族在北方的势力强劲，北方边防不太稳固，社会经济不稳定。他积极与蒙古族修好，与鞑靼、瓦剌各部建立关系，维护了北方的稳定。

之后，朱棣下令把大量流民组织起来，迁到北京附近种田，还把一些军士也放归北京种田。他甚至下令释放一些罪轻的囚徒，安置他们到北京周边种田。为了鼓励人们移民屯田，他下令五年之内减免赋税，免费为人们提供耕牛、农具、种子等，给予农民更多的优惠政策，比如减免税粮、赈济优厚等。经过一番苦心经营，北京的经济逐渐发展起来，农业、工商业形成一定规模，初步成为规模较大的城市。

公元1406年，朱棣下令在北京建造宫殿，特派大臣到全国各地采集巨木，命陈珪主持北京宫殿和北京城的整体设计营建。经过四年的营造，北京的宫殿终于建成了，这就是我们今天看到的紫禁城——故宫。公元1421年，朱棣下令迁都北京。

朱棣的又一大功绩就是修纂《永乐大典》。它是我国最早的百科全书式的文献集，汇集了古今图书七八千种，显示了古代汉族文化的光辉成就，被誉为“世界有史以来最大的百科全书”。

朱棣即位之初就下令编纂一部规模最大、种类最全、质量最好的大型图书，他对官员们说：你们要编纂一部自有图书以来，包括经史子集、百家之书的大书，这部书要规模最大、包罗万象。

之后，他下令礼部从全国各地选拔抽调人员，召集了全国最有名的儒士、学者、名医、名僧等，先后由解缙、姚广孝任总编撰，参与修纂人数达2196。在修纂过程中，朱棣也是积极检查和督促，发现问题便责令有关部门及时解决。

有一次，他发现宫中藏书太少了，立即派礼部通晓图书典籍的人到全国各地去搜寻、购买。只要看到有价值的书籍，不论多贵都必须买回。大规模的购书活动使得宫中藏书大大增加，为完成《永乐大典》的修纂提供了巨大帮助。

经过四年的时间，《永乐大典》的修纂终于完成，全书共22877卷，收录了自先秦以来的各种图书共七八千种，包括经、史、子、集、百家、天文、地志、阴阳、医、卜、戏剧、小说、技艺等，可以说是包罗万象、无所不有，集古今之大成。可惜的是，《永乐大典》大多毁于战火，今存不到800卷，现今存世的版本是嘉靖年间的抄本。

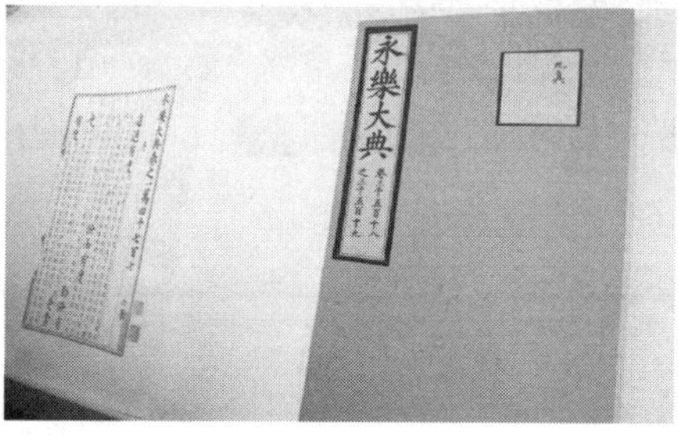

▲《永乐大典》书影

提到朱棣就不得不说郑和下西洋。郑和原是燕王府的一名太监，朱棣南征北战时跟随左右，立下了不少战功。朱棣对他非常赏识，成为皇帝之后赐他郑姓，把他视为内臣。

朱棣非常有远见，他想要见识西洋各国的情况，促进明朝与各国的经济文化交流，同时也想向它们宣示明朝的强大。为此，他命令郑和率领庞大的船队先后七次下西洋，加强了中国与东南亚、东非国家的友好关系。

郑和第一次下西洋是在公元1405年，船队规模非常大，共有船只208艘，其中大船62艘，小船146艘；船种齐全，有战舰，有供应船；船员齐备，包括官兵、水手、翻译、商人、医生、教师、工匠等各行各业的人，共计2.78万人。在船上，郑和装满了中国特有的货物，包括丝绸、绢缎、瓷器、水银、麝香、米谷、雨伞、草席、铁器、铜器等，还有许多稀奇的珍宝以及船员需要的日常用品，包括粮食、药品、淡水、盐酱、茶油、烛柴等，应有尽有。

郑和下西洋经历了艰难险阻，但是他们成功地到达了苏门答腊、

▲明十三陵

暹罗、爪哇等30多个国家和地区，最远到达非洲东岸、红海、麦加。每到一国，郑和便宣读明成祖诏书，赏赐金币。同时，郑和还带回了很多西洋货物，包括珠宝、香料、药材、珍奇动物等，胡椒就是当时传入中国的。

郑和七次下西洋经历了28年，不仅与30多个国家和地区建立了经济往来，打开了海外贸易的大门，还使中华文明远播海外。同时，这种大规模航海活动把中国古代航海事业推向发展高峰，可以说是中国航海史乃至世界航海史上的壮举，具有非常深远的历史意义。

朱棣是中国历史上最出色的皇帝之一，他开创了经济繁荣、国力强大的盛世，号称“永乐盛世”；他传播了中华文明，促进了中国航海事业的发展。65岁时，朱棣突然病故，被葬于北京市昌平区天寿山的长陵，后来明朝的皇帝陆续葬于此地，形成了今天的明十三陵。

# 盛世英主康熙帝

康熙，爱新觉罗氏，名玄烨，是清朝入关后的第二位皇帝。他8岁即位，69岁病逝，在位近62年，是中国历史上在位时间最长的皇帝。康熙是一位伟大的皇帝，他的一生可以用几大事件来概括：杀鳌拜、平三藩、收复台湾、讨伐准噶尔部噶尔丹、抵制沙俄侵略。

康熙年仅8岁就成了皇帝。少主不懂事，那么辅政大臣就必不可少，这是政治需要，也是历史经验。所以，父亲顺治帝去世前，为他设置了四大辅政大臣：索尼、苏克萨哈、遏必隆、鳌拜。随着时间的推移，四大辅政大臣权势越来越大，矛盾也越来越多。索尼病死后，鳌拜设计处死苏克萨哈，收服遏必隆，成为一人之下万人之上的掌权者。

▲ 康熙画像

鳌拜虽然名义上辅政，但是专横跋扈，根本不把群臣和皇帝放在眼里。为了避免皇权受到威胁，康熙的祖母孝庄太皇太后让12岁的康熙提早大婚，14岁便亲政，尽早掌握颁布上谕的权力。

鳌拜专权，康熙的亲政之路并不好走。鳌拜气焰嚣张，党羽在朝堂上下勾结，使康熙的很多措施不能实施。为了巩固皇权，16岁的康熙勇擒鳌拜，处死鳌拜集团的九名首要分子。同时，康熙对鳌拜的其他党羽采取了宽大政策，稳定了朝政，安抚了民心。在清除鳌拜势力的同时，康熙在朝廷要害岗位安排自己的势力，为受鳌拜迫害的官员平反，仅仅花了半年时间就彻底解决了鳌拜辅政八年所积压的问题，实现了朝堂稳定、皇权稳定。从此，康熙真正实现了亲政。

解决鳌拜的问题后，康熙把精力放在了撤三藩的问题上。这所谓的“三藩”就是清朝入关之后设立的三大功勋显著的异姓藩王，即平西王吴三桂、平南王尚之信、靖南王耿精忠。三个藩王分别镇守云南、广东、福建等西南、南方、东南边陲，手握重兵，对中央皇权构成了极大的威胁。在藩王统治的领域，朝廷的官员没有任何权力，处处受到牵制和防备，于是，公元1673年康熙下令裁撤三藩。

撤藩的指令一下，吴三桂便起兵反叛，带领大军企图北上。同时，其他藩王积极响应，纷纷起兵造反，一时间叛声四起，南方陷入战乱之中。可康熙并不惧怕，因为撤藩是经过深思熟虑和精心准备的行动，并不是一时之气。康熙采取了软硬兼施的策略，一边派将领征讨叛军，一边采用各种政策进行安抚，终于在公元1681年平定三藩，维护了南境的统一和稳定。

除了三藩，台湾问题也是困扰康熙的一大问题。清朝初期，全国各地都有反清武装活动。到了康熙时期，大部分反清武装被平定，只有台湾的郑成功和他的儿子郑经还在反抗，一心想要恢复明室江山。康熙多次招抚不成，便决定用武力统一台湾。

公元1681年，郑经突然病逝，台湾反清军队内部发生内讧。康熙觉得这是绝佳的机会，便立即起用施琅为福建水师提督，带领大军征讨台湾。施琅原本是郑成功的手下，非常善于海战，虽然历经两次失败，但最终取得海战大捷，收复台湾。之后，康熙设置台湾府，隶属于福建省，派兵戍守。在中央政府的统一管理下，台湾与大陆的关系更加密切，这对于国家的统一发展具有重大意义。

之后，为了遏制沙俄的侵扰，康熙与沙俄签订了《中俄尼布楚条约》，不仅收复了疆域，还保证了北方边境的安全。自17世纪中叶以来，沙俄便不断侵犯北方边境，使得百姓遭受苦难。到了公元1681年，沙俄的侵扰更加严重，甚至在雅克萨城建立据点，侵扰当地百姓。

为了遏制沙俄，康熙在黑龙江城（今黑龙江省黑河市爱辉区）置将军衙门，派兵驻守。同时，康熙在那里建立水师营，以便进行水战。经过充分准备后，康熙从水陆两路发兵，将沙俄军队打败，直逼雅克萨城。后在连连胜利的情况下，主动让步，签订了《中俄尼布楚条约》，维持了中俄边境一个半世纪的安定。

最后，康熙解决的是西藏问题。清朝初期，西藏一直臣服于清朝，顺治帝先后册封了达赖五世、和硕特部的最高领袖顾实汗。可是顾实汗死后，西藏就陷入了混乱，准噶尔军队趁机占领拉萨，推翻了和硕特部的统治，并且企图与中央政权对抗。

为此，康熙命人出兵攻打准噶尔部噶尔丹，但是由于轻敌，大败而归。之后，康熙又任命皇十四子为抚远大将军，下诏确认格桑嘉措为七世达赖，护送他进入西藏。经过精心的准备之后，康熙再次对噶尔丹采取军事行动，并取得了胜利，剿灭了噶尔丹，收复了西藏。

康熙实现了国家的大一统，巩固了多民族的国家政权。同时，他在政治经济上也颇有建树，是清朝康乾盛世的开创者。

他一生勤政，认为“勤政实为君之大本”，他每天都要御门听政，亲自主持御前朝廷会议；强调对大臣百姓实行“仁爱”，屡次禁止圈地，并且赈灾、设义仓。他个人非常勤俭，对自己严格要求，平时穿普通的衣服，脚上也裹着普通的布袜。

由于康熙提倡节俭，对官场风气也非常重视，严格管制追求奢侈的腐败官风。他非常重视对官吏的选拔，为了选拔重要官员煞费苦心，并且重视对官员行为的监督。他非常痛恨贪官，一旦发现贪官徇私枉法，必严厉惩治。他认为别的错误可以原谅，但是贪腐之罪决不可宽恕；不严惩，不足以警诫他人。即便是一些封疆大吏，如果贪赃枉法，他也决不顾忌，他曾经因此处死了山西巡抚穆尔赛。

在惩治贪官的同时，康熙还非常重视对廉吏的奖励，实际上，这是相辅相成的。他认为治理天下，最重要的事情便是惩贪奖廉，“贪婪者惩，以一儆百；廉洁者奖，以一劝众”。为了让朝廷上下形成一种廉洁的风气，他一再下诏让文武百官推荐清官，然后给予表彰和奖励。他非常看重山西的于成龙，说他是“今时清官第一”。严惩贪官，奖励清官，对于遏制贪污行为、实现政治清明起到了非常好的作用。

康熙在位近62年，是清朝乃至中国历史上最杰出的皇帝之一。

# 勤政而富有创造性的皇帝雍正

雍正，名胤禛，康熙皇帝的第四子。在位仅仅13年，但是勤于政事，做出了很多创造性的政绩。可以说，雍正是一位非常有创造性的皇帝，促进了国家政治、经济等方面的发展。

雍正采取了一系列改革措施。首先在赋税方面进行改革，实行“摊丁入亩”的政策。清朝延续了明朝的税收制度，征收人头税和土地税。人头税，顾名思义就是按照人口数量来收取，比如一个家庭有五口人，那么就必须交五口人的税。而土地税，又叫田赋，是按照一个家庭所拥有的土地数量来收取。实际上，这就是重复收税，每个家庭每个人需要交两种税，给广大农民带来了沉重的负担。

▲ 雍正画像

尤其是遇到战乱、饥荒的年代，很多百姓交不起赋税，无地或地少的贫苦农民更是如此。在这种情况下，就出现了人们为了躲避人头税而隐瞒人口或逃亡在外的现象，不仅影响了国家税收的稳定，还造成了大量流民的产生，使社会存在不稳定因素。

虽然顺治和康熙推行了一些措施，但是并没有彻底解决这个难题。雍正即位后推行了“摊丁入亩”的政策，即人头税归入田赋（土地税），农民有田地就交税，没有田地就不用交税。这一政策的推行受到了贫苦农民的欢迎，因为他们再也不用为了躲避税收而逃亡，再也不用流离失所。同时，这一政策对于国家的稳定发展也起到了积极的推进作用，是赋税制度上一个具有突破意义的改革。

雍正还首创军机处，协助中央处理军务。为了对西北用兵，雍正于公元1729年下令设立军机房，后改为军机处。军机处一直设在雍正帝寝宫养心殿的附近，以便他就近处理军政要务。军机处设有军机大臣，是从大学士、尚书、侍郎以及各个衙门抽调来担任的，按照皇帝的旨意办事。这些人都是兼职，在原部门仍担任职务，但是具有非常大的权力，可以说是皇帝的秘书。皇帝的圣旨不必经过内阁、议政处，而是由军机处直接送达总督、巡抚，其他任何人没有权力拆阅。军机处的设立极大地加强了皇帝的权力，让皇帝把军政大权紧紧地控制在自己手中。自此之后，皇帝的专制权力达到顶峰。

雍正还改革了立储制度，实行秘密立储的方法。自古以来，封建帝王实行立嫡立长的继承制度，康熙也延续了这一制度，立嫡长子为皇太子——是为储君。嫡长子继承制避免了皇室王位的争夺，但是也有很多缺点。如果嫡长子没有才能，或是皇帝对嫡长子不满意，那么不是导致国君无能、朝廷混乱，就是皇子之间互相争斗、兄弟自相残杀。历史上这样的教训很多，如李世民发动的“玄武门之变”、三国时期曹丕和曹植之争，等等。康熙时期二立二废皇太子，之后九王夺嫡、相互厮杀也让清朝政局动荡不稳。

雍正是夺嫡争斗的参与者，也是胜利者，但是他不愿意再看到类似的情况。于是，即位之初，他便考虑如何解决这个难题。经过与群臣讨论，他采取了“秘密建储”的方法，即不公开储君的身份，秘密立储。雍正把自己选定的太子人选写在纸上，装在匣中，然后置于乾清宫顺治帝御书的“正大光明”匾额之后。待他日之需时，再命人打开遗诏，宣读密旨。

这个制度，不仅巩固了皇权，避免了皇子之间的明争暗斗，还使得皇子们重视提升修养、学问，对于平稳政局起到了重要的作用。之后，清朝几代皇帝都采用了这个制度，包括乾隆、嘉庆、道光等。

雍正是一个敢于改革的皇帝，也是一个勤于朝政的皇帝。他每天都勤于政务，聆听大臣上奏、谏议，处理各种国家要事；晚上他通常会批阅奏章到很晚，无一刻清闲。他还创立了秘密奏折制度，规定只有皇帝有权拆阅地方上奏的密折；大臣上奏的奏折，他都会仔细地批阅。现在，故宫博物院内还保存着很多雍正批阅的奏折。

雍正的生活非常单调，几乎每天就是上朝、商议国事、批阅奏章，是一个地道的“工作狂”。他几乎没有出过北京城，既没有外出狩猎，也没有到处视察，这在历史上是非常少见的。

虽然他仅仅在位13年，却为清朝的经济、政治发展做出了突出贡献。雍正年仅58岁就在北京病逝，葬于河北省易县清泰陵。

# 第三辑

# 谋臣策士

# 谋略家的鼻祖吕尚

吕尚，本姓姜，名尚，字子牙，东海海滨人。因为他的祖先曾经辅佐大禹治水，被封于吕，所以从其封姓，以吕为氏。因为曾经辅佐过周文王，被封为“太师”，所以又被尊称为“师尚父”，后世俗称姜子牙。

吕尚年轻时穷困潦倒，一直郁郁不得志，年老的时候，趁着在渭水之滨钓鱼的机会，求见当时还是西伯的周文王，才有建功立业的机会。有人说吕尚曾经为纣王做事，但是无法忍受纣王无道便离开了。还有人说他曾经周游列国，但是没有找到明君，后来听闻西伯贤明，便前来归顺。

当时，周文王在外出狩猎之前，占卜了一卦，上面说：“捕获的非龙非螭，非虎非罴，而是能够辅佐成就霸业的能人。”周文王西出狩猎，果然遇到了吕尚，与其交谈之后，惊喜地说道：“祖先曾经预言，说将来必有圣人前来，使得周朝兴旺发达。难道说的就是您？我们祖先太公已经盼望您很久了。”于是，周文王称呼吕尚为“太公望”，两人一起乘车而归，之后周文王尊其为太师。

周文王的贤明受到纣王的忌惮，于是纣王将周文王召回朝歌拘禁起来，甚至想要借机杀掉他。为了救出周文王，吕尚广求天下美女和奇玩珍宝献给纣王，贪财好色的纣王才放了周文王。回到属地后，周文王开始积极谋划，一心想要推翻荒淫无道的纣王。在这个

▲ 姜太公雕像

过程中，吕尚献出了很多兵家谋略和新奇妙计，使得周边的诸侯前来归顺。然后，周文王讨伐了密须、犬戎，大规模建造丰邑。

后来，文王去世后，武王即位。武王一心想继承文王的大业，为了探察诸侯是否愿意响应，吕尚率领一支军队在孟津与其他诸侯国会师。一时间，孟津一带聚集了800多个诸侯，纷纷响应周武王的号召，齐心讨伐纣王。虽然这些诸侯国势力很小，但也凸显了周国的威望和诸侯对于商纣的不满。

两年之后，纣王残忍地杀害了少师比干，囚禁了箕子。武王觉得起兵的时机已到，便决定挥师东上，可未出行就遭遇了暴风雨。又加上占卜结果不吉利，众大臣极力反对出兵，只有吕尚坚持出兵，说占卜用的龟甲和蓍草根本不懂吉凶。最后，武王听从吕尚的建议，在牧野（今河南淇县西南）誓师，开始讨伐纣王。

纣王的暴政早已让百姓不满，武王受到所到之地的百姓的欢迎和支持。武王军队势如破竹，纣王军队一再溃败，最后商纣在鹿台自焚，商朝彻底被推翻。在这场战争中，吕尚起到了至关重要的作用，他善于把握战机，选择在商军主力远征东夷、朝歌孤立无援的情况下突然出击，与商军展开了激战。同时，他采用了攻心战术，亲自率领百名精锐打乱了商军阵脚，然后在敌军慌乱不堪的时候，让武王发动大规模进攻。一时间，商军军心涣散、纷纷阵前倒戈，使得周军大获全胜。因为用兵神勇，善于计谋兵法，所以吕尚被后世尊为兵法的先祖，深受后世军事统帅的敬重。

武王建立周朝之后，吕尚被封于齐，建都城于营丘（今山东临淄），后人因此称其为齐太公。之后，吕尚在齐地开始改革，顺应民俗，精简礼仪，去除商朝的繁文缛节；大力发展商业，让百姓享受鱼盐之利。周围的人信服吕尚的德行，纷纷前来归顺，齐国的百姓越来越多，成为当时最强大、最富有的诸侯国。

到周成王时，诸侯管叔、蔡叔兴兵叛乱，淮河流域的少数民族也趁机兴兵，使得周王朝受到威胁。周成王命吕尚征讨叛军，“东至海，西至河，南至穆陵，北至无棣，五侯九伯，实得征之”。一番征战之后，吕尚收复了这些地域，使得齐国领土不断扩张，疆域日益广阔。后来，吕尚将收复的附属国疆土分给自己的子孙。

吕尚是中国历史上第一位兵法家、谋略家，他辅佐周朝三代君王——周文王、周武王、周成王，可以说是治国经邦的功臣。他为西周王朝的建立和巩固立下了赫赫功勋，也是春秋战国时期最强大的封国——齐国的创始者，对于中国古代的政治、文化、军事等发展有重大贡献。

# 变法第一人商鞅

商鞅是我国历史上第一个提倡改革变法的人，他的变法使秦国成为一个国富兵强的国家。商鞅是法家学派的重要代表人物，对之后的法家思想产生了深远的影响。

商鞅，姓公孙，因为是卫国的贵族，又被称为卫鞅，因为在河西之战中立功被封于商，所以才被称为商鞅。他自幼拜李悝为师，喜欢研究刑律，学成后到魏国，成为魏相公叔痤的门客。公叔痤病重的时候，向魏惠王推荐商鞅，说："他虽然年少，但是有出色的才华，可以任用为宰相。如果不能任用，就必须杀掉他，千万不能让他离开魏国。"结果，魏惠王并没有听从公叔痤的建议，既没有用他，也没有杀他。

商鞅听说秦孝公有雄才大略，便前往秦国求见，大谈改革变法之策。秦孝公听完商鞅的主张后，立即任用他主持变法，先后封商鞅为左庶长、大良造。在秦国20余年，商鞅先后主持两次变法，使得秦国变得更加富裕强盛，为之后的统一奠定了良好基础。

▲ 商鞅画像

商鞅变法的内容主要有：废井田，开阡陌，承认土地私有；废除分封制，实行郡县制；奖励耕织和战斗，实行连坐之法；奖励军功，禁止私斗；重农抑商，发展生产；轻罪重刑，树立权威；统一征收军赋；迁都咸阳，避开保守势力。可是，任何革旧迎新都不是一件容易的事情，需要与旧制度、旧势力进行斗争。商鞅也是如此。

为了取信于秦孝公，说服他支持自己变法，商鞅和甘龙、杜挚等要臣进行了一场激烈的辩论。针对甘、杜等人的守旧言论，商鞅直接指出，“三代不同礼而王，五霸不同法而霸”，并主张根据当时的实际情况来立法制礼。这次辩论有力地驳斥了旧贵族的“法古”“复礼”主张，赢得了秦孝公的信任和支持。

同时，商鞅还利用“移木赏金”的方式来取信于民。在新法颁布之前，商鞅命人在都城的南门竖起一根三丈高的木头，并且贴出告示：谁要能将这巨木搬到北门，便可得到十金的奖赏。这张告示吸引了很多百姓围观，可是大部分人不相信。商鞅为了刺激百姓，把赏钱提高到五十金。不久，一名壮汉前来尝试，当他把巨木扛到北门时，商鞅真的赏给他五十金。很快，这件事情传遍了整个秦国，人们都知道商鞅是重信守诺、说到做到的人。而这为商鞅实行变法提供了有利的舆论条件。

事实上，任何一次变法都是利益关系的重新调整，这无疑会触动旧势力的利益。而这也是商鞅变法困难重重的原因。变法中，废除井田、奖励耕种等措施，触犯了旧贵族的利益，打破了地主阶级对土地的垄断，因此这些人视商鞅为眼中钉，处处阻挠变法的实行。

尤其是太子的两位老师公孙贾和公子虔，他们挑唆太子反对变法，但是商鞅并没有被权势吓倒，首先惩办了他们，在公孙贾的脸上刻上墨字，把公子虔的鼻子割掉。这起到了杀鸡儆猴的作用，之后再也没有权贵敢阻挠和反对变法。经过一番努力，新法终于在秦国得以实行，并且取得了很好的效果。在10年内，秦国上下路不拾遗，百姓生活富足，军队战斗力增强，社会稳定。

可秦孝公死后，商鞅的变法就遭到了巨大打击。太子即位，是为秦惠王，之后保守势力对商鞅施行了疯狂的报复，他们诬告商鞅企图谋反，秦惠王下令捉拿商鞅。商鞅逃到了边关，后又逃到封地商。秦惠王派兵攻打商，商鞅战死后尸体被带回，落得个五马分尸的结果。

商鞅的变法最终失败了，但是他的变法却产生了深远影响，不仅仅对秦国，对之后中国历史的发展也是如此。当然了，从今天的角度来看，商鞅变法中的一些主张具有局限性，企图用简单粗暴的政治手段来维护统一，实行愚民政策和文化专制，甚至实行连坐制度，这些刑罚过于苛刻严厉。

▲ 商鞅戟

# 战国说客之冠苏秦

苏秦是战国时期最有名的说客，是继张仪之后最有名望的纵横家。他为了燕国的强大，先后说服齐、赵、魏等国，促成六国联盟一起攻打秦国，大大地影响了战国各诸侯国的政治决策。

苏秦是著名谋略家鬼谷子的弟子，出身于普通农家，却心怀大志。虽然他熟读经书，但是始终没能有所作为，只能狼狈地回到家乡。可家人却不能接受他，父亲、妻子、嫂子都不认他。苏秦受尽侮辱，立志成就一番事业，之后闭门不出，专心苦读前人的书籍，并且感叹说："一个读书人埋头读书，可是又不能凭借它取得荣华富贵，那读再多书又有什么用呢？"

后来，苏秦得到了一本名为《阴符》的书，讲的是权谋阴谋的内容，便开始苦心学习纵横捭阖、权谋之术，每逢困倦之时便用锥子刺自己的大腿，终于学有所成。而这就是我们今天熟知的"悬梁刺股"中"刺股"的由来。之后，苏秦来到秦国，想要游说秦国启用自己的连衡之术，却被秦王拒绝。苏秦又来到赵国，又被拒绝，还被人嘲弄。接下来，他来到燕国，终于说服燕王启用自己的合纵之术。在燕王的资助下，他积极说服其他五国，合纵抗击秦国。

当时，秦国是七国中最为强大的国家，唯一能够与其抗衡的便是齐国。苏秦来到齐国，想要说服齐王一起联合对抗强秦，他说："强秦不断出兵侵扰各国，使得各国不得安宁，我们可以把齐、赵、魏、韩、燕五国主力联合起来，一起攻打秦国。现在秦国尚不是一头独大，在五国合力攻击秦国的时候，齐国若是能一举兴师灭宋，就可以趁机得志。”

▲ 鬼谷子文化园苏秦像

齐滑王听了苏秦的想法异常激动，觉得他说的话非常有道理。于是，齐滑王便重用苏秦，游说五国联合攻秦。“孔席不暖，墨突不黔”这个词，用来形容苏秦再恰当不过了，这个词的意思是，孔子周游列国，在一个地方落脚，席子还没焐热，就急忙出发了。墨子每天在外游历，时常不在家，所以烟囱几乎没有黑烟。苏秦就像是孔子和墨子一般，四处奔波，为了合纵而奔走于各国之间，先后向魏国权臣孟尝君、赵国权臣李兑与将领韩徐为等人阐述自己的想法。终于，苏秦成功说服韩、赵、魏三国国君，同意发兵攻秦。

就这样，韩、赵、魏、燕、齐五国集结兵马，在中原河南的成皋（今河南荥阳）地区会合。五国军队声势浩大，战马嘶鸣，蓄势待发，准备伐秦。公元前287年，五国军队浩浩荡荡向西进军。迫于军事压力，秦国开始示弱屈服，声称不再干预齐人灭宋，而且答应把所占据的温（今河南温县）、轵（今河南济源）、高平（今山西高平）归还给魏国，把侵占赵国的两个地方归还赵国。

一时间苏秦的大名传遍各国，燕国封苏秦为上卿，封君号“武安君”，之后齐国和赵国也封苏秦为武安君，爵位上卿，这足以显示苏秦的名望和地位。

游说五国伐秦，难度是非常大的。当时各国矛盾重重，为了利益而不断征战。那么为什么苏秦能游说成功呢？最重要的原因是，他的主张顺应了当时的形势，当时齐、秦是东西两大强国，势均力敌。其他国家都比较弱，尤其是韩国，唯其他强国马首是瞻。随着秦国国力不断增强，齐国感受到巨大的压力，自然不愿意其继续扩张膨胀；而其他小国一直受秦国侵扰压制，自然也想反抗秦国。同时，对于这些小国来说，齐、秦两强互相对峙征战，自己便更安全了。可以说，攻打秦国是当时天下弱国的共同呼声，甚至有人说“齐秦不合，天下无忧”。于是，苏秦凭借出色的口才，成功地游说五国联合攻秦。

可惜的是，各诸侯国合纵连横都带有自己的目的，都为了自己的利益。所以秦国一采取行动，合纵联盟就被轻易瓦解了。之后，苏秦反间活动暴露，被车裂而死。

不管怎么说，苏秦是战国时期最出色的纵横家。他也实现了自己的理想，使得五国合纵攻秦。当时，有人评价苏秦，“当此之时，天下之大，万民之众，王侯之威，谋臣之权，皆欲决于苏秦之策……夫贤人在而天下服，一人用而天下从”。

# “运筹帷幄，决胜千里”的张良

张良，字子房，是西汉著名的谋略家，被誉为汉初三杰之一。汉初三杰，是指张良、萧何、韩信这三位开国功臣。

张良的祖先是韩国贵族，祖父曾连任韩国三朝的宰相，父亲也继任韩国两朝的宰相。韩国被秦国灭了之后，他曾经图谋恢复韩国，结交刺客想要刺杀秦始皇。他对于秦始皇有着极深的仇恨，陈胜、吴广起义后，他也积极响应，聚众起兵，后率部归顺刘邦，成为刘邦身边最重要的谋士。

关于张良，有一个流传很广的故事。张良年轻时，每天都要经过一座小桥，一天在桥边遇到一位衣衫破旧的老者。这位老者看到张良走过来，突然脱下脚上的破鞋子丢到桥下，并且无礼地说：“去，把鞋给我捡回来！”张良感到非常震惊和生气，觉得老者是故意侮辱自己，但是他看到老者年迈虚弱，便忍着气把鞋子捡了回来。

谁知这老者竟然得寸进尺，对张良说：“把鞋给我穿上！”张良觉得帮人就要帮到底，便弯下身帮老者穿好了鞋子。

之后，老者站了起来，跺跺脚，“哈哈”大笑几声便扬长而去。张良看着老者的背影，感到万分奇怪。此时，老者又转过身来，说道：“年轻人，我看你颇有天赋。这样吧，五天后你早早来这里等我！”说完就离开了。

此时，张良深感玄妙，觉得老者肯定是深藏不露的隐者，立即诚恳地跪拜说："谢谢老先生，我一定前来听先生指教。"

五天后，张良一大早来到桥头，只见老者已经在桥头等候。见到张良，老者生气地责备说："和老年人相约，你竟然迟到了，这像什么话！"说完就起身离开了。走出几步，老者又回头说："五天之后，你再来与我见面。"

又过了五天，张良起得更早了，半夜就往桥头赶，终于在老者来之前到达。老者见张良比自己早，高兴地说："年轻人就应该这样啊！"随后，老者掏出一本书，交给张良说："你读了这本书，便可以辅佐君王治国平天下了。"说完，老者飘然离去，瞬间没了踪影。

等到天亮，张良打开手中的书，发现是早已失传的《太公兵法》。从此之后，张良日夜攻读，勤奋钻研，终于成了出色的军事家，协助刘邦建功立业，立下了卓越的功勋。虽然这只是传说，却说明了张良的谦逊和足智多谋。或许人们都敬仰他的谋略，所以才为他编撰出如此神秘离奇的故事。

张良作为谋士，为刘邦出了不少良策，他提议更换旗帜，趁夜间抄小路攻下宛城，然后绕过峣关，大败秦军于蓝田，使得刘邦比项羽抢先一步进入关中，占领咸阳；之后，他又建议刘邦退出咸阳，封存秦朝珠宝、财物，召集豪杰，与关中百姓约法三章，为刘邦赢得了民心。楚汉争霸时，他巧妙地帮助刘邦虎口脱险，让项羽对刘邦放松警惕，从而为刘邦发展势力

▲ 张良画像

赢得了宝贵时间。之后，张良为刘邦献上“下邑之谋”，策反九江王英布，又联络彭城，彻底扭转了楚汉的局势，体现了张良的深谋远虑。

刘邦打败项羽之后，张良劝刘邦销毁六国印玺，主动追击项羽，为之后完成统一大业减少了不少麻烦和阻力。最终，在张良等人的辅助下，刘邦统一天下，建立汉朝。张良被封为留侯，刘邦则称赞他“运筹帷幄之中，决胜千里之外”。

张良身居乱世，足智多谋，为刘邦击败项羽、建立汉朝立下了不可磨灭的功劳。但是他却懂得急流勇退的道理，刘邦称帝不久，他便托病闭门不出。在刘邦剪灭异姓王的过程中，他很少出谋划策，后来更是辞官隐退。

张良是汉初三杰中唯一能功成身退的人。因为他吸取了范蠡、文种的经验教训，看透了“狡兔死，良狗烹；高鸟尽，良弓藏；敌国破，谋臣亡”的道理，再加上他体弱多病，晚年潜心研究黄老之学，专心修道养精，过着自由自在的日子，才得以善终。

张良虽然是一介书生，却投身于兵戎生涯，成为历史上有名的军谋家。他胸怀天下，反秦扶汉，成就了一番大事业。后人对张良的评价很高，北宋政治家王安石曾写诗赞道：“汉业存亡俯仰中，留侯当此每从容。固陵始议韩彭地，复道方图雍齿封。”司马光评价说：“自古及今，固未尝有超然而独存者也。”

# 凿通西域的张骞

首先让我们了解一下“西域”，这个词最先出现在《汉书·西域传》中，是指玉门关、阳关（今甘肃敦煌西）以西，葱岭（今帕米尔高原）以东，昆仑山以北，巴尔喀什湖以南的一片区域，也就是今天的新疆和新疆以西的地区。

在西汉之前，因为西域距离中原比较遥远，交通不便利，人们对它并不了解，认为那里是神秘的地方，自然也就没有什么往来。可自从张骞出使西域之后，西域的神秘面纱就被掀开了，并且东西方加强了彼此的联系。

张骞，是西汉时期汉中成固（今陕西汉中城固县东）人，开通了汉朝通往西域的南北通路，为丝绸之路的开发做出了重大贡献。汉武帝时期，张骞已经在朝廷任侍从官，后来被汉武帝派遣出使西域。

当时，匈奴是北方最强大的民族，经常南下侵扰掠夺，西域境内有36个小国，最大的国家也只有几十万人。在匈奴的统治下，西域各国的百姓忍受着残酷的掠夺和剥削，同时在匈奴的威胁下，这些小国也不敢与汉朝结交。为了解除匈奴多年来对汉朝的威胁，汉武帝精心策划，想要与西域各国取得联系，联合起来抗击匈奴。

公元前138年，汉武帝偶然得知西域地区有一个叫大月氏的国家，其君王曾经被匈奴杀死，并且还残忍地把他的头颅做成酒器。大月氏的百姓忍受不了匈奴的奴役，屡次迁徙，但是时刻想着报仇。

汉武帝便想要联合大月氏共同抵抗匈奴，如此一来，反击匈奴的战争就有了更大的胜算。

于是，汉武帝便命张骞作为使者，想办法与大月氏取得联系。公元前139年，张骞率领100多人的队伍从长安出发，一路向西进入河西走廊，可是那里已经被匈奴完全控制。张骞刚进入河西走廊就遇到了匈奴，不幸被俘。匈奴君主想要张骞投降，逼迫他娶了当地人为妻，并且生了儿子，但是张骞始终“持汉节不失”，结果被扣留了整整10年。这10年内，张骞学会了匈奴语言，熟悉了地形。

后来，匈奴对张骞的监视有所松懈，张骞趁机逃跑。他带领随从继续向西，越过葱岭到达大宛，后经过大宛人和康居人的帮助，终于找到了大月氏。

此时，大月氏已在妫水（今阿姆河一带）定居，这里土地肥沃，人们过上了安居乐业的生活，不愿意和匈奴大战。无奈，张骞只好返回汉朝，结果途中又被匈奴扣留，一年后趁着匈奴内乱才逃回长安。

张骞第一次出使西域，历经13年的时间，经历了无数艰难和困苦，最后却无功而返。回来的时候，只剩下他和堂邑父两个人。可是，这次出使西域的收获却非常大，他摸清了西域各国的情况，留下了关于西域的详细记载。

公元前119年，汉武帝对匈奴发动第三次军事行动，并且取得了重大胜利。匈奴连连败北，被迫迁到大沙漠以北。为了防止匈奴卷土重来，汉武帝任命张骞为中郎将，出使乌孙，劝说他们重返甘肃西北部一带，共同对抗匈奴。

于是，张骞第二次踏上了出使西域的旅程，这一次他带领300多人、600多匹马出行，同时还携带价值很大的金帛货物和一万多头牛羊。这一次张骞依旧没有达到出使目的，因为乌孙国王年迈，王室

▲《张骞出使西域图》

内部为了继承王位而争斗不休，根本无意东归。不过，张骞的副使却先后访问了大宛、康居、大月氏、大夏等地，与各地建立了良好的关系。

张骞两次出使西域，虽然都没有达到预定目的，但是对于汉朝和后世的影响却非常大。他建立了汉朝与西域各国政治、经济、文化等方面的联系，促进了各民族之间的融合。同时，他把东方文明带到西域各国，也从西域引进了优良马匹、葡萄、苜蓿、石榴、胡麻、芝麻与鸵鸟蛋等，开辟了举世闻名的“丝绸之路”。

# 深谋远虑的王猛

王猛，字景略，前秦著名的政治家、军事家，北海剧县（今山东寿光南）人。他曾经官至宰相、大将军，辅佐苻坚统一北方，被誉为“功盖诸葛亮第一人”。

王猛出身于贫寒家庭，从小就跟随家人颠沛流离。年轻的时候，为了养家糊口，以贩卖畚箕为生。关于他有一段离奇的故事，如张良遇到黄石公一般，王猛也遇到了一位神秘的隐士，这才使他脱离泥潭，实现了伟大的抱负。

一天，王猛到洛阳卖货，碰到一个人想要高价买他的畚箕。王猛非常高兴，可那人却说自己身上没带钱，要回家去拿。王猛不愿失去这大好机会，便跟着那人回家了。结果，那人把王猛带到深山之中，引荐他面见一位须发皓然、侍者环立的老翁。

王猛见这老翁气度非凡，便立即揖拜。老翁立即阻止，并说道：“王公，我怎么能受您揖拜呀！”说完，老翁便给了王猛一大笔钱。等到离开时，王猛才发现这儿便是中岳嵩山。这个故事说明王猛虽然贫困潦倒，却有济世奇才，正因为如此才被独具慧眼的老翁发现。

王猛确实是一个有抱负、有才能的人，虽然经受烽火硝烟的摧残，忍受贫寒困苦，但他并不自怨自艾，而是刻苦学习，钻研各种书籍，汲取各种知识，尤其喜欢钻研兵法。他胸怀大志，能够观察时事朝局，为人谨慎刚毅，不轻易向生活屈服。面对乱世，他不心浮气躁，不随波逐流，而是隐居华阴山，过着悠然自得的生活，一心研究学问和兵法。虽然他经常遭到那些浅薄浮华子弟的嘲笑，但是依旧我行我素，不改心志。

公元349年，暴君石虎去世，他的后代立即展开争斗，导致政局混乱、民不聊生。关中各族豪强纷纷割据，称王称帝者比比皆是。公元354年，东晋荆州镇将桓温开始攻打苻坚，并且取得了胜利，驻军霸上。

听到这个消息后，王猛立即前往桓温大营求见，畅谈对于时局的看法。面对桓温和众将领，王猛身穿麻布短衣，一边捉掐虱子，一边滔滔不绝地分析时事、畅谈天下。桓温惊叹于王猛的才华，问道："我奉天子之命，统率大军北伐，讨伐逆贼、为民除害。可是为什么关中豪杰都不愿意为我效劳？"

王猛回答说："您不远千里前来讨伐逆贼，却驻军在霸上按兵不动，不攻打近在咫尺的长安城。关中豪杰都摸不透您的心思，所以不敢前来相助。"其实，桓温确实有自己的盘算，挥师北伐，若是恢复关中，自己只是得了虚名，不仅地盘归于朝廷管辖，自己还会损兵折将、消耗兵力。与其给他人作嫁衣，不如保存实力，以便之后与朝廷抗衡较量。

听了王猛的话，桓温沉默许久，他知道王猛看透了自己的心思，更觉得王猛非同凡响。虽然他是寂寂无闻的寒士，但是有非凡的洞察力和远见。他赞叹地说："您的才干真是无人能及啊！"不久后，桓温便从关中退兵，临行前想要招揽王猛，授予他高官和丰厚的财礼，却被王猛拒绝。

之后，王猛继续隐居读书，不过很快就遇到了苻坚。苻坚是前秦将军，仰慕汉族文化，少年时曾经研读经史子集。他博学、有大志，且深知明政、民心的重要性。在广招人才的过程中，苻坚听闻王猛的才华和名声，便立即派尚书吕婆楼邀请王猛出山。王猛和苻坚一见如故，大谈兴废之事，于是留在苻坚身边，为他出谋划策。

公元357年，苻坚自立为大秦天王，改元永兴，任命王猛为中书侍郎，执掌军国机密。后来，苻坚任命王猛为始平县令，那里是京师门户，位置非常重要，但是长期以来豪强横行，百姓苦不堪言。王猛上任后，明法严刑，惩治恶霸，杀死了作恶多端的贪官。

由于王猛执法严明，政绩卓著，一年之内竟然接连五次升官，陆续升为尚书左丞、咸阳内史、京兆尹，之后又升为尚书左仆射、辅国将军、司隶校尉。这引起了皇亲国戚、元老旧臣的嫉妒，他们纷纷想要打击报复他。苻坚的妻弟强德便是其中之一，他屡次挑衅国法，酗酒行凶，劫人财产，欺男霸女。王猛毫不留情面，坚决把他处死，陈尸于市。还有豪强出身的樊世仗着自己的功劳，当众侮辱王猛，后因目无君上、抗旨反对公主婚嫁，被王猛处死。

尽管王猛遭到皇亲豪强的迫害、诬陷，但是他毫不畏惧，严厉查处害民乱政的官吏，惩治了20多个横行霸道、目无王法的权贵。一时间，朝政清明，百官纷纷约束行为，令行禁止。苻坚感慨地叹道："直到今天，我才知道天下是有法可依的，天子是无比尊贵的。"之后，王猛继续查办地方官员，惩治那些刑罚失当、虐害百姓的贪官，使得地方机构得到大力整顿，为前秦经济发展、社会安定做出了巨大贡献。

除此之外，王猛还具有卓越的军事才能，为苻坚统一北方立下了赫赫战功。他先后带领大军攻打东晋荆州、平定羌族首领敛岐的叛乱，平定前秦宗室苻柳、苻双、苻廋、苻武等人的叛乱，所到之处连连大捷，为苻坚扫清了平定中原的障碍。之后，他又率领大军攻打东晋、前燕，作战非常勇猛，歼灭群雄，表现出卓越的军事才能。

王猛还非常重视兴办教育、兴修水利。在协助治国的过程中，他注重人才的选拔和培养，建议苻坚恢复太学和地方学校，祭祀孔子、宣传儒学之道，这对于北方的复兴起到了很重要的作用。他奖励农桑、疏通沟渠，并且推广先进的技术，促进了北方经济的发展。

前燕灭亡后，苻坚为奖赏王猛的卓越功劳，任命他为都督关东六州诸军事，之后，还委任他为丞相、中书侍郎、吏部尚书、司隶校尉，一时间，王猛权倾朝野，掌管了军政大权。但是王猛并没有恃宠而骄、仗权横行，他积极主持朝政，革旧迎新，全心全力地辅助苻坚，终于使得前秦实现了富国强兵、百姓安居乐业的局面。

可惜，王猛因为积劳成疾，于公元375年病逝。临死前他还告诫苻坚不可图谋伐晋，因为鲜卑、西羌等归降贵族始终怀有二心，若是轻举妄动的话，势必腹背受敌。想要国家长治久安，就必须先铲除这些祸害。王猛死后，苻坚三次临棺祭奠痛哭，并追谥他为武侯。前秦百姓悲伤不已，哭声震野。

遗憾的是，苻坚并没有听从王猛的告诫，不久之后就兴兵攻打东晋，结果在淝水之战中惨败。正如王猛所料，此时鲜卑、西羌等贵族趁机举兵造反，纷纷割据自立，前秦好不容易统一的北方再次陷入混乱。公元385年，苻坚被姚苌杀死，前秦彻底衰败，又过了九年，前秦灭亡。北方又陷入混战之中，直到公元439年北魏才再次统一北方。

# 开国元勋刘基

刘基是明初的重要谋士，字伯温，因为被封为诚意伯，又被人们称为“刘诚意”。在民间，刘基被传得神乎其神，甚至比诸葛亮还要厉害，有“三分天下诸葛亮，一统江山刘伯温”的说法。

事实上，刘基虽然不是神仙，但是精通经史、知晓天文、熟读兵法，是非常出色的谋略家、易学家和天文学家。他23岁考中进士，曾在元朝为官，先后担任江西高安县丞、江浙儒学副提举等官职。后来因为不满朝廷而辞官回到家乡，过起了隐居山林的生活。元朝末年，农民起义风起云涌，朱元璋颇受百姓的拥护，而刘基应朱元璋的邀请，出山辅助朱元璋。

担任朱元璋的谋臣之后，刘基便积极上书，针对当时形势提出了很多建议，比如剿灭陈友谅，暂时与张士诚、方国珍修好，实现各个击破的策略，等等。朱元璋认为他的策略非常有道理，便依计行事，成功灭掉了陈友谅、张士诚、方国珍等势力。

公元1364年，朱元璋自立为吴王，为了表彰刘基的功勋，封他为太史令，后又升御史中丞兼太史令。在刘基的辅佐下，朱元璋实现了北伐的战略，推翻了元朝的统治，完成了帝业。在这个过程中，刘基神机妙算、运筹帷幄，并且建议朱元璋严明军纪、肃正纲纪，可以说是厥功至伟。

刘基虽然功劳显著，但是最初并未被封公，而是李善长、徐达、

▲ 刘基画像

常茂、李文忠、冯胜和邓愈这六人最先被封公。他们是最早追随朱元璋的将领，在征战的过程中出生入死，立下了赫赫战功。虽然朱元璋对刘基很敬重，但是他更注重那些在战场上厮杀的武将，而对知识渊博的文人有所忌惮、猜疑。直到洪武三年（1370），朱元璋才封刘基为诚意伯，并且下令青田不加赋税，“令伯温乡里世世为美谈也”。

刘基虽然才华横溢、胸有韬略，但是心思却不在政治。他驰名天下，但专注于学问，在学问上有很大的成就，精通各方面的知识；他心怀天下，不会逃避乱世纷争，甘心为朱元璋鞍前马后，出谋划策；他心地至诚，不沉迷于官场和权势，所以辅佐朱元璋完成帝业后，便再次辞官隐退；他知道伴君如伴虎的道理，所以在功成名就之后急流勇退。

事实上，朱元璋是一个猜忌心非常重的人，对于开国功臣、出生入死的“兄弟”都不能放心，更何况是刘基这样的文人呢？他想要加强皇权，便把目光放在李善长和刘基这样功勋显赫的大臣身上。朱元璋知道李善长与刘基不和，便想利用刘基来对付李善长：一是让两人相斗，自己得渔翁之利；二是试探刘基的忠诚度。

刘基深知朱元璋的用心，知道他除掉李善长之后，立马就会轮到自己了，所以他不能充当朱元璋的杀手。为了躲避皇帝的猜疑和朝廷的争斗，刘基主动辞官告老还乡，以为这样会让朱元璋放松警惕。可是朱元璋疑忌之心太强了，生怕刘基会脱离自己的掌控。刘基也深知这一点，便把儿子刘琏留京为官，以便让朱元璋放心。可即便如此，朱元璋依旧没有放过刘基，每到岁末便将他的儿子召到便殿，名义上是嘘寒问暖，实际上是暗中控制。

另一方面，李善长也因为朱元璋的忌惮而主动告老还乡，并推荐同乡胡惟庸为丞相。因为刘基曾反对胡惟庸做丞相，所以胡惟庸对他怀恨在心，想要趁机报复。后来终于让他抓住了一次机会。

当时，瓯州和闽州之间的谈洋是盐贩、盗贼聚集之地，方国珍曾经在这里举兵。刘基委托儿子刘琏向朱元璋上奏，建议在这里设置巡检司，以便保证该地区的安定，避免刁民和戍边士兵相互勾结、趁机闹事。胡惟庸立即让刑部尚书吴云弹劾刘基，说刘基知道此地是吉祥之地，有君王之气，想要强行谋取作为自己的墓地。当地百姓不答应，刘基便以权谋私，企图用官兵压制百姓。

朱元璋深知这是胡惟庸的陷害，但对此事不置可否，只是将刑部尚书的奏折让刘基知晓。这明显是把谋反的帽子扣在刘基头上，如果刘基不能给出合理的解释，那么就会落个谋反的罪名。刘基立即赴京想要上朝拜见朱元璋，可朱元璋却假装不知道此事。如此一来，刘基既不能为自己辩解，又不敢贸然离京，心急之下病倒了。

这个时候，胡惟庸携补药前来探望，刘基吃了药之后病情反而加重。他立即将此事奏明朱元璋，朱元璋依旧不过问。三个月之后，刘基病情恶化。此时，朱元璋才派人前来看望，并且派人把他送回青田家乡。没过多久，刘基便去世了。

陷害刘基，后来成为胡惟庸的一大罪状。但这是否受命于朱元璋，人们就不得而知了。不管如何，刘基去世，朱元璋的一块心病才真正去除。朱元璋如此忌惮刘基，或许就是因为他的经世

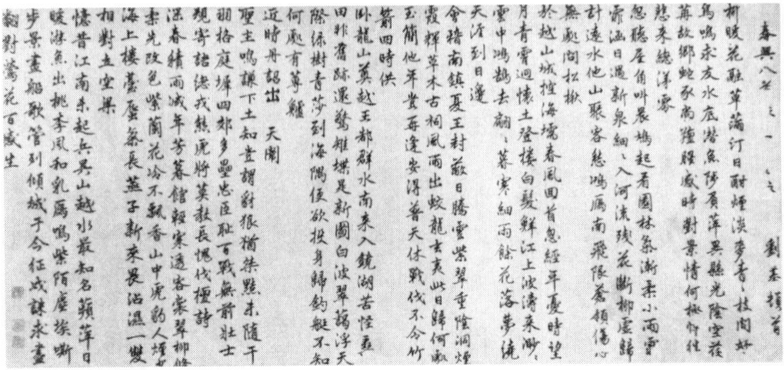

▲ 刘基《春兴八首》

之才吧！

在民间传说中，刘基就是一位奇人，能洞察今古。《明史》说他“博通经史，于书无不窥，尤精象纬之学”。他留下了很多著作，如《郁离子》《百战奇略》《天文秘略》《注灵棋经》2卷、《解皇极经世稽览图》18卷，等等。

# 第四辑

# 良臣名相

# 春秋第一相管仲

管仲，姓姬，名夷吾，字仲，颍上（颍水之滨）人，春秋时期著名的法家代表、政治家、军事家。

管仲，虽然是姬姓后代，但是家道中落，到他这一代已经很贫困了。为了谋生，管仲曾与好友鲍叔牙一起做生意，可始终没有成功。两人经历了很多事情，见过很多人，可以说是贫贱之交。管仲曾经感慨说："生我者父母，知我者鲍子也。"后来，人们也用"管鲍之交"来形容那些淡泊如水、情谊深厚的友谊。

可是，就是这样的好友，后来却分道扬镳，因为他们分别辅佐公子纠和公子小白。春秋时期，齐国的齐襄公是个昏暴之君，荒淫无道，使得朝野怨声载道、民不聊生，他甚至迫害两个弟弟公子纠和公子小白。两人为了躲避迫害，逃亡到其他诸侯国。在管仲的帮助下，公子纠逃到了鲁国，而公子小白在鲍叔牙的帮助下逃到了莒。

▲ 管仲画像

之后，齐襄公被人杀掉，齐国发生内乱。两位公子都想回国，以夺取国君的宝座。鲁庄公知晓消息后，立即派人护送公子纠回齐国，并且派管仲在途中暗杀公子小白。管仲到达即墨的时候，恰好遇到了公子小白。他立即用弓箭射击，射中了公子小白的铜衣带钩。公子小白应声而倒，用装死骗过了管仲，之后加倍小心，暗中赶往齐国，终于抢先到达齐国，顺利夺得了君位。公子小白就是历史上有名的齐桓公——春秋时期第一位霸主。

齐桓公继位后，立刻发兵攻打鲁国，大获全胜而归。齐桓公为了免除后患，让鲁庄公杀死公子纠，交出谋士管仲。本来鲁庄公想杀死管仲，把尸体交给齐桓公，但是被鲍叔牙用计救下。当管仲被押解到齐国时，鲍叔牙建议齐桓公重用管仲，说管仲是一个难得的治国之才，还表示愿意让出自己卿大夫的位置。

齐桓公早就听闻管仲的博学多才，于是在鲍叔牙的力荐下，放下之前的仇怨，决定重用管仲。他亲自迎接管仲，与其畅谈三天三夜，深深被管仲的才华所折服，于是任命管仲为卿，并尊称他为“仲父”。

在管仲的辅佐下，齐桓公先后与宋、陈、蔡、鲁等国结盟，使得齐国成为公认的霸主。之后，管仲辅佐齐桓公北战山戎、击败狄人，维护了边境的安定；建议齐桓公与楚国结盟，结束了南北军事对峙的局面；与各诸侯国共同拥立周襄王，订下了“葵丘之盟”，使得齐桓公的霸业达到了顶峰。

后来，在管仲的辅佐下，齐桓公先后主持三次武装会盟、六次和平会盟，成就了千秋霸业。可是，到了晚年，齐桓公渐渐疏远管仲，开始接近奸佞小人。管仲为此非常担忧，多次劝诫和开导齐桓公。

有一次，管仲病了，齐桓公去探望，让他不要担心国事，安心养病。见管仲忧心忡忡，齐桓公说：“仲父，你为什么担忧？不妨说出来。”管仲见齐桓公态度诚恳，便直言说：“我恳请主公不要重用易牙、竖刁、公子开方这样的人，最好是远离他们。”

齐桓公不解地说：“这我就不明白了，这些人对我忠心耿耿，为什么要远离呢？易牙，连自己的孩子都舍得给我吃；竖刁为了在我身边侍奉，主动自阉当太监；而公子开方始终陪伴在我身边，就连父亲病故都不曾离开。难道他们不忠心吗？为什么还要提防呢？”

管仲听了齐桓公的话，深深地叹气说：“主公只要好好想想就会明白了。一个人连自己的亲生骨肉都舍得杀死，难道不会杀主公吗？一个人连自己的身体都会残害，难道不会残害主公吗？一个人的吉凶祸福是和自己的德行联系在一起的，只要主公能好好修炼德行，自然会得善终。外力怎么能轻易改变？我请求主公能够三思而行，为国家社稷着想，远离这些小人！”

齐桓公非常信任和敬重管仲，按照管仲的提醒，远离了易牙、竖刁、公子开方等人。但是，这些人离开后，齐桓公少了前呼后拥，便觉得心里空落落的，没过多长时间便把这些人又找了回来。

果然如管仲所说，等到齐桓公病倒的时候，这些小人就开始大肆活动了。他们放出谣言，说齐桓公已不久于人世，然后封锁宫廷与外界的联系，不许任何人见齐桓公。结果，曾经的一代霸主，后来凄凉病逝。

管仲在齐国辅佐齐桓公期间，采取了一系列的改革措施：对内，发展工商、渔盐、冶铁；按照土地的好坏来征收租赋；主张富国强兵，增强了齐国军队的战斗力；举贤任能，制定选拔人才的制度；整顿行政管理系统，使得行政区域更加精细化，维护了社会稳定。对外，推行“尊王攘夷”的策略，拥护周天子，实现了“挟天子以令诸侯”；同时与各诸侯国会盟，实现了“九合诸侯，一匡天下”。正因为管仲进行了内政外交的重大改革，才使得齐国成为春秋第一霸主。

管仲的思想成就非常显著，他认为礼、义、廉、耻是维系国家的精神支柱，后人把他的思想整理成书，即《管子》。管仲主张“令顺民心”，认为“授有德”“务五谷”“养桑麻，育六畜”，是实现国富民强的重要途径；认为应该发展工、农、商各种行业，强化社会分工，使得人民各尽其职、各施所长。管仲还提出了“仓廪实则知礼节，衣食足则知荣辱”的理论。

《管子》一书是我国先秦时期经济思想领域的巨著，对于古代经济发展具有很大的指导作用。

▲《管子》书影

# 汉初名相萧何

萧何，西汉著名的政治家，沛县（今属江苏）人。他辅佐刘邦统一天下，被封为“酂侯”。

早年，萧何是秦朝沛县的小官，与刘邦、樊哙、曹参等人交好。他平时勤奋好学、思维灵敏，尤其是对律法颇有研究。他觉得刘邦是做大事的人才，对他非常敬佩，多次暗中帮助刘邦。刘邦起义后，他跟随刘邦四处征战，为其出谋划策，立下了汗马功劳。刘邦攻克咸阳后，萧何接收秦丞相、御史府所藏律令、图书，掌握全国山川险要、郡县户口，对日后政策的制定起到了重要作用。楚汉战争时，他留守关中，为刘邦巩固了大后方。可以说，没有后方的稳定和发展，就不可能有前方的胜利，所以萧何对于汉朝的建立起到了重要的作用。

刘邦称帝后，对所有功臣论功行赏，并且在洛阳南宫设宴款待群臣。刘邦问道：“说实话，和项羽相比，为什么我能夺取天下？”群臣议论纷纷，说法不一。最后刘邦说：“你们只知其一，不知其二。我之所以有今天，得力于三个人——运筹帷幄之中，决胜千里之外，我不如子房（张良）；镇守国家，安抚百姓，不断供给军粮，我不如萧何；率百万之众，战必胜，攻必取，我不如韩信。三位皆人杰，我能任用他们，这就是我能夺取天下的原因。项羽只有一个范增，还不能重用，因此最后败在我手中。”由此可见，萧何在汉朝建立时所建的功勋是非常大的，是刘邦手下最得力的功臣之一。

在论功封赏的过程中，群臣争先抢功，互不服气。经过深思熟虑之后，刘邦认为萧何应该为首功。很多开国功臣不服，说："我们出生入死、战功赫赫，怎么比不上一个只做文字工作的谋士？他毫无战功，留守后方，凭什么他的食邑比我们多？"

刘邦深知群臣的不服，便说道："你们知道猎人和猎狗的关系吗？打猎时，捕杀野兽的是猎狗，但是寻找猎物、指挥猎狗的却是猎人。没有猎人的谋划指挥，猎狗如何能猎获野兽？你们的功劳相当于猎狗，而萧何的功劳则相当于猎人。更何况，你们只是一个人追随我，可萧何却带领全族几十人跟随我，难道这功劳不高吗？"听了刘邦的话，群臣不敢再争辩。

接下来，刘邦给群臣排位次，所有人都认为曹参功劳显赫，应该排第一。刘邦心中仍看重萧何，但是之前已经力排众议重封了萧何，这次就不好再说什么了。

此时，或许是看出刘邦的心思，或许真的是敬佩萧何，关内侯鄂君站了出来。他对群臣说："在楚汉相争的过程中，陛下之前处于劣势，好几次全军溃败，不得不退军。要不是萧何坐镇关中大本营，源源不断地向前线补给军队物资，陛下怎能大获全胜？好几次，萧何及时派遣军队前来支援，正好解了陛下的燃眉之急。陛下在山东作战时，节节溃败，差点把山东丢了。要不是萧何坐镇关中，陛下怎么能重新振作？萧何的

▲ 萧何雕像

功劳足以流传后世，怎么能因为曹参等人的一时功劳，而让萧何屈居于后呢？我认为，萧何应排第一，曹参排第二。”有了鄂君的支持，刘邦立即把萧何排为第一，并且还封赏了他的兄弟族人10多人。

刘邦称帝登基之后，定都成了最迫切的问题，经过商议之后，决定定都咸阳。之后，刘邦暂居栎阳，命令萧何营建都城宫殿。之后，萧何营造了未央宫，为刘邦修建了奢华壮丽的宫殿。刘邦见了，责怪说：“现在天下初定，百业待兴，为什么修建如此奢华的宫殿？”

萧何回答说：“正因为天下初定，才更有便利征发这些人和物来修建宫殿。更何况，天子统御天下，宫殿壮丽威严才能凸显出地位尊荣，也免得子孙后代破土重建。”刘邦听了萧何的话转怒为喜，夸奖他有远见。在萧何的规划下，宫殿规模广大、豪华壮丽、格局严整，体现了中国式建筑的威严。

之后，萧何还帮助刘邦诛灭韩信。韩信能征善战、运筹帷幄，为刘邦打下了半壁江山，可以说是战功赫赫。也正因如此，韩信功高望重，深受刘邦的忌惮。再加上韩信握有兵权，逐渐变得骄横无礼，甚至不把刘邦放在眼里。为了巩固政权，刘邦开始寻找借口消灭韩信，先是削去韩信的兵权，后又把他降为淮阴侯。

公元前196年，陈豨举兵叛乱，自立为王。刘邦率领大军前去讨伐，韩信称病不肯同行，却暗中与陈豨联络，这件事情被韩信的一个门客密告给吕后。坐镇京都的吕后想要召见韩信，但是怕韩信不肯就范，便与萧何商议。

之后，萧何派人告诉韩信，说陈豨已经被捉拿，群臣都要到宫殿朝贺。韩信依旧称病，不肯入朝。萧何便亲自到韩信府上探病，韩信见无法推辞，只得与萧何见面。萧何说：“你自称有病不去上朝，已经引起人们的怀疑。现在群臣都进宫去向吕后祝贺，你依旧不肯去，岂不是更让人怀疑？不如你和我一同进宫祝贺，以消除人们的怀疑。”

萧何的话让韩信消除顾虑，之后，韩信跟随萧何来到长乐宫向吕后道贺。结果，一见到吕后，就被早已埋伏的武士拿下，捆绑起来。此时，韩信才知道中了吕后和萧何的计，可为时已晚。吕后立即命令武士把韩信拖到长乐宫旁的钟室杀死。之后，韩信一族被诛杀，全部身首异处。韩信是萧何引荐给刘邦的，也是被萧何用计除掉的，所以民间用一句话来形容韩信，叫作“成也萧何，败也萧何”。

萧何帮助刘邦除去了韩信，可以说是立下了大功劳。若是此时他能够和张良一样急流勇退，或许可以留个好名声。但萧何却被权势迷昏了头脑，面对刘邦的恩宠、加封，他开始有些飘飘然。

刘邦晚年，想要废掉太子刘盈，改立赵王如意为太子。废长立幼一向是皇室的大忌，群臣自然不会坐视不管，萧何等大臣多次诤谏，刘邦才放弃自己的想法，可这也给之后留下了隐患。

公元前195年，刘邦病死，太子刘盈登上帝位，是为汉惠帝。萧何继任丞相，在这期间，他在约法三章的基础上，参照秦法，制定了《九章律》。这部法令删除了秦法的烦苛、严酷的内容，变得更为明简，更符合当时的国情，这也是汉代律法的基础。

公元前193年，萧何因为操劳过度而卧病不起。病危之际，推荐曹参为丞相，虽然他与曹参曾经有嫌隙，但他却能够公正无私，真正为国家和百姓着想，体现了他宽广的胸怀。曹参当上了丞相之后，一切公务按照萧何制定的规则去执行，保证了汉朝经济的发展和政治的稳定。这就是成语“萧规曹随”的由来。

# 智慧的化身诸葛亮

诸葛亮，字孔明，被称为卧龙，琅邪阳都（今山东沂南县南）人，是三国时期杰出的政治家、思想家、军事家。

他出生于琅邪的一个名门望族，先祖诸葛丰做过司隶校尉（卫戍京师的长官），父亲诸葛珪做过泰山郡丞。可由于父亲病逝，家道开始衰落，兄弟姊妹便移居隆中（今湖北省襄阳市襄州区），以耕田种地维持生活。公元199年，19岁的诸葛亮和朋友徐庶等人跟随名士水镜先生司马徽学习。

在隆中这段时间，诸葛亮专心研究学问，时常以管仲、乐毅比拟自己，并喜欢吟诵《梁父吟》。他熟读天文地理、战术兵法，能够分析天下大事，还能够观察和分析当时局势。很多人都对他不屑一顾，但是徐庶、崔州平等好友却相信他的才能，认为他定能实现抱负。

▲ 诸葛亮雕像

公元207年，刘备依附于刘表，当时的博学之士、被称为“水镜先生”的司马徽与刘备见面，说能够了解当今事务局势的人才俊杰，只有卧龙（诸葛亮）和凤雏（庞统）。在徐庶的介绍下，刘备亲自到隆中拜访，去了三次才见到了诸葛亮。这就是历史上著名的“三顾茅庐”。诸葛亮见到刘备之后，分析当时的形势，陈述了三分天下之计。他认为刘备不可与曹操对抗，应该先联合孙权，共同对抗曹操；首先应该夺取荆、益二州，只有拥有此二地才能有机可乘，夺取天下；还陈述了攻打中原的战略，即南抚夷越，西和诸戎，等待时机，两路出兵北伐。

▲《三顾茅庐图》

刘备听了诸葛亮的陈述大为惊喜，觉得他是难得的治国人才，便真诚地邀请他出山，辅佐自己完成大业。诸葛亮见识到了刘备的谦逊和仁德，决定出山辅佐。

第二年，曹操率领大军南下，占领荆州之地。刘备败走夏口，于是向孙权求救。诸葛亮主动请命去说服孙权，在柴桑舌战群儒，促成孙权和刘备联合共同抵抗曹操。之后，孙刘联军在赤壁与曹操展开大战，利用反间计和火攻取得了大胜。曹操损失惨重，又恰逢瘟疫，只能引军北还。

“赤壁之战”的胜利，奠定了三国分立天下的基础，之后诸葛亮又趁机帮助刘备占据荆州、夺得益州，使得刘备实力大增。为了封赏诸葛亮的功劳，刘备封他为军师将军。后诸葛亮驻守成都，刘备率军出征，顺利地夺得了汉中这块宝地。诸葛亮坐镇后方，为刘备提供了充分的粮草兵员，并且把大本营治理得井井有条。

公元220年，曹丕自立为帝，次年汉献帝被害，诸葛亮便劝刘备称帝。起初刘备不答应，后在诸葛亮的劝说下才在成都称帝，建立蜀汉政权。诸葛亮被任命为丞相，之后任司隶校尉。公元223年，刘备病危，在白帝城向诸葛亮托孤：“你的才能是曹丕的10倍，定能治理好国家，成就大事。若是嗣子（刘禅）可以辅助，便辅助他；若是他无能，你可以自行取代。”诸葛亮立即表示会忠心辅佐：“臣必定竭尽全力，死而后已！”

之后，刘备让刘禅拜诸葛亮为父，而诸葛亮也一心辅佐刘禅，鞠躬尽瘁。此时，西南少数民族趁新主登基之时起兵。为了解决边境危机，诸葛亮亲自率领大军南下，七擒七放孟获，终于赢得了孟获的支持和信任，改善了蜀汉政权与少数民族的关系。同时，诸葛亮对内还进行改革，选贤任能，兴修水利，大力鼓励农业生产，不仅使得蜀国摆脱了危机，还促使经济得到了很大发展。

公元227年，诸葛亮上疏《出师表》，为了完成统一大业，开始了北伐的征战。可是，由于魏国兵强马壮，诸葛亮前后六次北伐中原，都无功而返，后因积劳成疾，病逝于五丈原。大军返回成都之后，刘禅追谥诸葛亮为忠武侯。

诸葛亮一生都忠心辅佐刘备和刘禅，为蜀汉鞠躬尽瘁，死而后已。他是我国古代著名的军事家之一，发明了八阵图和木牛流马，还曾革新“连弩”，使其能同时发射10箭，被后人称为“天下奇才”“用兵如神”。

同时，诸葛亮还是著名的文学家，具有很深的文学造诣，在《三国志》本传中载有“诸葛氏集目录”，共24篇；著有《隆中对》《出师表》等，尤其是《出师表》具有较高的文学价值。

# 贞观明镜魏徵

魏徵是唐朝初期著名的政治家，也是历史上最著名的谏臣，以“犯颜直谏”而闻名。魏徵，字玄成，辅佐唐太宗李世民开创“贞观之治”，被后人称为“一代名相”。

魏徵曾经是前太子李建成的谋士，而在投靠李建成之前，还参加过李密和窦建德的起义军，虽然颇有才华，但是没有得到李密和窦建德的重用。在前太子李建成手下效力时，他还曾经劝说李建成杀掉李世民。

“玄武门之变”后，李建成被杀，李世民听闻魏徵劝说李建成的事情，便派人把他找来，质问道：“你为什么要挑拨我们兄弟之间的感情？”魏徵毫不畏惧，神态自若地回答说：“可惜太子建成没有听从我的建议，否则就不会落得今日的下场。”李世民的手下听了这话，纷纷气愤不已，声称要杀掉魏徵。可李世民却觉得魏徵说话直爽、胆识过人，不但没有治罪于他，反而笑着说：“这件事情已经过去，就不用再提了。”随后，魏徵投靠李世民麾下，跟随其左右。

李世民即位后，任命魏徵为谏议大夫，还提拔了一批李建成、李元吉手下的人。这下，原秦王府的手下非常不满，背后议论纷纷：“我们跟随陛下出生入死，为什么陛下却重用东宫、齐王府的人？这是什么道理？”

宰相房玄龄向李世民反映了此事，李世民笑着说：“想要更好地治理国家，就应该选拔贤才，怎么能根据亲疏远近来选拔官员呢？不管是新人还是老人，只要有才能，我们就应该重用。要是重用老人，排斥新人，国家还怎么治理？”群臣听到李世民如此说，便不敢再议论了。

李世民不记旧恨，任人唯贤，而且鼓励群臣进谏、提意见。在他的鼓励之下，大臣们纷纷上书进谏，尤其是魏徵，更是敢于直谏，甚至不惜惹怒李世民。正因如此，李世民非常信任魏徵，有什么事情都向他请教询问。

有一天，唐太宗读完隋炀帝的文集，说：“隋炀帝学问渊博，也懂得尧舜施政的好处、桀纣施政的不好。为什么他还会如此荒唐昏庸呢？”左右大臣都不知道如何回答。

魏徵则说：“作为君主，只有聪明渊博是不行的，还应该虚心听取臣子的意见。隋炀帝自恃才高、骄傲自大，说的是尧舜之类的话，做的却是桀纣之类的事，结果只能是自取灭亡。”唐太宗听了，甚为赞同，感叹地说：“我们应该吸取过去的教训，以历史为诫啊！”

▲ 魏徵画像

李世民很愿意听臣下的建议，认为大臣们的劝告对自己很有帮助。于是他对大臣们说：“治国就像是治病，病虽然好治，还需要好好休养。现在中原安定，四方归服，这是自古以来少有的情况。但是我还需要谨慎行事，多听取你们的谏言，如此才能使得国家保持长远的安定。”

魏徵听了这话，高兴地说：“陛

下能居安思危，真是令人高兴啊！”之后，魏徵积极进谏，只要看到不合理的地方便直言，甚至当着众臣的面，与李世民争论得面红耳赤。时间长了，李世民便产生了反感，觉得魏徵太不给自己面子了。

有一次，魏徵在朝堂上和李世民争论，直指李世民的错误，毫不留情。面对文武百官，李世民感觉下不来台。退朝以后，他怒气冲冲地对长孙皇后说："总有一天，我要杀死这个乡巴佬！"

长孙皇后惊讶地问："陛下想要杀谁？"

李世民说："就是那个魏徵！他总是当着群臣的面指责我，我实在忍受不了！"

长孙皇后听后，没有说任何话，转身换了朝服，向李世民行大礼。

李世民惊讶地问："皇后为什么行如此大礼？"

长孙皇后说："我听说天子英明，大臣才正直敢言。现在魏徵如此敢于进谏，不正说明陛下英明吗？难道我不应该向陛下祝贺吗？"听了长孙皇后的话，李世民才熄灭怒火，不再说杀掉魏徵的话。

公元633年，魏徵因为过度操劳而病倒，于是恳求辞去侍中职务。李世民一再挽留，但他仍坚持辞官，最后李世民只能任命他为特进，参与门下省事务。公元643年，魏徵去世，李世民非常悲痛，他难过地说："人以铜为镜，可以正衣冠；以古为镜，可以见兴替；以人为镜，可以知得失。现在魏徵死了，我失去了一面镜子啊！"之后，李世民命阎立本画《凌烟阁功臣二十四人图》悬挂于凌烟阁，魏徵位列第三。

魏徵不仅是治国的能臣、敢言的谏臣，文学造诣也非常高。他为后世留下了很多著作，包括《隋书》序论、《梁书》《陈书》《齐书》的总论等。其中，《谏太宗十思疏》最为著名，记录了他给李世民的谏言。

可以说，李世民能够成为明君，魏徵有很大的功劳。

# 进退皆忧范仲淹

范仲淹是北宋著名的政治家、文学家，他倡导"先天下之忧而忧，后天下之乐而乐"，仁人志士都应有高尚的节操，对于后世具有非常深远的影响。

范仲淹，字希文，苏州吴县（今苏州市）人。幼年丧父，母亲贫苦无依，便改嫁朱姓人家，范仲淹也改从朱姓。十几岁时，范仲淹得知自己的身世，便离别母亲，前往应天府求学，投师戚同文门下。范仲淹非常有志气，过着贫苦的生活，每天刻苦读书，只吃很少的咸菜和冷粥。

经过数年的寒窗苦读，范仲淹不仅通晓儒家经典史籍，还培养了顽强的意志和远大的抱负。公元1015年，范仲淹考中进士，被任命为广德军司理参军，掌管讼狱、案件事宜。之后因为他为官刚正不阿、廉洁公正，被升为文林郎，任集庆军节度推官。之后，范仲淹恢复"范"姓，改为范仲淹。

▲ 范仲淹雕像

公元1021年，范仲淹被调往泰州西溪做盐仓监官。此时，西溪的旧海堤年久失修，多处溃决，每当海潮来临的时候，农田就会被淹没，盐灶就会被毁坏，百姓苦不堪言。他不顾职位低贱，上书漕运衙门，建议重修海堤。后范仲淹被任命为兴化县令，负责海堤的修堰工程。通过几年的努力，范仲淹与民同苦、事必躬亲，终于完成了海堤的修建，造福了沿海百姓。为了纪念范仲淹的功绩，人们把这座堤坝称为“范公堤”。

范仲淹还执教兴学，使得书院学风焕然一新，名声越来越大。他上书朝廷奏请改革吏治，裁掉冗员，安抚将帅。他还亲手绘制了一份“百官图”，披露奸相吕夷简的横行霸道、任人唯亲。这就是历史上著名的“庆历新政”。然而，范仲淹的改革只维持了一年，由于权贵的阻挠，他多次被贬斥、陷害。尽管如此，他依旧不灰心，想着为君主分忧、为百姓谋福利，做到了“居庙堂之高则忧其民，处江湖之远则忧其君”。

范仲淹被贬到邓州后，身体多病羸弱，这时接到了好友宗谅从岳

▲ 范仲淹纪念馆

州的来信，请他为重新修竣的岳阳楼作文。为了鼓励仕途不顺、被贬黜的好友，也为了表达自己的心志，范仲淹写就《岳阳楼记》。文章用绝美的文字描述了洞庭湖的波澜壮阔，并且表达了个人的情怀和理想，希望人们能“不以物喜，不以己悲”，真正做到“先天下之忧而忧，后天下之乐而乐”。

“先天下之忧而忧，后天下之乐而乐”是范仲淹追求的人生理想，也是他一生为官、为人处世的写照。他始终忧国忧民，为了国家繁荣稳定，不惜犯颜直谏，不怕屡次被贬，虽然历经坎坷，却初心不改；为了百姓安居乐业，他鞠躬尽瘁，每到一处都兴修水利、培养人才、保土安民，真正做到了为官一任，造福一方。

范仲淹为官清廉勤政，生活非常简朴，平时只吃粗茶淡饭。他对妻子、儿女要求严格，衣食只求温饱。虽然他为官多年，可是连一件新衣服也没有，连一座像样的宅第也没有修建。同时，他爱惜人才，能够推荐和任用有才能的人，当时很多有才能的贤士都是他举荐和培养的。

正因如此，范仲淹深受百姓的爱戴，每当他从一方土地离任的时候，百姓们都夹道相送，甚至要求朝廷让范仲淹继续留任。范仲淹去世后，百姓听闻消息悲痛不已，各地百姓纷纷为他画像、立祠来纪念他。祠堂建成之后，无数百姓前来祭拜，斋戒三天才散去。

可以说，范仲淹就是我国古代名臣好官的代表，也是历朝历代仁人志士纷纷效仿的楷模。“不以物喜，不以己悲；居庙堂之高则忧其民，处江湖之远则忧其君。是进亦忧，退亦忧。然则何时而乐耶？其必曰先天下之忧而忧，后天下之乐而乐”，这一超然脱俗、忧国忧民的思想和情怀值得后世敬仰和效仿。

# “铁面青天”包公

包公，即北宋名臣包拯。在我们看到的影视剧中，包拯面黑如炭，被人们称为“包青天”。又因他为人刚正不阿、不畏强权、为民申冤，也被人们尊称为“包公”。

包拯，字希仁，出身于书香门第，父亲是朝廷中的小官员。他年轻时勤奋好学，饱读诗书，后考中进士，被任命为建昌县官。但是他却以父母年事已高，需要悉心照顾为由，不去赴任。后来，包拯父母相继去世，他便在双亲的墓旁筑起草庐，为双亲守丧三年。期满之后，包拯依旧不忍离去，直到同乡父老多次劝慰才终于离开。

包拯离开家乡后，到天长县任知县，这个时候，他已经年近40岁。包拯是一个孝顺的人，为了孝顺父母不惜牺牲名利。他为官后也非常廉洁，为民造福，并且始终过着节俭朴素的生活。包拯曾经告诫子孙：不许欺骗别人；不许偷盗他人财物；不许欺压百姓，并且把这些警告作为家训，刻在家里的墙壁上。他立下规矩，若是哪个子孙不遵守家训，

▲包公雕像

犯下不法的行为，死后不能葬于祖坟。

提到包拯，人们最敬仰的就是他的刚正不阿、大公无私，这让他受到当时百姓和后世民众的敬仰。同时，他还善于断案，具有分辨是非的能力，民间流传着很多他断案的故事。同时，包拯还开了“击鼓鸣冤”的先例，凡是百姓有冤情都可以直接到衙门向他申冤。

要知道，过去官府审案是需要流程的，百姓如果有冤情上诉，必须通过初级衙门，然后一层层上报。这就导致了官员的贪赃枉法、徇私舞弊，使得百姓有冤无处诉、有苦无处说。包拯却能真正为百姓做主，只要百姓有冤情，即便犯法的是皇亲国戚、达官贵人，他都能秉公执法，让其得到应有的处罚。

可在封建社会中，秉公执法、大公无私并不是容易的事情。官僚、贵族、豪绅拥有无上的特权，而且他们关系错综复杂，彼此袒护。官场、朝廷就像是一张巨大的网，把官僚、贵族、豪绅甚至是恶霸的利益联结在一起，让他们可以肆无忌惮地为恶。正因如此，

▲包公墓

才体现了包拯的铁面无私和大无畏的精神，使他赢得了百姓的热爱和拥护。

当时，开封城有一条惠民河，两岸的居民既有平民也有达官贵人。每当天下大雨之时，河水便会泛滥，淹没街道、民房，使得两岸平民无家可归。这种情况维持了很长时间，百姓怨声载道。自包拯任开封府尹之后，展开了详细调查，原来是河道堵塞、排水不畅的原因。之所以河道不畅，是因为两岸的官员和贵族在河上建筑堤坝，将坝内的水面据为己有，并且和自家的住宅花园连在一起，供自己种花养鱼。

要解决问题，就必须拆除这些堤坝，疏通惠民河，可如此一来，达官贵人的水上花园便不复存在。这个措施遭到了达官贵人的反对，包拯却毫不畏惧，坚决下令挖掉堤坝，拆掉花园。有人仗着权重位显，在皇帝面前状告包拯，包拯不仅据理力争，还拿出他们非法建造水上花园的证据，结果他们只能忍下所谓的“委屈”，不敢作声。

包拯不徇私、不枉法，所以百姓把他当作救世主，甚至还传出这样的说法：“关节不到，有阎罗包老。”意思是，如果百姓找不到申冤的道路，只要找到包拯就可以了，他一定能为自己做主。

包拯不仅是铁面无私、断案如神的清官，更是为民造福的好官。为官期间，他采取了很多有力的措施，比如选拔有才能的人、整顿吏治、注重农业生产等，促进了宋朝政治的稳定、经济的发展。他还提议改革吏治，主张官员70岁才能退休；主张皇亲贵族的子孙必须通过考试才能为官。

可以说，包拯是一个出色的政治家、改革家，正是因为他以清廉公正闻名，人们才逐渐忽视了他的政治贡献。他一生为国家和百姓操劳，在64岁那年死于任内。

# “中国11世纪的改革家”王安石

王安石是北宋著名的文学家、政治家，更是我国历史上颇有影响力的改革家。生前被封为荆国公，世称王荆公。死后谥号文，也称王文公。

王安石，字介甫，号半山，抚州临川（今属江西抚州）人，在宋神宗时期任宰相。他从小就非常聪明伶俐，具有过目不忘、下笔成文的才华。年少的时候，他跟随父亲宦游过很多地方，增长了见识和眼界，也目睹了官僚、豪绅、地主对农民的欺凌压榨，体验了民间疾苦。自此，王安石立下志愿，一定要改革弊政、富国强民。

公元1042年，王安石考中进士，之后担任过淮南判官、鄞县知县、常州知州以及江南东路提点刑狱等职。在这段时间，王安石兴修水利、扩办学校、设仓救民，勤政爱民，政绩斐然。宰相文彦博认为他淡泊名利、为官勤俭，便向宋仁宗请求褒奖他。后欧阳修举荐他为谏官，但是他因为母亲年岁已高而拒绝。

公元1058年，王安石被调回了京城，向皇帝进万言书，即《上仁宗皇帝言事书》，陈述了变法的主张。在上书中，他陈述了自己多年为地方官的经历，指出了国家积贫积弱的现实——社会风气败坏，经济困窘，朝廷内忧外患。而导致这一系列现实的原因就是为政者不懂得法度。若要解决这一问题就必须进行改革，推行富国强兵政策，加强中央集权，抑制大官僚地主的兼并。同时，他还建议朝廷改革人才选拔制度，重视人才。

虽然王安石直指问题、陈述利害，但是宋仁宗并没有采纳他的建议。此后，朝廷多次对王安石委以重任，但是都被他拒绝。公元1067年，宋神宗即位后，因为仰慕王安石的才能，任命他为江宁知府。之后为了改变国家积贫积弱的局面，抵御辽、夏的不断侵扰，宋神宗开始支持王安石变法。

为了支持变法的实施，宋神宗设立三司条例司，主管制定盐铁、度支、户部三司条例的官署，由王安石和陈升之共同掌管。之后，王安石任中书门下平章事，位同宰相，在全国范围内推行变法。

变法主要从两方面推行：一是财政方面，颁布了农田水利法、青苗法、免役法、方田均税法、市易法、均输法；二是军事方面，颁布了保甲法、保马法、置将法，并且设置军器监。新法的实施在一定程度上限制了豪强兼并势力，缓和了朝廷的财政危机和军事危机，巩固了皇权和地主阶级的统治。

但是，变法也触及了大地主官僚集团的利益，遭到他们的强烈反对。法令颁布不到一年，新旧势力就围绕变法展开了激烈的辩论和争斗，结果以欧阳修为主的旧势力获胜，王安石在他们的诽谤和攻击下，被迫辞职。虽然第二年王安石再次拜相，但是，由于宋神宗对继续改革失去了信心和热情，又在如何变法的问题上与王安石产生分歧，所以变法很难继续推行下去。

之后，王安石的儿子王雱因病去世，使得王安石遭到巨大打击，再加上身体多病，他不得不辞官回乡休养。公元1085年，宋神宗病逝，新法彻底失去支持者，很快就被全部废弃。在家休养的王安石万分悲痛，不久也郁闷病逝。

王安石变法虽然失败了，但是他的变法对当时的政治、经济、军事发展起到了积极的作用。变法使北宋积贫积弱的困境得到了缓解，国力有所提升，加强了军队的战斗力，扭转了西北边防长期以来的被动局面。列宁称王安石是“中国11世纪的改革家”。

王安石在文章上的成就也非常显著，他重视文学的社会功能，主张文章“务为有补于世”“以适用为本”，但是也非常讲究技巧。他的政论文言辞犀利、态度鲜明，形成了锋利峭拔的风格。其中最著名的便是《答司马谏议书》，雄健有力、笔锋犀利、条理清晰，不仅表达了他毫不妥协的政治态度，还体现了不在乎个人得失的胸怀。

王安石被誉为“唐宋八大家”之一，诗歌深受杜甫、韩愈等人的影响，富有唐人韵味。前期他的诗歌多反映百姓疾苦、社会问题、政治抱负，而晚年因为在家乡休养，所以文风有很大转变，多写景抒情，含蓄隽永。他给后世留下了很多不朽之作，分别收录在《王文公文集》《临川先生文集》里，另留下了《老子注》若干条。

# “留取丹心照汗青”的文天祥

文天祥是我国古代著名的爱国诗人，也是抗击外族侵犯、保护国家的民族英雄。他和陆秀夫、张世杰并称为“宋末三杰”，因为大义凛然、宁死不屈而流芳百世。

文天祥，字履善，又字宋瑞，号文山，吉州庐陵（今江西吉安）人。小时候，他曾经看到欧阳修、胡铨等人的画像，立志成为这样有理想抱负的人。他还非常喜欢读忠臣烈士的传记，以这些志士为榜样。

▲文天祥画像

21岁的时候，文天祥考中状元。可这个时候，父亲因病去世，他便回乡守丧，三年之后才入京做官。当时，北方蒙古军队不断侵犯南宋边境，宦官董宋臣主张迁都，满朝官员无人敢反驳。此时，文天祥站出来，上书请求斩杀董宋臣，并提出御敌的办法。然而，宋理宗非常宠信董宋臣，对文天祥的奏疏不予理会。文天祥悲愤之下，辞官回乡。之后，多次入仕出仕，为国家忧心出力，却一直没有机会施展自己的政治才能。

公元1271年，忽必烈建立元朝，随后向南宋发起大规模进攻，先后攻陷襄、樊两城，一路沿江东下，南宋江山岌岌可危。朝廷下令天下兵马勤王，公元1275年，文天祥变卖家产充作军费，组织义军勤王，各路群雄积极响应。次年，文天祥一路征战，顺利收复临安（今浙江杭州），可南宋朝廷太软弱，依旧连连溃败。公元1276年，文天祥被任命为右丞相兼枢密使，作为使臣与元军谈判，结果被元军扣留。文天祥趁机逃走，后率军辗转各地，奋勇抵抗，先后收复扬州、高邮、泰州等地，然后由海路南下，到福建和张世杰、陆秀夫等将领坚持抗击元兵。

之后，文天祥又进入江西一带，召集部队、英雄豪杰，与元兵进行战斗。在战斗中，很多将领战死，也有人选择投降，一些投降的将领还反过来劝文天祥投降，文天祥不仅严词拒绝，还将劝降者杀死以警示众人。元兵来势汹汹，文天祥边战边退，一路退到了广东境内。公元1278年，文天祥在海丰附近的五坡岭和元兵展开激战，后不敌战败，不幸被俘。文天祥誓死不投降，想吞毒药自杀，结果

▲ 文天祥纪念馆

没有死。

文天祥被俘后，元军逼迫他写信给张世杰劝降，他气愤地说："我不能保卫父母，难道还要让别人叛离父母吗？"之后，他写下《过零丁洋》，用"人生自古谁无死，留取丹心照汗青"这两句诗来表达自己宁死不屈、舍生取义的志向。

南宋灭亡后，张弘范又劝文天祥投降，说："现在宋朝已经灭亡，你已经尽了忠孝。如果你能替我们元朝做事，肯定能当上宰相。"文天祥毅然拒绝，并且气愤地说："我不能救国家于危难，已经是死有余辜。难道我还能因为贪生怕死而改变心志吗？"

接下来，文天祥被押送到大都（今北京市），一路上绝食，整整八天没有吃任何东西，依旧没有死。后来，他被关押在潮湿阴暗的监牢，在长达四年的时间里，受尽了折磨和苦难，但始终不改初心。在监狱中，他写下了很多出色的诗篇，包括《正气歌》，以表达自己的志向和气节。

为了缓和阶级矛盾、笼络人民，元世祖多次召见文天祥，劝他投降。可是文天祥仍大气凛然，即便元世祖的左右强行逼迫他下跪，他依旧坚立不动。元世祖还用宰相的官职劝诱他，但是文天祥只求一死。最后，元世祖决定斩杀文天祥。

公元1283年正月，文天祥被押赴刑场。临刑前，元朝官员问他还有什么话说，他面向南方朝拜之后慷慨就义。

文天祥积极抗元、大义凛然的崇高气节，是最值得人们赞扬和敬仰的，虽然他没能拯救南宋，但是始终不屈服，最后还以死报国，是后世文人志士的典范。同时，文天祥还留下了很多文学作品，包括《文山先生全集》《文山诗集》《指南录》《指南后录》《正气歌》等。

# 第五辑

# 名将风流

# 百世兵家之师孙武

《孙子兵法》是中国第一部兵法，也是世界上最早的军事著作。尽管《孙子兵法》在国内外都非常有名，军事专家们也把它奉为圭臬，但是，长久以来人们并不能确定它的作者是谁，有人说是春秋时期吴国的孙武所著，有人则说是战国时期的孙膑整理而成，还有人认为是战国时期某位隐者所编写。

直到1972年，考古学家在山东临沂银雀山发掘了两座汉代墓葬，发现了大量兵法残简，确认是《孙子兵法》和《孙膑兵法》。如此一来，谜题才真正解开，确认《孙子兵法》就是孙武所作，之后《孙子兵法》也被称为《孙武兵法》。

孙武，字长卿，春秋时代齐国乐安（今山东省滨州市惠民县）人，后世被人们尊称为兵圣、孙武子，被誉为“百世兵家之师”。春秋战国时期百家争鸣，各家杰出人物辈出，孙武是其中最重视强化军事的思想家。他的军事思想更侧重谋略，不侧重贵族或精锐部队的勇战、力战。

孙武出身于齐国贵族之家，曾祖父、祖父都是齐国赫赫有名的大将，在平定内乱、攻城略地中立下过赫赫战功。受祖辈的影响和熏陶，孙武从小就喜爱兵法，渴望上战场杀敌，将来能够登台拜将。所以，他平时专心研究兵法，探求制胜之道。可惜当时齐国内部矛盾重重，贵族权势争斗不断，孙武也不幸卷入争权夺利的纷争之中，只能举家南迁到吴国。这段时间，孙武把全部心思用在著兵书上，等待沙场点兵的机会。

之后，吴国阖闾登上王位，一心想要壮大军事力量，建立雄图霸业。孙武的好友伍子胥在吴国当官，便把孙武推荐给吴王阖闾。孙武把自己所著兵书呈献给吴王，阖闾看了之后赞不绝口，但是不知道这兵法是否适用于实战。于是，阖闾询问道："你的兵法13篇非常出色，不知是否能真正指挥军队？"孙武自信满满地表示可以。阖闾又问道："那是否能让妇女上阵？"孙武也毫不犹豫地答应。

▲孙武画像

接下来，阖闾召集妃子、宫女180人，交由孙武操演。孙武把这些人分为两队，命令阖闾最宠爱的两个妃子分别担任队长。之后，孙武让所有人执戟，教她们如何转变队形。教学完毕之后，孙武命人将执法用的斧钺竖立起来，郑重地宣布军法：如不听从命令，便严加处置。

然后孙武便令人击鼓发令，可宫女们并没有认真对待，反而觉得这是很好玩的事情，人人嬉笑玩闹。孙武说："之前我没有明确军令，让你们不知道如何去做。错在将帅。"于是，他再次重申军令、军法。

孙武再次命人击鼓发令，可宫女们依旧嬉笑不止，孙武再次说："规定不明确，士兵们不熟悉军令军法，是将帅之错；既然已经三令五申，士兵们还不执行命令，那就是士兵的错。"于是孙武命人将两位队长斩首。阖闾见孙武要杀掉自己的爱妃，立即命人来阻止，为两位妃子求情。孙武却毫不讲情面，断然回绝道："臣既然已受命为将，那么必须严肃军纪、严明治军。请大王恕臣将在军，君命有所不受。”说完，孙武就命人斩杀了两位妃子，并且命令两个宫女作为队长。

之后，孙武继续命人击鼓发令，这下所有的宫女都不敢嬉笑，开始认真地操练队形。一段时间后，孙武派人向阖闾报告说：“队伍已经训练整齐，请大王前来检阅。这样的队伍，足以打仗，即便是赴汤蹈火，也绝不逊色。”阖闾刚刚失去爱妃，内心悲痛不已，对练兵也没有了兴趣。孙武直截了当地说：“看来大王只是喜欢兵法上的词句，并不想真正去运用它。”听了这话，阖闾非常不满，但是知晓孙武的才能，便不再计较。之后，阖闾封孙武为将军，命令他加紧操练吴国军队，准备兴兵伐楚。

公元前506年，经过一番部署，阖闾封孙武为主将，率3万精兵，开始征讨楚国。到达淮汭时，孙武突然改变行军路线，亲自率领3500名精锐孤军深入，直插楚国腹地，打得楚军措手不及。孙武利用突然袭击的战略取得大胜，之后乘胜追击，短短11天行军700里，五战五捷，一举攻陷楚国都城郢。这就是著名的柏举之战，是我国军事史上典型的以少胜多、奇袭成功的案例。

阖闾去世之后，吴王夫差登基为王，孙武和伍子胥继续辅佐夫差。之后，他积极练兵、扩张队伍、制造武器，使得吴国的军事实力有了很大提升。公元前494年，越王勾践率领大军攻打吴国，孙武采取了诈兵、设伏的方式打败越军，促使越王勾践向吴国投降求和。公元前484年，孙武又辅佐夫差在艾陵之战中战胜齐国，使得吴国的实力又提升了一个层次。两年后，吴国举行并主导了黄池之会，成为继晋国之后又一霸主。

至于孙武后来的命运如何，还没有一个定论。一种说法是，伍子胥被杀后，他深知“狡兔死，良狗烹；高鸟尽，良弓藏”的道理，并且对吴王夫差失望至极，便隐居深林，后抑郁而死。还有一个说法是，孙武辅佐吴王夫差建立霸业后，就开始退隐林泉，专注于兵书的著述。

《孙子兵法》是孙武为后世留下的不朽军事著作，有13篇，共5000余字，蕴含着博大精深的军事理论，对中国军事学术的发展产生了巨大影响，同时在世界上也具有很大的影响。

历朝历代的兵法家、军事家都非常推崇《孙子兵法》，用它来指导行军作战、指挥军队，同时后人精心研究《孙子兵法》，对其军事理论进行继承和发展。曹操就非常推崇《孙子兵法》，曾经亲自整理前人对《孙子兵法》的研究，还做了简明的注解。宋代统治者非常重视《孙子兵法》，把它作为科举中武科考试的理论科目。

兵法是谋略，是战略和智慧。《孙子兵法》继承和发展了前人的军事理论，把政治作为军事胜败的重要因素，认为战前必须做充分的准备，做战略部署、探察敌情。孙武从始计、作战、谋攻、军形、兵势、虚实、军争、九变、行军、地形、九地、火攻、用间等方面阐述了兵法的运用，提出了“兵者，诡道也”“其疾如风，其徐如林，侵掠如火，不动如山”等主张。

《孙子兵法》不仅被运用于战争，更应用于商界、管理等领域，给人们提供了很多帮助。日本企业家大桥武夫在其著作《兵法经营全书》中指出：“采用中国的兵法思想指导企业经营管理，比美国的企业管理方式更合理、更有效。”美国著名经济学家霍吉兹在其著作《企业管理》中指出：“《孙子兵法》揭示的许多原则，迄今犹属颠扑不破的真理，仍有其运用价值。”

孙武是我国著名的军事家，《孙子兵法》则是我国古代军事文化遗产中的璀璨瑰宝。

# 忍辱不屈的军事大师孙膑

孙膑是孙武的后裔，生卒年月不详，战国时期齐国阿、鄄之间（今山东阳谷、鄄城一带）人。孙膑早年曾和庞涓一起跟随鬼谷子学习兵法。庞涓一直嫉妒孙膑的才华，成为魏国的将军后设计陷害孙膑，处孙膑以膑刑（挖去膝盖骨），并在其脸上刺字，所以人们称他为孙膑。

鬼谷子是当时著名的隐士，精于兵学和纵横捭阖之术，苏秦、张仪等纵横家都受到过他的指导。跟随鬼谷子学习期间，孙膑刻苦学习兵法，勤学好问，深受鬼谷子的喜爱。正因如此，庞涓非常嫉妒，多次陷害他。

孙膑被庞涓陷害之后，被齐国使臣所救，并且逃到齐国，成为齐国大将田忌的门客。当时，齐国的王公贵族热衷于赛马，并设重金为赌注。田忌也是赛马活动的爱好者，可成绩并不理想。有一次，田忌和齐威王及诸公子赛马，看到马匹被分为上、中、下三等，实力相差很多。孙膑灵机一动，便建议田忌尽量多下赌注，并保证能获胜。

孙膑建议用下等马对战对方的上等马，用上等马对战对方的中等马，用中等马对战对方的下等马，如此一来，田忌便会负一局、胜两局。田忌采取了孙膑的建议，果然赢得了千金，之后对孙膑敬重不已。这就是著名的“田忌赛马”的故事，它揭示了一个道理：用自己的长处去对战别人的短处，用局部的损失换取整体的优势，就可以取得最后的胜利。事实上，这一思想不仅对后世军事有巨大影响，对于人们为人处世也有指导意义。

之后，田忌把孙膑推荐给齐威王，齐威王则任命孙膑为军师。在辅佐齐威王的过程中，孙膑发挥了出色的军事才能，使得齐国实力不断增强，奠定了成就霸业的基础。

公元前354年，魏国围攻赵国邯郸，齐国前去营救，并且任命田忌为大将军，孙膑从中协助。田忌准备率军支援邯郸，可是孙膑却认为现在魏国全力攻赵，国内兵力空虚，若是直接攻打魏国的都城大梁（今河南开封），魏国自然会急忙撤军来解都城之围。田忌听取了孙膑的意见，果然顺利地解决了邯郸的困境。这就是我们熟知的“围魏救赵”，体现了孙膑出奇制胜的军事思想。

之后，孙膑又建议在桂陵（今河南长垣西北）设伏，袭击回军自救的庞涓，大获全胜。桂陵之战，使得孙膑声名大振，不仅解除了邯郸之围，同时也削弱了赵国和魏国的实力，使得齐国占据上风。

公元前342年，魏国率兵攻打韩国，韩国也向齐国求救。次年，田忌和孙膑对韩国进行救助，孙膑仍使用“围魏救赵”的策略，直接攻打魏国，庞涓只能再次回军自救，而孙膑这时已经向西进军。

孙膑知道魏国军队骁勇善战，但是一向骄傲自大，不把齐军放在眼里。孙膑决定利用这种骄兵的心理，采取假装战败、诱敌深入的计策。齐国一边迎战一边向后退，为了让庞涓中计，还采取了逐渐减灶的方法。看着齐军的灶台越来越少，庞涓认为齐军已逃亡过半，便准备乘胜追击，彻底消灭齐军和孙膑。

这时，孙膑在马陵（今河南范县西南）设下埋伏。马陵道路狭窄、地势险峻，非常利于设伏。孙膑命令士兵把路上的树皮砍掉，写下“庞涓死于此树之下”八个字，然后埋伏一万名弓弩手，命令看

▲孙膑画像

到火光就万箭齐发。夜晚的时候，庞涓进入马陵道，看到树上有字，便举火看字，顷刻之间万弩齐发、箭如雨下，魏军损失惨重，惊慌失措。庞涓见大军溃败，自杀。孙膑则乘胜追击，歼灭魏国10万大军。孙膑报了庞涓陷害之仇，并且使魏国元气大伤，获得齐威王重赏，名显诸侯。而齐国声名大振，成为七国中最强盛的国家，称霸中原。

可惜的是，齐国称霸之后，内部矛盾逐渐激化。孙膑明哲保身，辞去官职，过起了隐居的生活。之后，孙膑把全部精力用于研究兵法、著书论说。他的军事思想集中在《孙膑兵法》一书中，共89篇，图4卷。可惜的是，目前我国考古只发现一些残简，一万多字。不过，孙膑的军事思想却具有非常大的实用价值，他也被视为孙武之后最具影响力的军事家之一。

孙膑主张慎重地对待战争，并且强调战前一定要做好充分的准备，即“事备而后动”；想要取得胜利，必须做到战前物资和思想的准备，必须考虑民众的情绪，以便获得民众的支持；要利用有利地形进行进攻，如此才能“以寡击众”；想要实现富国的目的，就必须先强兵；在敌众我寡的情况下，应该主动出击，掌握战争的主动权；等等。

孙膑还提出了很多关于军队建设的主张，比如将领必须服从君主，但是君主不能干涉军务；将领应该具备仁、义、信、智等要素；军队必须奖惩分明、军纪严明。孙膑的军事思想虽然具有时代局限性，却为中国古代军事理论宝库增添了很多光彩，对后世具有很大的影响。

# 匈奴克星李牧

在我国古代，汉族人民和匈奴之间的战争持续很长，战况也非常激烈。而在这个过程中，有一个名字不得不提，那就是李牧。

李牧，战国时期赵国著名的将军，与白起、廉颇、王翦并称为战国四大名将。战国末期，李牧是赵国支撑危局的唯一支柱，素有“李牧死，赵国亡”之称。

作为一代名将，李牧不仅为赵国抵御秦国立下赫赫战功，还在抗击匈奴中重创匈奴，保卫了赵国北部边境的安定。赵国原本是一个小国，后赵武灵王实行胡服骑射，才使得实力逐渐增强，成为当时较为强大的诸侯国。但是到了惠文王、孝成王时期，匈奴各部落逐渐强大起来，凭借着军事力量不断侵扰赵国北部边境，使得边境百姓苦不堪言。

▲李牧画像

在赵惠文王时期，李牧长期驻守雁门郡。为了抵御匈奴，他采取了一系列措施：设置官吏僚属，把当地税收全部纳入幕府作为军费；加强军队建设，提升军队的战斗力；教士兵们练习骑马射箭；厚待战士，每天宰杀数头牛犒劳将士；重视敌情勘察，设置侦察士兵。

同时，李牧制定了防守的规章：如果发现匈奴入侵，要立即收拢人马，坚守兵营。如果谁胆敢出击，将被斩首示众。之后，每次匈奴入侵，侦察人员就会发出警报，士兵们迅速固守营垒，使得匈奴无功而返。这种严防死守的战略收到了很大效果，几年来匈奴什么也没有掠到，边境稳定得到保障。同时，李牧积极训练军队，保证人员和物资的充足，为之后的反击奠定了良好基础。

如此一来，匈奴人认为李牧是一个胆小怯懦的将领，就连边境的士兵也认为自己的将军无能。赵王听闻之后，也严厉地责备李牧，可李牧依然我行我素，结果激怒了赵王。很快，李牧被召回，赵王另派将领去驻守边境。

这位将领与李牧的战略正好相反，每当匈奴兵前来侵犯，都积极出战。结果，赵国连连战败，损失伤亡惨重。在匈奴的侵袭下，边境地区不得安宁，百姓不能正常耕种、放牧。无奈之下，赵王决定再次起用李牧，而李牧则以病为由拒绝出山。在赵王的再三恳请下，李牧才答应出山，但是提出了一个条件——大王若一定要用我，我还是会如之前一样。赵王答应了他的请求。

李牧再次到边境后，仍执行之前的战略，匈奴几年都无所获。边境的战士每天都得到犒赏却不能出战，内心积蓄了斗志和力量，一心想与匈奴好好地打一仗。李牧见时机已到，便挑选兵车1300辆、战马1.3万匹、精兵勇士5万人、擅长骑射的士兵10万人，每日加紧训练，以备作战之需。

时机到时，李牧把大批牲畜放到田野，让牧民们漫山遍野地放牧。匈奴见此情形，立即派小股兵力入侵。交战之后，李牧佯装战败，“狼狈”逃回。匈奴更认为李牧胆小懦弱，单于亲自率大军入侵。

李牧布下埋伏，从两翼包抄匈奴军队。赵国将士们作战英勇，一举歼灭匈奴骑兵10余万人。接着，李牧乘胜追击，先后打败檐褴、东胡、林胡，使得匈奴单于仓皇逃走。在之后的十几年内，匈奴再也不敢入侵赵国边境，赵国境内实现了长久稳定。

北方边境的稳定，使得赵国再无后顾之忧，也使得蔺相如、廉颇、赵奢等人能够全心地与秦国对抗。之后，李牧在对抗秦国的战争中起到了关键作用，公元前246年，赵孝成王把李牧调回朝中任职，并且以相国身份出使秦国，使得秦国归还了赵国的质子。

两年后，赵悼襄王继位，此时赵国仅剩李牧这一大将。赵奢、蔺相如已死，廉颇和乐乘也出走他国。作为赵国重臣，李牧担当起大任，他先是带兵攻取了燕的武遂（今河北省保定市徐水区西）、方城（今河北固安县南），然后与秦国军队展开激战，在宜安（今河北石家庄藁城区）大败秦军，使得秦军将领桓齮兵败逃亡。这次战争使秦国大受打击，也使赵国得到了喘息之机。因为李牧立下了大功，赵王封他为武安君。

公元前229年，赵国由于连年战争，再加上遭遇地震、饥荒，国力非常衰弱、社会非常不稳。秦国趁机派大将王翦带领大军大举进攻赵国，命令上党兵攻打井陉（今河北井陉县），杨端和率河间兵进攻都城邯郸。李牧和司马尚拼死抵抗，使得战争进入僵持阶段。

王翦知道赵国有李牧在，秦国便很难攻下，于是禀告秦王，再次使用反间计，派奸细进入赵国，用重金收买那个陷害廉颇的奸臣郭开。郭开在赵国散布谣言，说李牧和司马尚勾结秦国企图谋反，而昏聩的赵王迁对郭开宠信不疑，不由分说让赵忽和齐将颜聚取代李牧。为了赵国社稷，李牧拒交兵权，继续奋勇抵抗秦国。此时赵王更是深信李牧谋反，便乘李牧不备把他逮捕残杀，并废免司马尚。

就这样，立下赫赫战功的大将军李牧死在奸计之下，也死于昏聩的赵王之手。三个月后，王翦大败赵军，杀死赵忽，之后攻下邯郸城，俘虏了赵王迁和颜聚。自此，赵国彻底灭亡。

李牧是战国时期出色的将领，深得士兵和将领们的爱戴，在七国中有着极高的威望。在一系列的作战中，李牧很少有败绩，可以说是少有的常胜将军。他具有高超的军事指挥艺术，尤其是破匈奴之战，表现出高超的谋略，成为中国战争史上以步兵大兵团全歼骑兵大兵团的经典战役。

可惜的是，赵王昏聩，轻易就被人挑唆，使得李牧无辜被害。对于赵国自毁长城的行为，后人无不扼腕叹恨。司马迁曾经在《史记·赵世家》中引冯王孙之语评价此事："'迁素无行，信谗，故诛其良将李牧，用郭开。'岂不谬哉！"唐朝时期，唐德宗追封古代名将，并为他们设置庙堂，李牧与孙膑、廉颇、王翦等被列入庙享。

# 西楚霸王项羽

项羽是一个以武力而闻名的武将，曾经被誉为“羽之神勇，千古无二”。可是对于项羽，历朝历代乃至今天的评价却众说纷纭，有人说他是盖世英雄，也有人说他残暴不仁。可不管怎样，西楚霸王项羽在中国历史上具有很大的影响力。

项羽出身于贵族，祖父项燕是楚国名将，叔父项梁也极为勇猛。后来，楚国被秦国所灭，项羽便跟随叔父项梁在吴中避难。项梁和项羽以反抗暴秦、恢复楚国为己任，暗中组织人马、训练宾客子弟，想要趁机推翻秦国的统治。

项羽年少时身高八尺、勇武无比，具有扛鼎之力。他不喜欢读书、学剑，声称诗书、剑术不足以说，大丈夫要学“万人敌”之术。项羽才气过人，而且胸怀大志，看到秦始皇时，大胆放言“彼可取而代之”。

公元前209年，陈胜、吴广在大泽乡起义，各地英雄纷纷响应。同年九月，项梁与项羽也开始起兵，杀掉会稽郡守殷通，夺得印信，然后占领下属各县。之后项梁自立为会稽郡守，项羽为裨将，召集精兵8000余人。

第二年，陈胜被杀，项梁的手下范增建议拥立楚国后人，否则肯定不能长久。于是项梁拥立楚怀王之孙，仍称楚怀王，自封武信君。在这段时间内，项梁作战英勇，势力发展迅速，成为反秦武装的主力。之后，项梁率起义军攻占东阿、定陶，大败秦军，项羽和刘邦也攻占城阳、雍丘。可是因为项梁轻敌战败，被秦军将领章邯斩杀。

章邯打败项梁之后，率军北渡黄河，大破赵国。赵王败走巨鹿，章邯与秦将王离、涉间率领40万大军围困巨鹿。之后，楚怀王封宋义为上将军，项羽为次将，命他们率领军队解救赵国，宋义行军到安阳后，故意滞留46日不前进。项羽建议宋义及时发兵，联合赵兵大败秦军，可是宋义坚持不出兵。

于是，项羽斩杀宋义，并且宣告全军说宋义企图谋反。众将领畏惧屈服，推选项羽为上将军。之后，楚怀王命项羽为上将军，统率全军，继续救赵。项羽率领大军与秦军开战，经过九次激战大破秦军，俘虏王离，迫使涉间自杀。这就是历史上有名的“巨鹿之战”。这一战项羽扬名，使得诸侯将领都归顺于他，甘愿听从他的指挥，同时也使秦军主力部队被消灭殆尽，起义军势力大大提升。

可是之后项羽却大失民心。章邯大军驻扎在棘原，项羽驻扎在漳水南，两军对峙，项羽利用秦军内部矛盾大败秦军，并且招降了大量秦军。各诸侯军曾受尽秦军欺凌，故加倍凌辱投降的秦军，引起秦军不满，暗地里有些打算。项羽担心投降的秦军反叛，招致更大的祸端，便在新安城南将投降的20余万秦军全部击杀或活埋。这足以证明项羽的残暴和心胸狭小。

▲ 项羽雕像

之后，楚怀王曾经与诸将

约定，谁先进入咸阳，谁就称王关中。刘邦抢先一步，项羽却想凭借军事强势消灭刘邦，独霸天下。项羽设下鸿门宴，想要趁机杀掉刘邦，结果又因为优柔寡断错失良机。

项羽进入咸阳后，不仅诛杀了秦王子婴，焚烧秦宫室，掳掠金银财宝，还残忍地屠杀城内百姓，使得咸阳城毁于一旦。这一次，项羽再一次失去民心，也为之后的失败埋下了伏笔。公元前206年，项羽以怀王为义帝，自立为西楚霸王，定都彭城，封刘邦为汉王，还分封了17个其他诸侯王。刘邦进入关中，以关中为基地，图谋进攻西楚。项羽非常愤怒，派人进行阻击，自此，长达四年的楚汉争霸之战拉开了序幕。

在楚汉之争前期，项羽是占据绝对优势的，他兵多将广、实力雄厚，而且他作战英勇无比，多次战役都以胜利告终。但是由于他骄傲自大、嫉贤妒能，再加上性格残暴、不得民心，最后逐渐由强盛走向衰败。垓下之战，项羽被韩信四面包围，连连溃败。面对兵少、粮草不足的局面，项羽只能带领少量精兵逃走，一边败走一边奋勇作战。之后，项羽退到乌江边，只剩28骑，却依然坚决抵抗，杀掉汉军百余人。乌江亭长劝他渡江以图东山再起，可是他自叹无颜见江东父老，挥剑自刎。

可悲的是，项羽直到临死前，依旧高喊“此天亡我，非用兵之罪也”。虽然项羽一生勇猛，慷慨行事，但是他存在人格缺陷，他性格残暴、傲慢无比，即便是四面楚歌、走投无路仍不能自省，把失败的罪责归咎于上天。司马迁就曾经评价说：“自矜攻伐，奋其私智而不师古……乃引‘天亡我，非用兵之罪也’，岂不谬哉！”

可以说，项羽是一代枭雄，前期豪爽而又勇猛，为反抗秦国暴政做出了突出贡献。但是他后期刚愎自用、残暴无比，而这也是他在同刘邦的角逐中最终失败的重要原因。

# “将兵多多益善”的韩信

民间有一句俗语，叫作“韩信点兵，多多益善”。韩信是我国古代少有的军事奇才，无论是军事指挥还是用兵都极其出色，被誉为“名将中的名将”。在楚汉争霸的过程中，他领兵攻城略地，之后又帮助刘邦平定天下，可以说是汉朝开国的重要功臣。

韩信从小就熟读兵书，胸怀建功立业、安邦定国的抱负。韩信家境非常贫寒，靠着砍柴、钓鱼维生，但时常不能维持温饱，所以不得不在附近乡邻家里吃口闲饭。面对这样的贫寒之士，一些恶少流氓非常看不起他，时常辱骂、欺凌他。

一次，韩信在街上遇到一个凶恶的屠夫，他拦住韩信说：“虽然你长得高大，时常佩剑，但是你就是一个胆小鬼。你有胆量用你的剑来刺我吗？如果你敢，我敬佩你有本事。如果你不敢，就从我的裤裆下钻过去。”屠夫说完，一些看热闹的人哄笑起来。韩信自知势单力薄，便从屠夫的裤裆下钻了过去。这就是非常著名的“胯下之辱”，说明韩信有忍耐力，能忍常人所不能忍，后人时常赞叹他这种能屈能伸的精神。后来韩信封王，不仅没有报复那个侮辱自己的屠夫，还招他为中尉，以德报怨。虽然有人怀疑他如此做是为了名声，但是我们不得不佩服他的气度和胸怀。

公元前209年，天下群雄纷纷揭竿而起，韩信怀着建功立业的抱负投身项梁和项羽的西楚军。可是当时他并不受项羽重用，只是让他充当一名执戟卫士。他多次向项羽献策都没有被采纳，便转而投奔刘邦。

刘邦开始也不重用韩信，只是任命他为治粟都尉。韩信见不能施展抱负，便又要离去，希望能找到识才的伯乐。萧何一向知晓韩信的才能，认为他是难得的将才，便立即骑马月夜苦追，将他劝回汉营。在萧何的推荐下，刘邦与韩信讨论政治、军事大事，确认他为稀世之才，于是立即封他为大将。

公元前206年，韩信派人修复被烧毁的栈道，以迷惑章邯，然后自己率军悄悄地绕道南郑故道，突然袭击陈仓，一举拿下了关中地区，使得刘邦占领了三秦大地，开辟了新的根据地，取得了楚汉之战的初步胜利。这就是“明修栈道，暗度陈仓”的典故由来，体现了韩信的远见卓识、深谋远虑。

公元前205年，刘邦率领汉军出关，收服魏王豹、申阳、郑昌等

▲韩信雕像

人，联合齐、赵共谋击楚，很快就进入彭城。但是没想到刘邦被胜利冲昏了头脑，进入彭城后就开始搜罗宝货美人，导致大败。韩信听闻消息后，立即收复溃败之军，与刘邦在荥阳会师，在京县、索亭之间对楚军进行阻击，大败项羽军队。这不仅使项羽西进的势头被阻，还稳定了荥阳战线。

同年八月，刘邦封韩信为左丞相，率军攻打魏国。在黄河东岸的蒲坂，韩信与魏王豹对峙，他针对魏军的战略部署，将大量船只集中在蒲坂对面的临晋，假装发起渡河战役。但是私下里，他命令士兵用木盆、木桶作为渡河工具从夏阳渡河，在魏军背后突然袭击。结果，韩信大获全胜，俘获魏王豹。

公元前205年九月，韩信又在阏与得胜，俘获了代相夏说，收复了代郡。此时，刘邦却命韩信回军，加强荥阳的防守力量，无奈韩信只好命令主力部队回军，自己带领万余部队东下井陉攻打赵国。赵王歇和大将陈余在太行山区的井陉口列兵20万，占据有利地形，想要全歼韩信军队。面对如此大的劣势，韩信命令2000轻骑乘夜迂回到赵军大营的侧后方，埋伏待命，然后自己率领主力背水列阵，诱使赵军出战。

韩信率军背水而战，士兵们人人拼死作战，埋伏在赵军后方的轻骑乘机攻入赵军大营，在营中插满汉军红旗。赵军见状以为汉军已经攻破大营，军心大乱。韩信趁势发起进攻，斩杀赵军主将陈余，活捉赵王歇。

公元前204年，韩信占领了齐都临淄，楚将龙且急领20万人马前来支援，两军隔潍水对峙。韩信秘密派人用沙袋把潍水上游截住，然后派小股部队渡过潍水，突袭楚军。汉军假装战败后撤，龙且果真中计，率大军渡潍水追击。此时，韩信命令部属掘堤放水，大水淹死士兵无数，使得楚军损失惨重。同时，楚军主力被大水冲成两段，韩信趁机全歼已渡水的楚军，斩杀龙且。那些未渡水的齐楚联军见主将亡，纷纷四处逃散。韩信乘胜追击逃散的敌军，俘虏齐王田广，攻占齐地。

韩信攻占齐地后，项羽非常惊恐，便使用离间计，试图说服韩信三分天下，联合反汉。韩信断然拒绝了项羽的提议，此时谋士蒯通说："将军难道没有听说过'勇略震主者身危，功盖天下者不赏'吗？现在将军战功赫赫，有震主的威名和难赏的大功，楚汉都忌惮和怀疑，为什么不自立为王呢？如果将军不自立为王，将如何自处呢？"

韩信谢绝了蒯通的建议，还说："汉王待我有恩，给我丰厚的恩赏。古人说，乘别人的车，就要替人分忧；穿别人的衣，就要替人担患；吃别人的饭，就要替人卖命。我怎么能做见利忘义的人？"

齐地刚刚被平定，需要君王掌政以安民心，韩信便向刘邦请求立他为假齐王。当时，刘邦正被项羽困在荥阳，看到韩信的书信后异常愤怒，以为韩信已经生了反叛之心，想要拒绝韩信的要求。但是迫于情势只能听取张良和陈平的意见，答应韩信的要求，并且说："大丈夫平定诸侯，要当就当真王，怎么能当假王！"之后，刘邦立韩信为齐王，并征调他的部队攻打楚军。

第二年，楚汉两军在垓下展开决战，韩信担任主将，指挥各路大军，以侧翼攻击、中军推进的战法，对楚军进行合围。夜晚时分，韩信令汉军唱起楚歌，激起楚军怀念家乡的情绪，大大地动摇了军心。韩信大败项羽，促使项羽自刎于乌江边，帮助刘邦夺得了天下。

之后，刘邦忌惮韩信拥兵自重，逐步解除他的兵权，封他为楚王，不久又贬他为淮阴侯，将他囚禁。一天，刘邦问韩信："你觉得我能带多少兵？”韩信说：“不超过10万！”刘邦又问：“那你能带多少兵？”韩信哈哈大笑，说道：“多多益善啊！”韩信狂妄的态度更让刘邦萌生了杀心。公元前196年，吕后和萧何把韩信骗到宫内，以谋反的罪名将他斩杀于长乐宫的钟室。

韩信原本是地位低微的寒士，但是他有超凡的军事才能，有足够的忍耐力，在短短的时间内立下不朽战功，成为汉朝初期最杰出的大将。刘邦曾经评价他“战必胜，攻必取”，时人称赞他“国士无双”“功高无二”。他精通兵法，用兵之道为后世兵家所推崇，被人奉为“兵仙”“神帅”。

然而，韩信在政治方面缺乏敏感性和大智慧。他功冠天下，却自恃功高，不懂得收敛锋芒，最后被刘邦所忌惮；在接连被贬后，他缺乏政治判断力，被萧何和吕后所骗，最后落得身首异处的悲惨下场。

有人曾经评价韩信“成也萧何，败也萧何”，说的是他因为萧何而被刘邦赏识，成就功业，可最后也因为萧何的算计而死于非命；“生死两妇人”，说的是韩信小时候食不果腹，在快被饿死的时候被一个洗衣妇人接济才得以活了下来，可最后也因为吕后的算计而被杀。这真是令人感叹不已！

# 龙城飞将军李广

很多人都背诵过大诗人王昌龄的《出塞》，其中对这一句“但使龙城飞将在，不教胡马度阴山”必定非常熟悉。其实，这句诗描写的“飞将”就是西汉著名将领李广。李广骁勇善战，在抗击匈奴的战争中立下了赫赫战功，被人们称为“飞将军”。

李广，陇西成纪人，先祖李信是秦国名将，曾经率领秦军击败燕太子丹。李广少年从军，继承了家族出色的射箭本领，在抗击匈奴的战争中，他作战英勇，斩杀匈奴首级众多，被任命为中郎，深受汉文帝器重。

有一次，汉文帝外出狩猎，李广跟随其左右。突然隐蔽处跳出一只老虎想要攻击汉文帝，李广立刻挡在前面，与老虎展开激烈搏斗，最后用短剑将老虎刺死。看到李广的凶猛，汉文帝感慨地说：“可惜你没有遇到好时机啊！若是你生在高祖的年代，定能立下赫赫战功，封个万户侯。”

▲ 飞将军李广画像

汉景帝即位后，李广被封为骑郎将。此时，吴王、楚王兴兵造反，李广便跟随太尉周亚夫率兵平叛。他作战非常英勇，在昌邑城下打败叛军，夺得叛军军旗，自此声名远扬。吴楚叛乱平定后，李广被先后调往上谷、上郡、陇西、雁门、代郡、云中等西北边陲做太守，与匈奴奋力作战，成功地遏制了匈奴的侵扰。

李广不仅作战勇猛，而且善于谋略、懂得兵法。匈奴进攻上郡的时候，汉景帝派了一名亲近宦官到李广军中视察，结果在出游的时候遭到匈奴兵袭击，士兵们全部被杀死，宦官中箭。李广听闻消息后，立即带领百名骑兵追击，射杀两人，生擒一人。李广刚把俘虏缚上马，就遇到数千名匈奴骑兵前来营救。不过，这些匈奴人并不敢轻易行动，以为李广使用了诱敌之计。匈奴兵立即占领一座高地，准备伺机而动。李广手下的士兵惊慌失措，准备立即逃走。

李广立即呵斥说："此时我们距离大军数十里，若是仓皇逃走，必被匈奴兵杀死。可若是保持镇静，匈奴兵就会以为我们使的是诱敌之计，必定不敢轻举妄动。"于是，李广带领士兵向匈奴骑兵迎去，在距离匈奴兵不远处命士兵下马解鞍休息。匈奴兵果然不敢贸然出击，只能派一名将官出阵试探。李广当即将他射杀，然后从容归队。就这样，李广与匈奴兵对峙到夜半时分，匈奴兵认定汉军肯定有埋伏，不敢贸然出击，引兵退去。在这之后，士兵们对李广敬佩不已，称他有计谋和胆量。

公元前129年，汉武帝派李广率军从雁门关抗击匈奴，结果被成倍的匈奴大军围困。匈奴单于早就听闻李广威名，想要将李广生擒并劝他投降。匈奴兵多势众，李广战败被擒，被押送到匈奴大营。走了十几里路后，李广用装死的计谋骗过匈奴兵，然后飞身跳到一个匈奴兵的马上，射杀无数匈奴兵，顺利回到汉营。从此，匈奴军更是敬佩和惧怕李广，称他为"汉之飞将军"。

李广回去之后，被有些官员弹劾，之后被汉武帝革除军职，贬为庶人。几年后，匈奴大军再次侵犯，杀死了辽西太守，击败韩安国将军。于是，汉武帝再次起用李广，任命他为右北平太守。匈奴兵听闻“飞将军”李广镇守右北平，纷纷撤兵，数年之内不敢来犯。

李广家族精于骑射，李广的射箭水平更是出神入化，甚至还留下“箭立于石”的故事。当时驻军附近有许多老虎出没，一天，李广带领士兵们在兵营附近巡查，隐隐约约见到一只老虎卧在远处。于是李广立即引弓射箭，可士兵靠近之后才发现，被射中的是一块形如老虎的巨石，而那支箭深深没入石中。

公元前120年，李广带领4000骑兵配合张骞出征匈奴。刚出右北平数百里，就遇到了一大批匈奴兵。匈奴左贤王率4万骑兵将李广重重包围，经过激战之后，汉兵死伤过半，箭矢也快用完了。李广命令士兵们整装待命，自己连续射杀匈奴将领多人，匈奴众将再也不敢轻举妄动。两军开始对峙，直到第二日汉军主力赶到，李广才趁机冲出重围。

第二年，大将军卫青率军出击匈奴，此时李广已经60多岁，但依旧壮心不已，领前将军职，征战沙场。出塞后，卫青急于立功，命令李广的前锋部队跟随右翼军队向东进发，自己则带领中军攻击匈奴单于大本营。李广据理力争，但是没能说服卫青，只好与右将军赵食其合军向东进军。结果，因为不熟悉地形，在荒漠中迷了路。

此时卫青虽大败匈奴单于，却让其逃走，徒劳而返。在回军的路上，卫青和李广等人会合，想要将大军迷路、走失单于的责任推给右将军赵食其。李广坚决不答应，还主动承担责任，最后拔剑自刎。就这样，战功赫赫的“飞将军”黯然离世。李广去世后，他的儿子李敢继续抗击匈奴，可惜为霍去病所杀。

李广是汉朝著名的将领，在抗击匈奴的过程中起到了关键作用。他英勇非凡、忠信正直，而且治军有方，是受当世和后人敬仰的一代名将。

# 大将军卫青

匈奴是我国古代北方大草原上兴起的一个游牧民族，到了汉朝初年势力达到极盛，统治着北方广大的地区。北方物产资源并不丰富，环境也比较恶劣，匈奴便图谋南迁中原一带，掠夺中原王朝的财物和人口。从刘邦到汉景帝，甚至汉武帝初年，汉朝一直对匈奴采取和亲政策，每年给匈奴送去大量礼物和金钱，想要保证北方的和平稳定。可是贪婪的匈奴人并不满足，依旧对边境频繁侵扰、大肆掠夺，如此一来，打击匈奴的战争就势在必行。

汉武帝通过一系列的措施，使得专制集权空前强化，经济、军事实力有了很大的加强。于是，他不再采取和亲政策，而是对匈奴展开了一系列的反击战争。在这场战争中，李广、卫青、霍去病都是做出杰出贡献的将领。尤其是卫青，首次出征就奇袭龙城，打破了匈奴自汉初以来的不败神话，大大地打击了匈奴的嚣张气焰。

▲ 卫青画像

卫青的母亲是平阳公主驸马平阳侯家的女仆，她与同在平阳侯家做事的县吏有私，生下了卫青。后卫青在平阳公主家喂马，因为是私生子，他常常被别人轻视和欺辱。这时候卫青胸无大志，有一天，他遇到一位囚徒，说他现在虽然贫困，但是有贵人相，将来一定能封侯。卫青却笑道：“我只是一个低贱的奴隶，只求不被打骂欺凌，怎么可能立功封侯呢？”

囚徒的话果真灵验了。卫青同母异父的姐姐卫子夫在平阳公主府做侍女，被汉武帝看中，成为最受宠幸的妃子，而卫青也开始平步青云，在朝中做了官，后又从军。李广率兵出击匈奴时，卫青也带领万余人出战，李广多次巡查没有遇到匈奴兵，卫青却遇到了小股敌军，轻轻松松打了个胜仗。其实，这也体现了卫青具有军事才能和出色的领兵打仗的能力。

公元前128年，匈奴兵对于汉朝边境的侵犯更加猖狂，想要一举南下中原地区。匈奴来势汹汹，先后攻破辽西、渔阳，杀掉辽西太守、渔阳守将。汉武帝立即派飞将军李广镇守右北平（今辽宁凌源市西南）。匈奴忌惮李广的威名，不敢从右北平进犯，只能选择从雁门入塞，进犯北方边郡。汉武帝立即派卫青出征，与李息先后夹击匈奴。卫青率领3万骑兵阻击匈奴兵，他作战英勇、身先士卒，将士们也奋勇杀敌，使得匈奴大败而逃。

公元前127年，匈奴再次集结大量兵力，进攻上谷、渔阳。汉武帝决定不与匈奴硬碰硬，而是采取避实击虚的战略，让卫青绕到匈奴的后方，攻击匈奴盘踞的大本营河套地区。卫青率领4万大军向西行进，迅速攻占高阙（今内蒙古杭锦后旗），切断了匈奴兵的后路。如此一来，驻守河南地的匈奴白羊王、楼烦王就与单于王庭失去了联系。之后卫青率精骑迅速南下陇西，将白羊王、楼烦王团团围住。白羊王、楼烦王仓皇逃走，卫青活捉匈奴兵数千人，夺取牲畜100多万头，完全控制了河套地区。

河套地区地势险要，土地富饶，汉武帝便依势修建朔方城，设置朔方郡、五原郡，加强对河套地区的管理。同时，汉武帝修复了秦时的防御工事，将大批居民迁徙到这里居住。朔方城的建立不仅加强了北方边境防御，还解除了匈奴骑兵对长安的直接威胁，为进一步反击匈奴提供了有利条件。卫青因为立下大战功，被封为长平侯，食邑3800户。

匈奴不甘心失去河套地区，一心想要把这块肥地夺回去。在之后的几年，匈奴多次侵扰朔方，但是都没有成功。公元前124年春，汉武帝决定对匈奴进行大反击，命卫青率3万骑兵从高阙出发，苏建、李沮、公孙贺、李蔡等人从朔方出发，李息、张次公从右北平出发，十几万大军浩浩荡荡地向匈奴大举进兵。匈奴右贤王认为汉军虽然来势汹汹，但是路程遥远，并不能快速到达，便放松了警惕。

卫青再次采取奇袭的战术，他率骑兵急行军六七百里，趁夜色突袭右贤王的营帐。此时，右贤王正饮酒玩乐。突然听闻汉军杀到，见帐外火光遍野，右贤王惊慌失措，慌忙带着几百壮骑向北逃去。虽然右贤王逃走，但是汉军俘虏了一些匈奴贵族王侯、士兵1.5万余人、牲畜几百万头。这一战汉军大获全胜，沉重地打击了匈奴的势力。汉武帝万分惊喜，立即派特使到军中封卫青为大将军，加封食邑8700户，命他统率全军。除此之外，汉武帝还封了卫青的三个儿子为列侯。

卫青却坚决推辞，希望能封立下战功的将士，他说：“我虽然有幸带领军队获得胜利，可这是仰仗陛下的神灵，仰仗全军将士的拼死奋战。陛下已经封赏了我，而且我的孩子年纪尚幼，怎么能无功受禄呢？如此一来，将士们怎么能奋力作战？怎么能心悦诚服？”随后汉武帝不再封卫青的儿子，而是封赏了随从卫青的将领，如公孙敖、韩说、公孙贺、李蔡、李朔等人。

卫青多次出战匈奴，每次都能大胜而归，为汉武帝立下了汗马功劳。同时他身为皇亲国戚，在朝中的声名和地位越来越显赫。但是他并没有居功自傲、仗势蛮横，而是非常谨慎低调。出征在外，他不会自作主张，只要军中有人触犯军法，便会请命汉武帝来处置，所以汉武帝非常喜欢他。

卫青立下赫赫战功之后，汉武帝给予卫家最丰厚的赏赐，此时卫家达到了巅峰，五人被封为侯。公元前106年，卫青去世，汉武帝为了表彰他抗击匈奴的功劳，在茂陵东边特地修建一座形似庐山的坟墓。

卫青是汉朝著名的将军，为汉朝北部疆域的安定做出了巨大贡献，也是历史上少有的常胜将军。

# 骠骑骁将霍去病

霍去病是卫青的外甥，他的父亲是平阳县衙役，曾在平阳公主府做事，母亲和卫子夫都在公主家做侍女。少年时代，霍去病时常和奴仆在一起，过着贫贱而艰苦的生活。

霍去病非常崇拜自己的舅舅，时常跟随舅舅习武、骑射，练就了一身好本领，武艺超群。霍去病是一位少年将军，年纪轻轻便因为大破匈奴而被封为冠军侯，战功和成就比舅舅卫青更显赫。不幸的是，霍去病英年早逝，去世时只有24岁。李白对于霍去病的评价非常高，曾经为其作诗《胡无人》，诗中写道：

严风吹霜海草凋，筋干精坚胡马骄。
汉家战士三十万，将军兼领霍嫖姚。
流星白羽腰间插，剑花秋莲光出匣。
天兵照雪下玉关，虏箭如沙射金甲。
云龙风虎尽交回，太白入月敌可摧。
……

霍去病18岁就做了天子侍中，负责保护汉武帝的安全。同年，他跟随卫青出战匈奴，因为作战非常勇猛，被称为“剽姚校尉”。出战时，他率领800名精骑，趁匈奴兵不备出奇兵袭击而大获全胜，斩

▲霍去病雕像

杀敌兵2028人，被封为冠军侯。这一战不仅体现了霍去病的勇猛，更凸显出他的军事才能。

之后，匈奴主力军队逃往漠北，不敢再图谋南下，而河西走廊的匈奴兵则势单力薄。公元前121年春，霍去病被汉武帝封为骠骑将军，率万余精锐轻骑从陇西出发，攻打河西匈奴右贤王诸部，仅仅六天就攻破五个部落，使得匈奴惊慌失措。匈奴浑邪、休屠二王立即筑城，日夜加紧巡防，提防霍去病的进攻。但是霍去病却没有攻城，而是命令全体士兵暗中绕过焉支山（今甘肃永昌西、山丹东南）急行军1000多里，突袭至皋兰山（今甘肃兰州市南），与驻扎在那里的卢胡、折兰二王展开激战。霍去病奇兵天降，奋勇杀敌。匈奴人仓皇应战，很快就大溃败。这一战霍去病大胜，斩杀卢胡、折兰二王及部众近9000人，俘获浑邪王之子，并缴获休屠王“祭天金人”。

同年夏，霍去病又与公孙敖率数万骑兵从北地郡出发，与右贤王展开对战，以便彻底占领河西地区。可是公孙敖部却在焉支山附近迷了路，未能与霍去病如期会师。为了不延误战机，霍去病孤军深入2000多里，越过居延至祁连山，猛攻浑邪、休屠二王侧翼，占据河西走廊，斩杀敌军3万余人。匈奴兵不得不退出河西走廊。而汉朝控制了河西地区，为此，匈奴人悲伤地高歌：“失我焉支山，使我妇女无颜色；失我祁连山，使我六畜不蕃息。”

失去河西之后，匈奴单于问罪于浑邪、休屠二王，为此二王决定率兵投降汉朝。汉武帝唯恐是诈兵之术，便命霍去病前去受降，结果霍去病还没到，休屠王就反悔了。浑邪王杀掉休屠王，开始收服反叛的匈奴部众。霍去病率部直接渡过黄河，斩杀变乱的匈奴兵，终于稳定了局势。最后，浑邪王率领4万部众归降汉朝，霍去病派人护送浑邪王前往长安，之后自己率领几万匈奴兵返回。汉武帝把这些归降的匈奴兵分别安置在陇西等五郡关塞附近，之后沿祁连山至盐泽修建边塞工事，并且在河西设立武威、张掖两郡，与酒泉、敦煌两郡相互呼应，进一步防御匈奴的攻势。

匈奴单于退到漠北之地，虽然使得匈奴部族逐渐衰落，但是依旧存在着隐患。为了防止匈奴东山再起，公元前119年，汉武帝决定派卫青、霍去病率兵合围漠北。霍去病从右北平出发，卫青从定襄出发，穿越沙漠地带，寻找匈奴单于的踪迹。

为了在沙漠作战中取胜，霍去病大胆选用久居匈奴的汉人和部分降汉的匈奴人，让他们做向导和探察军情。霍去病率领轻骑兵，在向导的指引下深入敌后2000多里，追寻单于的下落。得知单于主力西移之后，霍去病又率部继续追击，翻越离侯山，渡过弓闾水，与匈奴左贤王展开了激战。结果，霍去病大败匈奴左部，俘获小王、将军、相国、都尉等83人，斩杀敌军7万余人，使得匈奴全军覆没。

之后，霍去病继续向北挺进1000多里，历经万难穿越沙漠，来到寘颜山赵信城，与匈奴单于遭遇并展开激战。单于不敌，率小股部队向西北逃走，霍去病力破匈奴主力，俘虏近2万人。

之后，霍去病和卫青顺利在瀚海会师，为了庆祝胜利，大军在狼居胥山立祭天高坛，在姑衍山开祭地广场，之后班师凯旋。这一战，汉朝收复大漠以南所有土地，匈奴只能在漠北一带活动，彻底解除了匈奴对汉朝的威胁，这也是汉朝追击匈奴最远的一次。之后，汉武帝在漠南修建工事、移民屯田，加强对这一带的管理，使得“漠南再无匈奴王庭”。

霍去病被封为大司马骠骑将军，在朝中管理军事行政事务。霍去病战功赫赫，小小年纪便官至大将军，而这也导致他为人狂傲无比、目中无人，不能像舅舅卫青一样谦和。

李广曾经因为卫青的过失而自杀，为此李广的儿子李敢对卫青颇有怨言，甚至把父亲的死归咎于卫青。有一次，李敢趁卫青不注意刺伤了他，卫青深感对不住老将军李广，便宽恕了李敢。可霍去病却对李敢心生怨恨、耿耿于怀。战胜匈奴班师回朝之后，汉武帝邀请卫青、霍去病、李敢等将领到甘泉宫打猎。一路上霍去病低头不语，伺机寻找报复李敢的机会，当行到僻静之处时，霍去病竟一箭把李敢射死。汉武帝虽知道事情缘由，但顾念卫青和霍去病的战功而没有深究，以打猎意外为名打发了李敢的家属。

漠北之战两年后，霍去病突发疾病去世，汉武帝听闻之后悲伤不已，为他举行了隆重的葬礼。同时，汉武帝命令边境五郡的铁甲军，从长安列队到茂陵为他送葬，并且在茂陵东修建外形如祁连山状的高大坟墓。为了表彰霍去病的战功，汉武帝命人在他墓前修建了14件大型圆雕石刻，其中一件上面刻着他当年的豪言壮语——匈奴未灭，无以家为！

# 绝域英才班超

西汉时期，抗击匈奴的英雄当属李广、卫青、霍去病，使得匈奴不敢出漠北，保障了汉朝北方边境的安定。可这些战争都是自卫反击战，真正驰骋西域、灭掉匈奴则是东汉时期的大将班超。

班超出身名门，父亲班彪和哥哥班固都是东汉史学家，妹妹班昭也是历史上有名的才女。出身于文学世家，班超却对军事产生了巨大兴趣，投笔从戎，成为当时战功赫赫的将军。

原本班超和母亲在家乡生活，后来班固入洛阳为官，班超和母亲也来到洛阳。虽然班固在朝为官，可是一家人生活非常贫苦，班超靠着替人抄写文字贴补家用。可是他并不甘心于此，心中有大抱负，想要和张骞一样能出使西域，建功立业。一天，班超感叹说："大丈夫应该胸怀大志，像傅介子、张骞一样立下奇功、封侯拜相，怎么能总是埋于笔砚之间！"旁边的人讥笑他，班超则感叹道："你们这些人怎么知道大丈夫的大志愿！"之后，班超便投笔从戎，参加了窦固的军队。

班超在军中任假司马，虽然官职非常小，但他却表现出了出色的军事才能。他率军进入伊吾（今新疆哈密西），在蒲类海与匈奴兵激战，斩杀了很多敌人。窦固非常赏识班超，便命他带领小股军队出使西域。

东汉时期，朝廷对西域的政策与西汉有很大区别，汉武帝想要征服西域，甚至不惜出重兵。但是东汉却对西域放任不管，导致西域各国都倾向于臣服匈奴。可是东汉不想失去西域诸国，因为一旦它们彻底倒向匈奴，那么东汉和匈奴之间就缺少了屏障，会导致东汉边境不稳定。为此，东汉对西域各国采取恩威并施的策略，既不重兵出征又想要拉拢，既施加压力又不保护他们的利益。

▲班超画像

西域各国也是首鼠两端，不敢得罪东汉和匈奴两个强国，否则就可能有亡国的危险。不过，迫于匈奴的强势和更大的威胁，西域各国都不敢明面上与东汉交好，反而想尽办法讨好匈奴。为了改变这种状况，东汉朝廷便派班超出使西域，争取得到西域各国的支持。

班超出使西域后，首先到达鄯善国。起初鄯善王对班超非常热情，礼敬备至。没过几天，鄯善王就冷淡起来。班超敏锐地感觉到可能是匈奴派来了使者，威胁了鄯善王。通过试探之后，班超证实了自己的猜测，于是召集部下说："鄯善王倾向于匈奴，一旦决定投降匈奴，势必会杀掉我们。既然如此，我们不如先下手为强，杀掉匈奴使者。"将士们觉得很有道理，便整装待发，准备奇袭匈奴使者。

当天夜晚，突然狂风大作，班超决定用火攻的方式，他先命令10余名士兵藏在匈奴使者后方，点火制造骚动吸引敌人的注意力，然后命令其他士兵携带弓箭埋伏在门口。此时，匈奴众人睡得正香，听到喊杀声便慌作一团，立即往门口处逃，结果中了班超的埋伏。这一战班超大获全胜，匈奴使者全部覆没，被烧死上百人，被杀死30多人。

第二天，班超提着匈奴使者的首级来见鄯善王，鄯善王大惊失色。而班超动之以情，晓之以理，终于说服鄯善王归顺东汉，并且愿意把王子送到汉朝作为质子。就这样，班超顺利地完成了出使任务。

班超立下大功，受到皇帝的嘉奖，并且受命第二次出使西域。朝廷想要给班超增加人马，但是班超却拒绝了，说“我只需要36名精锐，多了恐怕是累赘”，然后就带领部众出发了。

这一次，班超出使的是于阗。于阗一向和匈奴关系非常好，对东汉怀有敌意。班超到那里之后，于阗国王对他们非常冷淡，并且还要杀掉他们的马作为祭品。班超知道于阗国王受了巫师的蛊惑，便毫不犹豫地答应了，然后趁其不备把巫师杀掉，把首级送到于阗国王那里。于阗国王早就听过班超杀匈奴使者的事情，被班超的勇猛所震慑，便决心归顺东汉。

班超在出使西域期间，一直协助西域诸国对抗匈奴，但是匈奴在西域根深蒂固，很多国家惧怕无比，而且匈奴非常凶残，时常对西域各国进行掠夺。当时西域最强盛的国家龟兹国倚仗匈奴的支持，出兵攻打和东汉修好的疏勒国，班超听闻消息后立即出兵支援。但是苦于敌众我寡，只能苦苦支撑。

这个时候，疏勒国发生了内乱，在匈奴人的支持下，反叛者杀掉了国王。而匈奴则立龟兹人兜题为国王，疏勒国真正落入了匈奴人之手。班超得知后，立即带领手下田虑从小道赶到疏勒国，并且派人劝兜题投降。兜题根本没有投降的意思，田虑立即挟持了他，兜题的手下仓皇逃走。班超把疏勒国大臣集中起来，痛说龟兹人的罪行，立被杀国王的侄儿为新王。如此一来，疏勒国便投降东汉。

疏勒平定之后，班超决定攻打龟兹，率西域诸国军攻破姑墨石城后，想要乘胜追击。于是，他上书朝廷，希望能派兵支援，表示若是龟兹降服，那么西域诸国绝大部分就会归降；若是得到西域36国，那么就等于断了匈奴右臂。皇帝答应了班超的请求，立即派出千人援兵。之后班超一边攻打依附龟兹的小国，一边帮助西域各国平定内乱，使得龟兹投降汉朝。为了稳定西域，班超又在西域待了多年，使得西域绝大部分国家臣服东汉，实现了自己立功异域的梦想。

班超在西域共待了31年，为东汉的边境稳定做出了杰出贡献。在他70岁高龄时，非常想回到故土，便向皇帝请求回朝，班昭也为此写了动人的文章为哥哥求情。皇帝非常感动，于是把班超调回。只可惜班超回到洛阳没多久就因病去世了。

在强敌威胁的情况下，班超以36人纵横西域，创下了中国历史上的军事传奇。他出使西域、治理西域，不仅有效地遏制了匈奴的势力，更维护了西域诸国的安定，使得“丝绸之路”得以畅通无阻。班超博学多才、百战不殆，同时谦虚谨慎、不居功自傲，是我国古代少有的传奇人物。

# 南北朝第一名将陈庆之

说起陈庆之，他的名气并不大，甚至很多人没有听说过他，在一些中国古代名将谱中也没有他的名字。可是，陈庆之却是南北朝时期杰出的军事家，战绩卓著，因为平时爱穿白袍，所以被人们誉为“白袍战神”。

《梁书·陈庆之传》写道：“陈庆之……有将略，战胜攻取，盖颇、牧、卫、霍之亚欤。庆之警悟，早侍高祖，既预旧恩，加之谨肃，蝉冕组珮，亦一世之荣矣。”可见，陈庆之的战功谋略不亚于廉颇、李牧、卫青、霍去病。

陈庆之是南朝梁的大将，字子云，出身贫寒，自幼跟随雍州刺史萧衍起兵。当时萧衍非常喜欢围棋，时常通宵与人较量棋艺，而只有陈庆之精力旺盛，能够陪伴其左右。萧衍非常喜欢陈庆之，自立为王后任命陈庆之为梁朝主书。要知道，南北朝时期非常重视门第，贫寒出身的陈庆之几乎没有建功立业的机会。想要建立功勋，就必须付出更大的努力，比名门望族建立更多的功勋。即便如此，陈庆之也只能依靠萧衍的喜爱才能得到少许的奖赏。在跟随萧衍的20多年里，陈庆之没有被委派重要工作，因为萧衍只是喜欢他，却不是真的看中他的才华。

然而，陈庆之没有灰心。他不断结交有识之士，冷静地观察时局，期盼有一天能有所作为。终于在他41岁的时候，等到了一展军事才华的机会。

公元525年正月，北魏的徐州刺史元法僧叛乱，很快被平定，然后在彭城投降南梁，表示愿意把徐州让给南梁，请求萧衍接应。徐州地理位置重要，历来是兵家必争之地。萧衍非常高兴，便任命陈庆之为武威将军，与胡龙牙、成景俊二人率领大军前往徐州。

陈庆之很顺利地把元法僧接应回来，然后自己亲自率2000人送豫章王萧综接管徐州。北魏自然不甘心徐州落入南梁之手，立即派安丰王元延明、临淮王元彧率领2万精兵阻击萧综。面对敌众我寡的困境，陈庆之并不怯懦，直接与北魏军队硬碰硬，以强硬的冲击撕破敌军的战线，首战告捷。

可此时，萧综却乘夜投降北魏，导致军心大乱，梁军很快溃散。北魏军队进入彭城，乘胜追击，连续攻下多座城池。梁军损失惨重，大部分军队溃败而逃，只有陈庆之作战英勇，率领部众顺利突围。这一战之后，陈庆之的威名开始传开，萧衍更加器重他。

真正让陈庆之的勇名天下皆知的，则是之后的一系列战争。公元528年，北魏因为争权夺位而发生内斗，皇太后挟天子专权，重臣尔朱荣领兵占据洛阳，杀掉幼帝和皇太后，独揽权势。在争斗中失败的北海王元颢投降南梁，为此萧衍决定趁机出兵，援助北海王夺回帝位。于是，陈庆之护送北海王回洛阳，以图谋夺取洛阳。

当时陈庆之只率领7000骑兵，而北魏境内兵力约有百万之众，如何以7000骑兵夺取洛阳？这难道不是天方夜谭吗？可是陈庆之并不畏惧，带领着7000骑兵开始向北魏境内挺进，他一边挺进一边与魏军作战，激战47回，攻陷32座城池，共歼灭魏军10万余人，击败击退魏军30万人，实现了中国军事历史上的一个奇迹。

魏军闻陈庆之而色变，纷纷不敢应战。等陈庆之到洛阳时，城内百官守将纷纷高喊“陈庆之来了！”，然后四处逃散。如此一来，陈庆之轻而易举地拿下了洛阳城。更令人震惊的是，陈庆之在北魏作战140多天，所率的7000骑兵几乎无人损伤！当时有人赞叹道：“以七千兵攻陷洛阳，古今仅此一人。”

由于孤军深入，陈庆之不敢在洛阳久待，两个月后，他率兵向南撤退。这个时候，尔朱荣亲自率领30万大军追击，可每次两军遭遇，都被陈庆之击退。尔朱荣一直追击陈庆之到河边，因为桥梁被洪水淹没才放弃。之后，陈庆之回到建康（南京），所率7000将士仅剩一半。

这次进攻洛阳，使得陈庆之的军事才能完全发挥出来。他仅以7000之众孤军深入，占领洛阳等30余城，斩杀敌军10余万，可以说是自古用兵未之有也。

之后，陈庆之多次为南梁出征，立下了很多战功。后来，西魏大将侯景率领7万大军攻打南梁，陈庆之率领1万梁军拼死奋战，因为寡不敌众而被击溃，梁军全军覆没，只剩他一人逃脱。

陈庆之不仅作战英勇、擅长行军打仗，而且还非常爱护百姓。在担任司州刺史时，当地因为天灾闹饥荒，百姓饿死者众多。他下令打开官仓，把粮食分给灾民，还从其他地方调集粮食赈济灾民。当地百姓非常拥护陈庆之，不仅为他建立祠堂，还称他为“仁威将军”。同时，陈庆之平时谦虚谨慎，生活俭朴，不喜欢享乐。虽然他身为武将，但是不擅长穿札和骑马。他对下属非常体恤，深受下属爱戴。

陈庆之出身于寒门，凭借赫赫战功成为南北朝时期颇具名望的将领。他善于奇谋和攻城，多次以少胜多，表现出出色的谋略和才华。他具有非凡的勇气，敢于孤军深入，横扫洛阳，可以说是气吞万里如虎。

虽然他40岁之后才获得展示军事才能的机会，但是他所创造的奇迹是许多戎马一生的将领都无法企及的。

# 抗辽名将杨业

杨家将的故事众人皆知，杨家一门忠烈，为抗击辽国、保家卫国抛头颅洒热血，谱写了一曲悲壮的爱国之歌。虽然杨家将的故事多为民间杜撰，但是故事原型是真实存在的，他就是北宋将领杨业。

杨业，就是民间故事中的杨继业，初名重贵，麟州（今陕西神木西北）人。他从小就擅长骑射，武艺高强，原本是北汉军官，因为骁勇善战、屡建奇功而被北汉皇帝器重和信任。

之后，宋太祖赵匡胤建立宋王朝，开始进行统一全国的战争。杨业觉得统一是大势所趋，便建议北汉皇帝“奉国归宋”，遭到拒绝。之后，杨业并没有转而投宋，而是拼死奋战，保卫北汉政权。北汉战败，举国投降，杨业仍继续与宋军作战。赵匡胤听闻杨业的勇猛，派北汉亡国皇帝的亲信前去劝降。杨业见大势已去，悲痛地大哭一场后，归顺宋朝。之后，杨业被封为右领军卫大将军，知代州兼三交驻泊兵马都部署。

在驻守代州期间，杨业在雁门关大败契丹，使得契丹兵闻风丧胆，之后只要一看到杨业的大旗，便立即退兵。之后，杨业便一直镇守北方，防御契丹的进攻。因为杨业的战功太显赫，他遭到了奸臣的嫉妒和怨恨，这些人暗中写信诬告诋毁，但是宋太宗并不轻信于人。他把这些谤书封好交给杨业，以表示自己对他的信任，这让杨业更坚定了对宋朝的忠心，之后拼死效命。

为了解除契丹对边境的骚扰，宋太宗不顾群臣的劝谏，执意举兵进攻契丹。公元986年年初，宋太宗命大将曹彬、崔彦进率主力从雄州出发进攻幽州，田重进率领大军从定州出发进攻飞狐，潘美、杨业率军从雁门关出发进攻朔（今山西朔州）、寰（今山西朔州东）、云（今山西大同）、应（今山西应县）四州，最后三路大军在幽州会师，与契丹展开决战。

曹彬、崔彦进的东路军刚刚出雄州就遭到契丹主力的阻击，在岐沟关与契丹军大战之后惨败。田重进听闻消息后信心全无，不战自溃。潘美、杨业率领的西路军一路前进，势不可当，陆续收复朔、寰、云、应四州之地，直抵桑乾河。然而东、中两路军的溃败使得他们势单力薄，契丹其他主力纷纷向他们进发，使得寰州面临被合围的困境。情况紧急，朝廷立即令潘、杨率军护送朔、寰、云、应四州百姓迁往代州。

经深思熟虑之后，杨业制订出一个方案：先派人秘密联络云、朔等州守将，等待大军从代州出发时，秘密护送云州百姓出城。这个时候，契丹必定出兵迎战，无暇顾及朔州这边，如此，朔州百姓便可以趁机出城。同时，派出骑兵前去接应朔州百姓，另派弓箭手守住谷口，以保证百姓的安全。

这个计划得到了监军王侁和主帅潘美的坚决反对，为了争夺战功，他们坚持主动出击，让杨业出兵攻打寰州。之后王侁使用激将法，企图让杨业北出雁门关，与契丹决一死战。但是，杨业并没有中计，反而告诉他们好大喜功只能导致全军失败。王侁见激将法行不通，便诬陷杨业勾结契丹、图谋反叛。杨业愤然出兵，临行前嘱咐潘美派弓箭手埋伏在陈家谷（今山西朔州南）两翼，等他诱敌到陈家谷时出兵夹击，如此才能痛击契丹，大获全胜。

果然，杨业经过苦战之后因寡不敌众不得不退至陈家谷，可是王侁、潘美却没有按照部署埋下伏兵，在无人支援的情况下，杨业深陷契丹包围。虽然杨业拼死奋战，但终不能杀出重围。经过几天的奋战，宋军战士死伤殆尽，杨业身负重伤，坠马被俘。为了避免做俘虏，杨业选择绝食，之后殉国而亡。

杨业战死，宋朝上下震惊、悲痛不已，宋太宗也万分悲痛，将潘美降职处分、王侁革职查办。之后杨业的子孙依旧为宋朝出力，他的儿子杨延昭、孙子杨文广在抗击契丹的过程中立下战功，受到百姓的拥护和爱戴。正因为如此，民间才流传出他们抗击辽国的英勇故事，并添加了“杨门女将”“穆桂英挂帅”的故事。

直到今天，山西省代县城里还耸立着一座雄壮的钟鼓楼，前后分别悬挂着“威震三关”“声闻四达”两块巨大的题匾，据说这就是人们为了纪念杨家将而建立的。

# 千古精忠良将岳飞

岳飞是中国历史上著名的抗金英雄，其精忠报国的精神一直深受后人敬仰。他一生都在保家卫国，带领岳家军抗击金兵，被誉为南宋中兴四将之首。然而岳飞在民间的高声望却引起了皇帝和奸臣的嫉妒，他们生怕岳飞功高盖主、破坏他们求和的计划，所以给岳飞冠上“莫须有”的罪行。就这样，这位英勇爱国的将军，被奸臣秦桧陷害而死。

秦桧死后，岳飞被平反，改葬在西湖畔栖霞岭，被追封为鄂王。之后百姓在各地为岳飞建庙，祭拜的人从古至今络绎不绝。在栖霞岭的岳飞墓碑前，人们特意放置了秦桧等陷害岳飞的罪人的铜像，造型为双手反剪面向岳坟跪着。直到今天人们去祭拜岳飞时，还会愤怒地鞭打这些罪魁祸首，由此可见人们对于岳飞的敬爱和对秦桧的痛恨。

▲岳飞雕像

岳飞，字鹏举，出生于一个普通的农民家庭，据说他出生前一只大鹏从屋顶上飞过，父亲觉得这是吉祥的征兆，便给他取名“飞”，字“鹏举”，寓意着鹏程万里。小时候，岳飞家生活非常困苦，他小小年纪就必须跟随父母耕地干活，但是这丝毫不影响他刻苦学习。岳飞非常喜欢读书，尤其对研读兵法感兴趣，白天做完繁重的农活之后，晚上还会认真读书到深夜。他心怀大抱负，希望能为国家出力，保家卫国。

岳飞11岁的时候，外祖父请来一位有名望的武功师父来教他习武，同时他还另拜一位箭术师父学习射箭，并且深受师父的喜爱。岳飞具有习武天赋，且刻苦练习，年纪轻轻便武艺高强。他身材高大、体魄强健，而且膂力过人，能够拉300斤硬弓、960斤腰弩，能左右开弓，射箭技艺超群。同时，他还跟随著名枪手陈广学艺，枪法更是出神入化，被称为“一县无敌”。

北宋后期至南宋初期，金国不断膨胀，成为北方最有势力的政权。金国不断侵扰宋朝边境，宋朝软弱无能、屡战屡降，后“靖康之变”发生，宋徽宗、宋钦宗被俘虏，宋朝皇室玉玺、法器、礼器被抢劫一空，北宋灭亡。朝廷南迁，通过议和的方式屈辱求全，每年都向金国纳贡。可是金国并不满足，多次进犯，想要灭掉南宋。

在这种情况下，爱国的岳飞参加了抗金义军，并且在开封遇到了抗金名将宗泽。宗泽见岳飞武艺高强，便对他非常赏识，想要教他兵法。但是岳飞却拒绝了，认为与其学习理论知识，倒不如上战场杀敌、随机应变。宗泽对岳飞另眼相看，任命他为士官。在作战中岳飞非常勇猛，多次立下功劳，并且在汜水关击败金军，被宗泽提拔为统领。

宗泽战死后，岳飞继续带领军队北上，与金兵作战。在这期间他立了很多战功，差一点夺回了被占领的开封。鉴于他的功劳，宋高宗将亲笔所写的“精忠岳飞”军旗赏赐给他。据说，为了激励岳飞保家卫国，他的母亲在他后背刺上“精忠报国”四个字，从此之后，这四个字成为岳飞的座右铭。他始终不忘母亲的激励和告诫，即便身在困境，依旧与金兵顽强作战，丝毫没有退缩的念头。

其实，当时的军队并不是朝廷招募组成，而是由很多义勇军出身的将领自主召集的。在一定程度上，它有着地方武装、私人兵团的性质，并不是朝廷直属的正规军。正因如此，不管是岳飞还是韩世忠，他们不仅要带兵打仗，还需要负责养这些士兵。要知道，养一支军队是非常耗费物资和金钱的，所以很多军队纵容士兵对百姓进行掠夺。有些军队首领甚至认为，我拼死为你们作战，抢你们一些钱物又如何？结果，这些军队并不受百姓欢迎，百姓甚至有些避之不及。

然而，岳飞、韩世忠却并不如此，他们严明军纪，不允许士兵抢夺百姓的财物。他们的军费物资都是从敌人手里抢夺而来，有时还会救济受难的百姓。正因如此，百姓对岳飞和韩世忠非常拥护，称岳飞的队伍为岳家军，称韩世忠的队伍为韩家军。岳家军和韩家军所到之处深受百姓欢迎，慢慢地他们的威望和名声也越来越高，甚至比朝廷威望更高。而这也是岳飞之后被陷害的原因之一。

公元1129年冬，金军统帅金兀术率军大举南侵，很快就逼近南宋都城建康。宋高宗和大臣们惊恐无比，仓皇逃往海上，然后乘楼船在温州、台州一带漂泊。岳飞立即率兵应战，孤军与金兵进行激战，先后在广德、常州击败金兵，取得了对抗金兵的胜利，俘虏军官20多名，斩杀敌人3000多名。

▲ 岳母刺字

后岳飞受命收复建

康，先是在城南牛头山埋伏，深夜派百名黑衣战士混入敌营，突袭还在睡梦中的金兵。之后，他又捕捉敌人哨兵，得知敌军北撤的路线，立即赶往静安镇截击，在敌军阵营杀进杀出，大获全胜，迫使金兀术北退。岳飞乘胜追击，顺利地收复建康，因为有功被封为通（今江苏南通）、泰（今江苏泰州）镇抚使。从此，岳飞的威名传遍全国，很多地方兵团前来归顺，人马迅速扩张到万余人，成为抗金武装中的一支劲旅。

公元1130年，金国扶植汉奸刘豫在河南、淮北建立伪齐政权，以便牵制南宋，减少宋朝对金国的威胁。同时，金国放回降臣秦桧，让他劝说宋高宗议和称臣，实行隔江而治的战略。宋高宗心动不已，一心想要求和。

同时，为了给南宋朝廷施压，金兀术率兵攻打川、陕一带，想要断了南宋的物资供给。南宋朝廷在江淮之间设防，派岳飞在江州（今江西九江）至江陵（今湖北江陵县）一线布兵设防。之后，岳飞整顿管理江淮一带，先是平定叛军、游寇及农民起义，然后召集精兵，准备北伐。

公元1134年，岳飞率军从江州出征，开始第一次北伐。他先后收复伪齐政权占领的随州、襄阳等六州，其中年仅15岁的长子岳云作战勇猛，立下了不小的功劳。在收复襄阳时，敌军以骑兵布防江岸，以步兵摆阵阔野。岳飞找到敌军布防破绽，命令手持长枪的步兵攻击敌人骑兵，使得敌军阵脚大乱，纷纷落入江中。之后，他又命令骑兵突袭敌军步兵，杀得对方丢盔弃甲，纷纷溃散。仅仅三个月时间，岳飞就收复六郡，打通川陕之路，不仅扭转了南宋的被动局面，保证了粮草供应，还鼓舞了军心、振奋了士气。这一年，岳飞年仅31岁，被破例提升为清远军节度使，又进封武昌郡开国侯，同刘光世、韩世忠、张浚同等战功赫赫的将领一起享受最高殊荣。

之后，岳飞想要乘胜追击收复失地，可宋高宗却严令不得越界追敌，他只能退回鄂州驻防。同年年底，金军联合伪齐政权进逼庐州（今安徽合肥），岳飞受命前来支援，先是命令牛皋等13骑出击，敌军看到岳家军的军旗，军心大乱，不敢久战。岳飞带领大军到达后，追杀敌军30余里，就连远在百里外的金兀术也闻风北逃。之后，岳飞被封为开国公，岳家军规模不断壮大。

公元1136年，岳飞带领军队第二次北伐，经过奋战之后收复洛阳西南险要，夺取烧毁伪齐政权粮草物资，逼近黄河。可是，因为孤军深入，战线过长，粮草供应不足，岳飞只能班师，留将领在当地留守。虽然岳飞被封为太尉，但是收复河山未果，气愤至极，写下《满江红》抒发自己壮志难酬的情怀：

怒发冲冠，凭栏处，潇潇雨歇。抬望眼，仰天长啸，壮怀激烈。三十功名尘与土，八千里路云和月。莫等闲，白了少年头，空悲切。

靖康耻，犹未雪；臣子恨，何时灭？驾长车，踏破贺兰山缺。壮志饥餐胡虏肉，笑谈渴饮匈奴血。待从头，收拾旧山河，朝天阙。

之后岳飞多次建议宋高宗挥师北伐，收复中原之地，但是都被拒绝。宋高宗只想着偏安一隅，只顾着自己享乐，根本不在乎是否收复失地。公元1137年，在金国的怂恿下，伪齐政权以归还河南、陕西所占土地为条件，诱使南宋朝廷向金国称臣纳贡。公元1139年初，秦桧代替宋高宗接受金朝皇帝诏书，跪拜称臣。尽管岳飞坚决反对，宋高宗却置之不理，岳飞上书要求“解除兵务，退处林泉”来表示自己的抗议，遭到秦桧的记恨。

第二年，金兀术就撕毁和约，再次大举进攻南宋。岳飞立即带兵抗击，很快就夺回了被占领的陕西和河南，然后又瓦解了金兵对淮南的进攻。等到威胁解除之后，宋高宗又改变主意，立即向岳飞下了“不可轻动，班师回朝”的命令。岳飞认为这是反击的最好时机，坚持挥师北上，很快收复多处失地，大败金兀术。

之后，岳飞在朱仙镇招兵买马，积极准备渡过黄河，直捣黄龙。可是宋高宗和秦桧一心想要求和，连续给岳飞颁发12道金牌，命令岳飞退兵。岳飞痛恨不已，挥泪班师。为了确保议和成功，秦桧知道必须除掉持有反对意见的岳飞，于是他诬陷岳飞谋反，严加拷打之后，把岳飞杀害。

在经受拷问时，岳飞大义凛然，拼死不认谋反的罪名。秦桧让岳飞拿着笔，按着他的手强迫他写下自白书，岳飞只留下四个大字——“天日昭昭”，以陈述自己的冤屈，希望老天爷能够明白自己无辜遭陷。岳飞被害死后，养子及其心腹等也被杀害，岳家军被解散。

岳飞的一生是悲壮的，虽全心报国，却遭到陷害，含冤而死；虽一心收复失地，却壮志难酬。但他是人人敬仰的民族英雄，其气节、胸怀被世人所敬仰。岳飞战功赫赫，却忠肝义胆、简朴无私，从不抢夺百姓，不积私财，不喜功名利禄；他身先士卒，与士兵共甘苦，从不居功自傲；他治军严谨、纪律严明，即便“冻死”也不“拆百姓屋”，即便“饿死”也不“掳掠百姓”，所以时人都说“撼山易，撼岳家军难”。

# 抗倭名将戚继光

戚继光是明朝抗倭名将，杰出的军事家、民族英雄，在东南沿海抗击倭寇10余年，扫平了为患沿海多年的倭患，为明朝的边境稳定、百姓的生命安全做出了突出贡献。

戚继光，字元敬，号南塘，山东登州（今山东蓬莱）人。他出身于将门，小时候家境贫寒，喜欢读书、通晓儒学经典。他从小就希望发扬祖辈的精神，上沙场杀敌、保国卫民。

17岁时，戚继光继承父亲登州卫指挥佥事的职位，负责当地的屯田军务。当时的山东一带经常受到倭寇的烧杀掠夺，他写下“封侯非我意，但愿海波平”的诗句，希望能剿灭倭寇。后在张居正的推荐下升任为署都指挥佥事，防御山东沿海的倭寇，取得了不错的成绩。之后，倭寇侵袭东南沿海，百姓生活受到侵扰，戚继光被调至浙江任都司佥书、参将，镇守宁波、绍兴、台州。

东南沿海的倭寇肆意横行，他们不同于其他普通海盗，其他海盗的目的是抢掠财物，只要目的达到就会逃散而去。而这些倭寇显然是想要占领东南沿海、建立基地，甚至还想要占据城池，可以说是真正的侵略者。这些倭寇的头目非常嚣张，和当地的士绅互相勾结甚至联姻，明目张胆地在沿海修理船只，勒令村民受他们的传讯和命令。如果不剿灭这些倭寇，国家安定就会受到严重威胁。

因为倭寇的武器非常先进、精良，且采用奇袭战术，所以入侵初

▲戚继光雕像

期几乎战无不胜，明朝军队没有反抗之力。一股不足70人的倭寇登陆之后，竟然能深入中原腹地，一路横行无阻，杀人抢劫，无恶不作。很多军队消极应战，不是避而不战，就是望风而逃。即便有些军队敢于应战，也采取消极的防守战略，一旦被撕破缺口便纷纷溃败，出现了“一人失利，万人奔溃”的结果。正因如此，倭寇越来越嚣张，肆意横行。

面对这样的局面，戚继光开始整顿军务，想建立一支能与倭寇抗衡的新军。他在浙江内地招募志愿兵，并且只招收农民而不招收城市居民，认为农民多是勇敢无畏，城市居民多是无赖之辈。这种组织新军、训练新军的做法得到了朝廷的大力支持，拨发了大量的军饷物资。

戚继光针对倭寇的作战方式，创立了攻防兼宜的“鸳鸯阵”，即以12人为一队，长兵器、短兵器叠用，杀敌防卫兼顾，还可以根据敌军战略、地势变化而变换阵形。果然，这一阵形取得了不错的效果，多次大败倭寇。同时，利用作战训练间隙，戚继光还编著《纪效新书》，总结选兵、编伍、操练、出征等方法，并且用此训练新兵。由于戚继光的新军战无不胜、爱护百姓，所以被人称为戚家军。

关于戚家军有很多民间传说，之前沿海各地盛销一种面饼，味略咸，表皮光滑，中间有个小孔，被人们叫作“光饼”。据说这种饼就是百姓为了慰劳戚家军而做的。因为倭寇行迹不定，不时突袭百姓、杀人放火，戚继光便带领军队时刻防守，以便迅速对倭寇进行捕剿，可是埋锅造饭不利于快速出击，士兵们吃饭就成了问题。

有一次，戚继光来到慈溪龙山东门外，有一个年迈的老者送来这小饼慰劳将士们。老者说：“别看这饼小，可是如果用绳子从中间的小孔穿过去，让将士们带在身边，不仅可以充饥，还不贻误战机。”戚继光高兴地说：“老伯，您想得真周到，这下我们行军打仗时吃饭问题就解决了。”

之后，戚继光命令军队开始制作这种小饼，而当地百姓也纷纷争着为戚家军送饼。之后，这种略带咸味的饼就流传下来，以表示对戚继光的纪念。

戚继光带领戚家军在东南沿海与倭寇作战，曾经获得攻坚、解围、迎战、追击的胜利，有效地打击了倭寇的气焰。倭寇一听到戚家军的名字，就仓皇而逃。这有将士们奋勇杀敌的因素，也有戚继光优秀的军事才能的因素，在战斗中戚继光指挥出色，几小时便攻克了其他官军几个月无法攻克的倭寇据点。

与戚继光一同在东南沿海作战的将领还有谭纶、俞大猷等抗倭名将，他们经过10余年的浴血奋战终于荡平倭患，保证了东南沿海的安全和稳定。之后，戚继光被封为都督同知，总理蓟州、昌平、保定三镇军务，在北部边境抵御蒙古兵的侵扰。

到任后，戚继光根据蒙古骑兵的作战特点，创立以火绳枪炮为主的步兵营、骑兵营、车营和辎重营，统一指挥、协同作战，发挥联合作战的优势。同时，戚继光在北方旧长城的基础上修建新长城，还在长城沿线设置九个防御区，分别派重兵把守，称为九边重镇。长城东起山海关、西至居庸关，城墙不仅比之前更坚固，还修建了空心敌台，在明朝和蒙古之间修建一条坚固的防线，保证了北方边境的安全。

戚继光在北方御边的16年，加强防御工事，使得京畿之地安然无忧。他还发明改造了军事装备，结合鸟铳和佛郎机改造虎蹲炮，威力无比。同时，他还抽空写作军事著作和诗文，留下了题为《练兵实纪》的第二部军事著作和诗文集《止止堂集》。

戚继光一生戎马，“一年三百六十日，多是横戈马上行”，为东南沿海和北方边境的安定做出了重要贡献，建立了同期将领无人能敌的辉煌功业，得到了武官所能得到的所有荣誉。他始终为国为民、低调谦逊，成为历史上人人敬仰的典范。

只可惜，戚继光在晚年被弹劾，屡次被贬，最后在家乡病逝。

▲戚继光故居

# 第六辑

# 文史佳话

# 中国文学第一骚人屈原

一年一度的端午节，除了吃粽子之外，还有赛龙舟、挂艾蒿等风俗活动。想必大家都有所了解，这些习俗是为了纪念古代著名的爱国诗人屈原。

屈原，名平，战国末期楚国人，从小天资聪颖，学问渊博，才华过人，20多岁便被楚怀王召入宫中任左徒（相当于后来的副宰相）。虽然出身于楚国贵族，但屈原自幼生活在民众之中，加上家庭的良好影响，他非常体恤百姓之苦，处处为老百姓着想，博得了诸多百姓的赞誉。

▲屈原雕像

战国时期正如其名，是各国经常互相攻打、竞争激烈的时代。当时的七个大国分别是楚、秦、齐、燕、韩、赵、魏。其中，实力最强的秦国为了实现"大统"，采用远交近攻的"连横"对付其他六国，秦王派使者前来楚国表示愿与楚结为联盟，屈原看出这是秦国的"圈套"，劝说楚怀王联齐抗秦。

这一策略被楚怀王接受，屈原亲自出使齐国。起初，齐王对屈原的用意有所顾虑。屈原以其至诚和详细的分析，成功说服齐王。齐王不但和楚国签约，而且同意和楚国及其他国家共同结盟抗秦。公元前318年，五国联盟正式成立，且诸国共推楚怀王为盟主。

一举瓦解了秦国的“阴谋”之后，屈原开始着力振兴楚国：革新政治，推行法制；开放言路，重用贤人……这些变法使楚国一度出现国富兵强的局面，但每一条都打在了世家和旧贵族的痛筋上。朝中一些奸臣贵族担心屈原的改革计划会使他们失去权势，纷纷向楚怀王进谗言。

缺少理性思辨的楚怀王听信谗言，不但朝令夕改，停止改革，还罢免了屈原的官职。屈原罢官还乡，心中很是悲痛。不过他的悲痛并不是因为丢了官位，而是楚国虽然比较强大，但是国家的统治权操纵在贵族手中，如不实行改革，楚国就会衰弱下去。屈原把心中的悲愤全部抒发在诗词中，传世名篇《离骚》便是在此时问世。

“长太息以掩涕兮，哀民生之多艰。”“亦余心之所善兮，虽九死其犹未悔。”“身既死兮神以灵，魂魄毅兮为鬼雄。”“吾不能变心而从俗兮，固将愁苦而终穷。”

通过楚辞中的这些经典诗句，不难看出屈原忧国忧民的高尚情怀、为崇高理想而奋斗终生的坚毅决心。《离骚》全诗充满巧妙的比喻、丰富的想象、精辟的语言，表现出积极浪漫的精神，是我国古代最长的抒情诗，成功地塑造了中国文学史上第一个形象丰满、个性鲜明的抒情主人公的形象，被宋代著名史学家、词人宋祁评价为“辞赋之祖”，“后人为之，如至方不能加矩，至圆不能过规”。

不久，秦王以割地600里给楚国为“诱饵”，劝说楚怀王退出齐国盟约。楚怀王信以为真，照做后向秦朝要地时，秦国却坚持说不是600里，而是6里。

楚怀王这才发觉自己上当受骗，后悔当初不该轻信秦国，为了挽回自己的颜面，立刻整军攻打秦国。然而当时的秦国兵强马壮，而且已经和齐国结盟，楚军根本不是对手。由于楚怀王没有遵守盟约，韩、赵、魏等国也拒绝与之结盟。被孤立的楚国四面受敌，最终一败涂地，国力进一步衰落。

通过这些残酷的战争，楚怀王见识了秦兵的训练有素，也领教了秦国的强大兵力，这才明白屈原当初力图改革的苦心，重召屈原回朝，并命他奔赴齐国重谈结盟之事。

当时的楚怀王被诸国嘲笑，经过几番战争，楚国势力和威望也都大不如前，好在屈原能言善辩，据理力争，终于完成使命。此时，秦国再次向楚国示好，秦昭襄王约楚怀王在武关会面。楚怀王不听屈原的劝告，决定前往武关谈和，结果被囚牢狱。被骗了一次又一次的楚怀王怒不可遏，很快病逝。

新王楚顷襄王不思为父亲报仇，整日贪图安逸享乐，当秦国提出联姻要求时，他居然同意了，当即和一位秦国公主结婚，成为敌国的驸马。屈原设法劝说楚顷襄王不要联姻，反而再次被罢免官职，流放到江南地区。当时，屈原已47岁。在之后的15年，屈原一直过着流亡的生活，居无定所。

公元前278年，变本加厉的秦国攻入楚国首都郢，楚国大败。宗庙社稷成为荒丘废墟，无数楚国百姓家破人亡、流离失所，沦为难民。国家的衰败、朝廷的腐败、同胞的痛苦，使屈原内心的悲愤达到极点。他作成绝命的《怀沙》赋后，纵身投进滚滚的汨罗江水，一代高洁之士就此殒命。

屈原是中国文学史上第一位伟大的爱国诗人，他的出现不仅标志着中国诗歌进入了一个由集体歌唱到个人独创的新时代，而且他所开创的体式独特、抒情浓郁的新诗体——楚辞，突破了以往《诗经》的表现形式，极大地丰富了诗歌的表现力，为中国古代的诗歌创作开辟了一片新天地。同时，以屈原为代表的楚辞还影响到汉赋的形成。

当然，屈原还是一位以身殉国、以身殉道、以身殉志的爱国战士，他爱祖国、爱人民，坚持真理、宁死不屈的精神，“可与日月争光”的巍巍人格，悄然之中构筑了一种精神传承，千百年来感召和哺育着无数中华儿女，尤其是当国家民族处于危难之际，这种精神的感召作用就更加明显。

▲屈原祠

# 汉赋风流司马相如

汉代最重要的文体是赋，而司马相如是当之无愧的汉赋奠基人，他的《子虚赋》《上林赋》堪称汉赋的经典。

司马相如，字长卿，成都人氏。年纪轻轻的他便博学多才，见识广博，琴棋书画无所不能，而且颇有抱负，希望建功立业。由于仰慕战国时期大名鼎鼎的蔺相如，因而改名相如。然而，当时恰逢“文景之治”盛世王朝，蔺相如折冲樽俎的业绩难以重演，于是司马相如便把聪明才智转向文学。

司马相如早年家境贫困，仕途并不得志，父母双亡后，志向远大的他开始山川漫游，居无定所。在梁国做客卿期间，写下著名的《子虚赋》。《子虚赋》以典丽宏伟的篇章、铺张扬厉的作风、萧散飘逸的意度，控引天地，错综古今，歌颂了汉王朝统一大业的兴盛。

汉武帝读到《子虚赋》，甚为赏识，心里久久不能平静，于是立即将司马相如召回长安。在朝堂上，司马相如以“子虚先生”、“乌有先生”和“无是公”为假托人物，设为问答，放手铺写，写下与《子虚赋》相接的《上林赋》，以维护国家统一、反对帝王奢侈为主旨，歌颂了国家的大一统，开创了汉代大赋的基本主题。此赋一出，汉武帝大悦，封司马相如为郎官，他自此正式走上政途。

在担任郎官期间，正值西南地区少数民族与汉王朝发生矛盾，社会动荡不安，司马相如主动请缨解决这个问题，以一篇恩威并施的《谕巴蜀檄》，平定了西南之乱。之后，一篇《难蜀父老》又以解答问题的形式成功说服众人，使西南边疆少数民族与汉朝合作，他也因此被称为“安边功臣”，名垂青史。

身为汉赋大家，司马相如一直致力于建立汉赋理论，他在创作中吸取众长，匠心独运，为此种文体确立固定形式。虽然这个时代的新文体——汉赋正处于兴起阶段，涌现了严助、枚乘、枚皋、东方朔、庄葱奇、吾丘寿王等辞赋家群体，但以司马相如的艺术成就最高，社会影响最大、最广。

《子虚赋》和《上林赋》首次确立汉赋的固定形式，成为后世赋家刻意模仿的样板；《哀二世赋》是赋史上第一篇直斥秦朝暴政的作品，具有鲜明的思想倾向和强烈的现实意义；《长门赋》是赋史上第一篇描写被锁闭深宫中的妇女的作品，揭露了封建宫廷的阴森黑暗，开文学史宫怨体之先河……

这几个“第一”加在一起，将司马相如推为汉赋第一大家。

在朝做官十几年，司马相如从不献媚取宠，也不阿谀逢迎，这导致他在政治上郁郁不得志，终其一生担任的不过是“郎”“孝文园令”等低级闲职。但作为一个杰出的文学家，他凭着雄放的气魄和横溢的才华，一直享有崇高的声望，对后世影响深远。

在《史记》一书中，为人物立传的篇章中只有两篇提到文学家：一篇是《屈原贾生列传》，另一篇就是《司马相如列传》，从中即可看出司马相如的重要地位。

西汉辞赋家扬雄赞叹：“长卿赋不似从人间来，其神化所至邪！”

唐代诗人李白评价：“扬马激颓波，开流荡无垠。”

鲁迅先生曰：“不师故辙，自摅妙才，广博宏丽，卓绝汉代。”

古往今来，类似评价不胜枚举，皆为众人津津乐道。

# 史家之绝唱司马迁

《史记》被称为“史家之绝唱，无韵之离骚”。

这是我国纪传体史学的奠基之作，同时也是我国传记文学的开端。此书乃史学家司马迁耗尽毕生心血所著，他本人也因此被称为“中国史学之父”。

司马迁，字子长，西汉时期夏阳人。他出生在一个仕宦家庭，父亲司马谈学识渊博，在天文、哲理及诸子百家、历史掌故方面造诣很深，一度担任执管天文的太史令。司马迁自幼在父亲的教诲下学习经史，博览《春秋》《左传》《国语》等诸子百家，20岁时已经在学业上颇有成就。

所谓“读万卷书，行万里路”，公元前126年，司马迁在父亲的安排下开始全国范围的游历，先后到过大禹治水的古迹、汉高祖刘邦起义的芒砀山、西楚霸王项羽自刎的乌江、屈原抱石沉江的汨罗江等地。他时刻不忘治史，每到一处，都会认真收集当地史料，其间扩大了眼界，增长了知识。

游历归来后，司马迁当上了宫廷郎中，自此有机会跟随汉武帝外出祭祀山川。其间，他奉命代表朝廷视察和慰问西南地区少数民族和新设郡县。由都城长安出发，南下经过汉中盆地前往巴蜀，这一路上翻山越岭、穿河渡涧，但司马迁并不觉得辛苦，他不仅成功使少数民族政权归附，扩大了汉王朝统治地域，而且不断搜集山川历史材料，对我国西南地区的地理、物产、民情、风俗，都有了相当丰富而具体的认识，后来他把这些材料写进了《史记》中的《西南夷列传》。

公元前108年，父亲因病去世后，司马迁继承父职任太史令，并依从父亲私修通史的遗愿，博览群书，开始为撰写《史记》整理搜集文史资料。

公元前99年，司马迁为被俘投降的李陵辩护，触怒汉武帝，最终接受宫刑。在极度苦楚中，司马迁曾想到过自杀，但撰写《史记》的崇高志向鼓舞着他。为了尚未著成的《史记》，他决定忍辱负重地活下去。出狱之后，为了方便在皇家图书馆里查阅材料，他接受了中书令这个卑微的职务。一旦遇到问题，如果在书本上找不到答案，他便会求教他人或亲自实地考察，直到完全弄清为止。

司马迁将完成《史记》作为一生的夙愿，在忍辱奋发中苦熬八年。公元前91年，当他完成《史记》时，已是年近花甲的老人。从开始阅览、拾掇史料，到正式写成此书，他总共花费了14年时间。假如从他年轻时博览史书、外出游历算起，《史记》一书几乎用尽了他终生的精力。

《史记》这部巨著包罗万象，上至传说中的黄帝，下至汉武帝时代，总结了中华民族3000年发展的历史，内容涉及政治、法律、哲学、美学、伦理道德、天文、地理等各个领域。全书共130篇，其中“本纪”12篇、“表”10篇、“书”8篇、“世家”30篇、“列传”70篇，共计52.65万余字。

▲ 司马迁雕像

在《史记》里，司马迁秉着客观的态度记录历史，“不虚美，不隐恶”“是非颇谬于古人”，为我们提供了内容丰富、系统完整的史料。同时，他还以超卓的才学，在人物塑造、描写手法、情节安排及语言运用上巧妙构思，从而把史学推进到了前所未有的新高度，为后代文言小说、戏剧、传记文学、散文的发展提供了重要基础和多种可能性，可谓影响深远。

“究天人之际，通古今之变，成一家之言。”这15个字是司马迁的人生追求和理想，渊博的学识、丰富的阅历、独到的眼光、雄伟的气魄……司马迁将古今历史的撰述上升为对人世、人情和人性的深沉探索，以悲天悯人的情怀思考天道与人道的关系，建立了崭新的历史观认知体系。《史记》不仅是编撰史书的典范，也在文学史上魅力永恒。

▲ 司马迁祠

# 田园诗人陶渊明

采菊东篱下，悠然见南山。

山气日夕佳，飞鸟相与还。

以上诗句出自《饮酒》其五，作者是“中国田园诗第一人”陶渊明。田园诗是中国古代汉族诗歌类型之一，内容多是描写自然风光、农村景物以及安逸恬淡的隐居生活。

在文艺学的观点中，作品风格的产生离不开作者的生活环境、人生经历。那么，陶渊明究竟为什么选择归隐，他的人生又是怎样的呢?

陶渊明，又名潜，字元亮，浔阳柴桑（今江西九江）人。陶渊明的曾祖父陶侃是东晋开国元勋，官至大司马，祖父和父亲则是太守一类的官。从小陶渊明接受的是正统的儒家济世思想，有着“大济于苍生”的胸怀和抱负。“猛志逸四海，骞翮思远翥。”从这句诗中足以看出陶渊明奋发进取的壮志豪情。

▲ 陶渊明画像

陶渊明勤奋好学，知识渊博，

在诗、赋、文方面都颇有研究。为了实现建功立业的理想以及生活的需要，他曾做过几年的小官。可惜的是，在陶渊明生活的东晋时期，政治黑暗，贵族腐败，门阀制度森严，阶级矛盾十分尖锐。世家大族垄断了高官权位，庶族出身的陶渊明注定要受到排挤。

陶渊明不喜官场的尔虞我诈，又不甘于同流合污，每次进入仕途不久便辞官回家。最后一次当官，是做小小的彭泽县令，当时在任仅仅80多天，陶渊明便深刻认识到自己的性格和官场格格不入，即便抱有文人建功立业的向往，也无奈于现实，于是开始了田园隐居的生活。

在自己的传世名篇《归去来辞》的序文里，陶渊明在阐明写作原因时曾直抒胸臆，表示当初自己就任县令是为生计所迫，为了养家糊口谋生，但是以后宁可饿着肚子，也不愿违心地逢迎上司而混迹官场。

在归隐期间，陶渊明在无名利相逐的自然中寻求乐趣，以自己的农村生活体验为基础，开始了大量的创作。他所写的诗歌多是描写农村田园生活，语言淳朴自然又清新淳美，给人一种诗情画意的感受。其中《归园田居》其一，生动地描写了田园生活的闲适与惬意，可谓其代表作。

方宅十余亩，草屋八九间。榆柳荫后檐，桃李罗堂前。

暧暧远人村，依依墟里烟。狗吠深巷中，鸡鸣桑树颠。

……

在《归园田居》这一组诗歌中，陶渊明着力从多个角度描绘了田园风光的美好与农村生活的惬意，抒发了归隐后愉悦的心情。

然而，田园生活并非时时美好，经常遇到天灾人祸，劳动人民的生活也不幸福，不仅每日要不辞辛劳地耕耘，而且还要背负高额的赋税，一年的努力甚至解决不了自身的温饱。陶渊明对这些人表示了深深的同情，更加不满当时仕途的黑暗虚伪，在诗作中流露出对时政的不满和壮志难酬的愤怒。所以，讴歌田园风光虽然是陶渊明诗歌的一大特点，但与历代文人学士所写不同，他不是美化现实，也不是纯粹欣赏田园风光，而是把田园风光和黑暗的仕途生活相比较而写的。

结合秦国暴政导致西北无数百姓四处逃亡的事实，再结合《三国志》记载的田畴“入徐无山中，营深险、平敞地而居，躬耕以养父母。百姓归之，数年间至五千余家”的情形，陶渊明把自己的理想憧憬形象地表现在《桃花源记》里。在这个社会，没有剥削，没有压迫，人人劳动，大家过着富庶和平的生活。

桃花源安静祥和、自由美好的生活，何尝不是陶渊明和诸多劳动人民的美好愿望？这和当时黑暗的社会现实形成了鲜明对比。这种理想在当时的社会情况下当然不可能实现，但它是诗人归田后对农村生活实践的结晶，是思想进一步发展的结果，这是几千年来中华民族志士仁人所向往的理想生活。

虽然生活穷困潦倒，耕种难以养家糊口，但是陶渊明依然高风亮节，心系天下，渴望社稷祥和，百姓安康。他的归隐，是对统治者所抱的幻想完全破灭之后所选的一条洁身自好的生活道路。这些思想虽然有着诸多无奈与苦闷，但是，至少陶渊明能够保证自己的廉洁，未曾与贪官污吏合流。

这种傲气高洁的文人风骨，为后代的人们以及许多正直的作家所景仰。

公元427年，在贫病交加中，陶渊明离开人世，享年62岁。

# 文论泰斗刘勰

山东莒县有一座海拔约300米的小山，名叫浮来山。浮来山虽然不大，却因千年古刹定林寺而蜚声海内外。定林寺是山东省现存建于南北朝时期最早的建筑，它的始建和闻名遐迩，与一个叫刘勰的人密切相关。

刘勰，字彦和，原籍莒县(今属山东)。因父亲早逝，家境贫困，刘勰一直勤奋好学，刻苦读书，寄希望于长大后扬名立业。但现实生活是残酷的，由于家境贫寒，没有社会地位，刘勰成年后报国无门，更没有钱成家立业。无奈，他从境内流落南京，被定林寺的沙门僧祐收留。僧祐是律学大师，也是佛教文史学家。刘勰聪明好学，和僧祐朝夕相处，耳濡目染，习得满腹经纶。

在整理佛经的空闲时间里，刘勰开始了对古今文体的研究，并准备对古代文学进行一次总结和论述，对当代文坛上的形式主义文风给予纠正。黄卷青灯，寒来暑往，经过六七年苦苦探索、辛勤耕耘，刘勰终于在三十七岁那年，写成了一部文学批评的理论专著——《文心雕龙》。

《文心雕龙》内容充实、结构严密、论述细致，全书共分50篇，大约有3.8万多字。前25篇除《原道》等三篇是总论外，其余是对各类文体的特点及发展概况的阐述。后25篇是有关文学创作批评问题的论述，其中包含刘勰对文学批评的原则、文学与生活的关系等问题的精辟见解。

然而在重视门第的南朝，像刘勰这样的无名小辈，是没有人重视甚至承认他的成就的，更没有人向朝廷举荐他。刘勰很聪明，他相中了当地享有盛名的学术权威沈约，待沈约外出路过定林寺时，他就打扮成小商贩的模样，把书稿呈上去请求沈约帮忙审稿、给予指教。沈约把书稿拿回去仔细阅读，认为这是一部有水平、有价值的理论专著，有意提携刘勰入朝做官。

就这样，刘勰跟着沈约离开了生活多年的定林寺，正式踏入仕途。在朝期间，刘勰先后做过奉朝请、记室、参军等小官，兼东宫通事舍人，深得梁武帝长子昭明太子萧统的赏识。但刘勰是个志向远大的人，这类小官对于他来说难以施展自己的理想和抱负，于是他经常独自哀叹怀才不遇。

公元518年，僧祐在定林寺圆寂，他之前搜集的佛经尚未成册。梁武帝得知刘勰曾在定林寺生活多年，对佛教经典十分精通，就派他重返定林寺，与另外几名高僧一起整理僧祐留下的经藏。还没来得及施展才能就不得不再次返回佛门，刘勰胸中难免惆怅，但经过了官场生活之后，他对官场上勾心斗角、你争我夺的互相倾轧已有所厌恶，觉得重回佛寺未必不是好事。

之后刘勰剃去头发和胡须，正式皈依佛门，法号慧地。从此，他不再过问政治，开始认真研究、整理佛教经典。完成任务之后，刘勰辗转回到老家莒县，在浮来山修建了一座佛寺，仍取名定林寺。在那里，他依然整日埋头研修佛学，广泛阅读各种书籍，几年后安详地圆寂。

刘勰离世后，《文心雕龙》渐渐地被人注意，到了唐代更是大放异彩，被后人视为一部“古代文学理论批评中内容最丰富、体系最完整的宝贵文献”。虽然刘勰的文学创作理论还不是很完备，但他提出了相当系统而富于创新的意见，成为中国古代文学理论史上一次空前的总结。

由于《文心雕龙》是我国文学史上第一部文学批评著述，在文学批评理论史上具有重要地位，世人称其为“论古今文体”的千古奇书。

# 千古诗仙李白

谁是历史上最狂傲的一位文人？

很多人会脱口而出一个名字——李白。

李白斗酒诗百篇，
长安市上酒家眠。
天子呼来不上船，
自称臣是酒中仙。

这四句诗中足见李白桀骜不驯、豪放纵逸、傲视王侯的形象。李白虽然不为权贵折腰、不畏唐皇权威，却也并非像他自己宣称或别人颂扬的那样远离权贵，他的一生几乎都在应酬周旋，奔走于朱门显宦之间。

李白，字太白，自号青莲居士。唐朝陇西成纪（今甘肃省静宁西南）人，自幼跟随父母迁居四川。关于李白，有一个经典故事。据说李白一开始读书并不用功，因为贪玩，经常偷偷逃学。有一次，他路遇一位老奶奶正在磨刀石上用力地磨着一根铁棒。李白觉得很奇怪，便蹲下看了起来，得知老奶奶要把“铁杵磨成针”后恍然大悟，一个人只要有恒心，再难的事情也能做成功，读书也是这样的道理！

自此，李白开始了刻苦的学习，早早地就对诸子百家，尤其是儒家的著作有了非常全面的研究。由于当时的唐朝是一个信奉道教的朝代，李白还深受道家思想的影响，曾经虔诚奉行道教修行之事，甚至一度幻想过长生成仙。所有这些经历，对以后他浪漫诗风的形成都有很大的影响。

20岁时，李白已经创作了大量优秀诗篇，小有名气。有人鼓励他参加科考做官，但李白却希望依靠自身才华，通过他人举荐走向仕途，于是广泛漫游，拜谒社会名流。通过拜谒活动，他结识了不少名人志士，名气越来越大，还娶了唐高宗时宰相许圉师的孙女为妻，但在仕途上却无明显发展。

心怀大志却屡屡受挫，李白的内心充满不满和迷茫，遂写下著名的《蜀道难》《行路难》等诗歌，以此隐喻内心的感受。其中，在《蜀道难》中，他袭用乐府古题，展开丰富的想象，着力描绘了秦蜀道上奇丽惊险的山川，夸张地写出蜀道上不可逾越的险阻，并从中透露了对社会的某些忧虑与关切。

后来唐玄宗听闻李白的诗歌，赞赏有加。入京召见于金銮殿后，李白的才学受到重视，供奉翰林。其间，他写下许多歌颂宫廷生活的诗歌，如《清平调词》《宫中行乐词》等，同时，也演绎了七宝床赐食、高力士脱靴、杨贵妃捧砚、饮酒眠闹市等广为传诵的奇闻逸事。

唐玄宗对李白很是赏识，结果招来翰林院士大夫们的谗言诋毁，渐渐地唐玄宗开始疏远李白，认为他不过是用名气与才华哗众取宠，并无治国参政的本事。李白对奸佞之辈的谗毁极其愤慨，对自己忠心报国不被理解感到委屈不平，也渐渐厌倦御用文人的生活，便离开京城，继续游历。

其间，李白一方面遨游大自然，使本性放逐于天地之中，对权贵采取藐视的态度；另一方面他又一直在寻找东山再起的机会。每到一处，他就对当地的太守、长史、司马、县令等官场人物上疏赠诗，参与应酬宴请。他始终怀着一颗忧国忧民之心，然而想为国效命却不得其门，想摆脱功名却无法真正忘怀，只能借酒以摆脱内心深层的痛苦。自此，酒被李白融入诗中，成了诗歌的灵魂。

“安史之乱”爆发后，李白听到永王李璘率军经营长江流域，便兴冲冲地进入幕下效力，试图立功建业。谁知因为诸王纷争的影响，太子李亨对永王快速扩充兵力不满，永王的军队被定为叛军，李白也以附逆罪被投入监狱。幸好，李白平时行侠仗义，不少人为他积极斡旋，最终被无罪释放。

“老当益壮，宁移白首之心。”虽然恢复了自由，但是李白凭着对朝廷、对国家、对理想超乎寻常的执着，在年过六旬的情况下，向朝廷写了一封自荐表，希望能再次踏上仕宦之途。不幸的是，糟

▲太白湖风景区

糕的健康状况打断了他的计划，他因病不得不半道还家，不到一年便悲凉地病逝。

天生我材必有用，千金散尽还复来。（《将进酒》）

仰天大笑出门去，我辈岂是蓬蒿人。（《南陵别儿童入京》）

黄河落天走东海，万里写入胸怀间。（《赠裴十四》）

突营射杀呼延将，独领残兵千骑归。（《从军行》其二）

……

诵读这些诗句，不难看出李白是一个以天下为己任的诗人，但不幸的是他生在唐朝由盛转衰的时代，未逢圣主，奸臣当道，其性格又遗世独立，不肯同流合污，又怎能施展才能呢？最后只能郁郁而终！他虽然没能成为一颗官场上的璀璨明星，但他以杰出的诗歌创作，在文学史上树起了一座丰碑。

纵观李白流传至今的1000多首诗歌，不难看出，他众体皆备，众体皆佳，尤其是七言歌行和五言、七言绝句，都有脍炙人口的名篇。其诗具有奇特的想象、开阔的境界、豪迈的感情、雄浑的格调，继承了屈原和庄子开拓的浪漫主义传统，将中国古典积极浪漫主义诗歌推向一个新高峰。如果说唐朝是中国诗歌发展史上的黄金时代，那么李白无疑就是黄金时代的黄金诗人。

# 诗坛之圣杜甫

中国古典诗歌史上有两大高峰：一个是登上浪漫主义之巅的“诗仙”李白，另一个是登上现实主义之巅的“诗圣”杜甫。不同的是，李白的诗歌时时充满笑声：谈笑、傲笑、狂笑、仰天大笑……杜甫的诗歌却处处都是眼泪：呜咽、泣涕、泫然、顿足大哭……杜甫为何如此伤心？他的眼泪为谁而流？

杜甫，字子美，祖籍襄阳（今湖北襄阳），生于河南巩县（今河南巩义）。他出身于官宦世家，祖上几代都是朝中重臣。因家庭环境优越，杜甫少时过着安定富足的生活。而且，他从小受着严格的诗书教育，再加上自身勤奋好学，7岁便能作诗，文曰“七龄思即壮，开口咏凤凰”。到了14岁时，他已很有名气。

▲杜甫画像

20岁时杜甫开始出门游历，他的足迹踏遍现在的江苏、浙江、河北、山东等地，几乎走遍大半个中国，大大开阔了自身的眼界。其间，他回洛阳参加了一次进士考试。杜甫的家族世代为官，他自幼就有“致君尧舜上，再使风俗淳”的理想，期望能和祖先们一样为国效力、建功立业。

可惜的是，晚年的唐玄宗志骄意满，疏于政事，把科举考试交给当朝宰相李林甫。李林甫是一个嫉贤妒能的小人，他嫉恨因为文学才能而得到封赏进官的士人，于是对唐玄宗说考试没有一个合格的人，结果参加考试的人没有一个被录取，杜甫自然也不幸落榜，只好另找其他途径。

正是在洛阳，杜甫遇到了当时已声名远扬的李白，虽然两个人年纪相差整整11岁，但是彼此一见如故，建立了兄弟般的深厚友谊。

后来杜甫开始拿着自己的诗文到处奔走，像李白一样寄希望于获得达官显贵的赏识，找到仕进的阶梯。公元754年，凭借自身的才学，杜甫总算谋到一个右卫率府胄曹参军的小官。但不久“安史之乱”爆发，长安沦陷，杜甫成为战俘，被关押在狱。在亲朋好友的帮助下，他历尽艰险才逃了出来。

一出狱，杜甫马上打听皇帝所在，当他衣衫褴褛、面黄肌瘦地出现在唐肃宗面前时，唐肃宗感动不已，当即任命杜甫为左拾遗，负责给自己提建议。结果，为人正直的杜甫为前宰相房琯求情惹恼唐肃宗，被贬为参军。让一个文人打仗，这和送死有什么区别？杜甫极为失望，带着家小奔赴成都。

▲杜甫草堂

一路上颠沛流离，看到百姓屋不遮身、衣不蔽体、食不果腹……杜甫感受到了劳动人民的困苦、统治阶级的腐朽、社会的种种矛盾，但他的痛苦在于当自己清醒的时候别人还在沉睡。后来杜甫在浣花溪旁盖了一座草房，领着妻儿定居下来，这就是有名的杜甫草堂，但乱世之中哪里有安身之处？

在《茅屋为秋风所破歌》中，杜甫写道：

布衾多年冷似铁，娇儿恶卧踏里裂。
床头屋漏无干处，雨脚如麻未断绝。
自经丧乱少睡眠，长夜沾湿何由彻！
安得广厦千万间，大庇天下寒士俱欢颜，风雨不动安如山。

即便生活如此艰辛，杜甫依然心怀天下，眼含热泪以诗警世。“朱门酒肉臭，路有冻死骨。”这句历代传诵的名句，揭露了统治集团的穷奢极欲、醉生梦死的情状，也饱含了杜甫对劳动人民的同情。

为了尽快剿灭安史叛军，唐王朝大肆拉夫征兵，使人民群众遭受了深重的灾难，连老人都不能幸免。杜甫在逃亡的过程中目睹这些情景，写成《新安吏》《潼关吏》《石壕吏》《新婚别》《垂老别》《无家别》《兵车行》等诗篇，希望通过这些诗歌来发出阻止战争的呼喊。

**兵车行**

生女犹得嫁比邻，生男埋没随百草。
君不见，青海头，古来白骨无人收。
新鬼烦冤旧鬼哭，天阴雨湿声啾啾！
……

**石壕吏**

暮投石壕村，有吏夜捉人。

老翁逾墙走，老妇出门看。

……

夜久语声绝，如闻泣幽咽。

天明登前途，独与老翁别。

……

这是一幅幅多么悲惨的图画！杜甫的诗歌风格沉雄浑厚，语言锤炼凝重，文字虽不华丽，却具有打动人心的力量，因为他真实记录了百姓的苦难，他有着一颗“黎民之心”，他的心与人民的心是相通的。正因如此，他的诗才会被人永远铭记，被后人称为“诗史”，他本人也被誉为“诗圣”。

杜甫的政治生涯虽然短促，但他依然时时关心政治、关心社会、关心人民。直到晚年，依然不改初衷，“不眠忧战伐，无力正乾坤”，正是这一心情的真实写照。

公元770年，在湘江一条孤零零的小船上，杜甫带着种种遗憾与世长辞，时年59岁。他遗憾一生没能给家人一个遮风避雨的家，遗憾至死没能实现心中的伟大抱负，更遗憾战争的烽火仍未停息，无力救济黎民摆脱困境……

# 诗魔白居易

在唐诗的发展史中，李白和杜甫堪称两座并峙的高峰，不过两人的创作数量加起来也只是一个人的一半，此人便是白居易，唐朝诗人中作品最多的一位。据统计，白居易的作品共有75卷，3800多篇，这个数量是非常可观的。世人称李白为“诗仙”，杜甫为“诗圣”，白居易则为“诗魔”。

白居易，字乐天，祖籍山西太原。他自幼勤奋好学，十分刻苦，正如白居易后来回忆自己小时候读书时所说：“昼课赋，夜课书，间又课诗，不遑寝息矣，以至于口舌成疮，手肘成胝。”这为他在诗歌领域的发展打下了坚实基础，十几岁时他就写出了不少好诗，赢得了众人的不少赞扬。

15岁时，白居易带着自己所写的诗文前往长安，请教当时担任著作郎的顾况。顾况听说他名叫白居易，调侃道：“京城米价正贵，在这里居之不易！”但当看到白居易的诗稿后，顾况立即被深深地吸引，尤其是读到“离离原上草，一岁一枯荣。野火烧不尽，春风吹又生。”的诗句时，不禁拍

▲白居易画像

案叫绝："能写出这样的诗来，居又何难？"极力提携和引荐白居易，自此白居易声名大振。

由于祖父和父亲皆为朝廷命官，白居易也有步入仕途的打算。到京城几年后，他便考中进士，经过选拔后成为一名谏官。白居易的幼年生活很不稳定，为躲避藩镇割据带来的战乱，他跟随家人到处流离，这让他有了大量机会接近劳动人民的生活，了解他们的痛苦，对社会现状也有了深刻认识。

成为谏官后，白居易经常有和皇帝接触的机会，他便趁机进言要求改革弊政，发展生产，减轻人民负担，因此引发了许多达官显贵的不满。在与他们进行斗争的同时，白居易写了大量政治、社会讽喻诗，深刻揭露社会的黑暗，无情抨击贪官污吏的无耻行径，导致与朝中许多官员关系紧张。

公元815年，一个藩镇头领派人刺杀宰相武元衡，导致武元衡惨死街头。许多官员碍于对方的强横不敢作声，这时白居易官居左赞善大夫，虽然没有上书言事的权力，但他不愿袖手旁观，就向皇帝上书要求严惩凶手。仇敌趁机谗言白居易越职言事，藐视朝廷规矩。最终，白居易被贬为江州司马。

满腔热血却换来种种质疑，此次被贬对白居易的影响极大，政治热情消沉了许多。赴任期间，他写下了千古名篇《琵琶行》：

千呼万唤始出来，犹抱琵琶半遮面。

转轴拨弦三两声，未成曲调先有情。

弦弦掩抑声声思，似诉平生不得志。

……

大弦嘈嘈如急雨，小弦切切如私语。

嘈嘈切切错杂弹，大珠小珠落玉盘。
间关莺语花底滑，幽咽泉流冰下难。
冰泉冷涩弦凝绝，凝绝不通声暂歇。
别有幽愁暗恨生，此时无声胜有声。
银瓶乍破水浆迸，铁骑突出刀枪鸣。
曲终收拨当心画，四弦一声如裂帛。
东船西舫悄无言，唯见江心秋月白。
……

在《琵琶行》中，白居易既表达了对“门前冷落鞍马稀，老大嫁作商人妇”的琵琶女的悲惨命运的同情，同时也寄托了自己遭贬的悒郁、愤懑之情。“同是天涯沦落人，相逢何必曾相识”这句流传千古的诗句，将琵琶女的命运和自己的身世紧紧地联系在一起。这首诗叙述层次分明，描写细致生动，比喻新颖精妙，诗中语言几乎达到了炉火纯青的境地，为历代文人所称颂。

白居易在江州足足熬了五年，之后被重新调回京城任职，官拜中书舍人，后又拜尚书主客郎中。但那时的白居易对做官建业似乎已经兴趣不大，尤其是当时朝廷朋党之争不减，自己与朝廷政见不合，他不想重蹈覆辙，遂自请离京外任，这一回是担任杭州刺史。

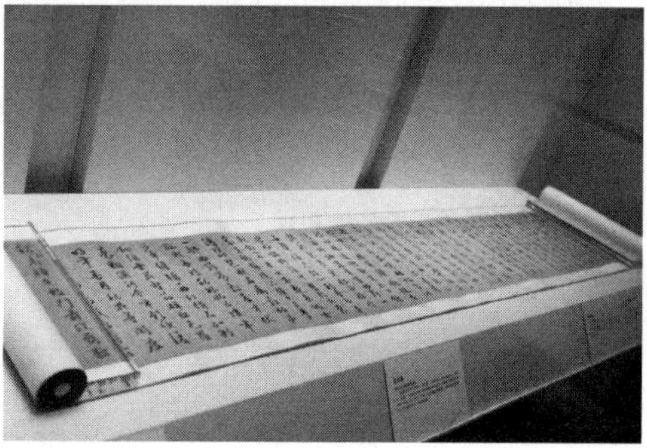
▲《琵琶行》

唐代的杭州，尚

不繁华，常有灾害，尤其是水灾、旱灾，为此，白居易大修水利。杭州城内有六口水井年久失修，导致百姓吃水困难，白居易主持疏浚六井，解了杭州城百姓的渴；每逢大雨之年，西湖水涨，农田尽皆淹没，于是他力排众议，修筑湖堤，从此西湖水害减轻，时人号为“白公堤”。

当时的白居易早已不关心仕途发展，除了忙于日常公务，剩下的时间就是与好友相约聚会，吃吃饭，喝喝酒，对对诗，畅所欲言。白居易晚年所撰《醉吟先生传》自我评价：“性嗜酒、耽琴、淫诗，凡酒徒、琴侣、诗客多与之游。”也因此留下一篇篇诗歌，成为唐朝诗坛上作品最多的诗人。

白居易的诗歌大致可分为四类：讽喻、闲适、感伤、杂律。其中讽喻诗是与他的兼善天下的政治抱负一致的，同时也是他的现实主义诗论的实践。比如，《杜陵叟》反映了人民的苦难生活，《卖炭翁》《红线毯》等深刻地揭露了统治者的罪恶，而《上阳白发人》《后宫词》等则是妇女命运的悲歌。

“文章合为时而著，歌诗合为事而作。”白居易认为，诗歌应该反映社会现实，这些讽喻诗在当时产生了很大的影响，广为传诵。

在感伤诗里，《琵琶行》和《长恨歌》最为人们所熟知。其中《长恨歌》是中国文学史上最著名的叙事长诗之一。人物形象生动，语言声调优美，大量运用比喻、借代、夸张、排比等修辞手法，有着极高的艺术水平。

# “唐宋八大家”之首韩愈

一个家族出一个当官的不难，难的是世世代代都当官。韩愈就出身于这样的世家。韩愈，字退之，河南河阳（今河南孟州南）人，先辈世代为官。由于父母早逝，韩愈由兄嫂抚养长大。他自幼好学，7岁能读书，13岁能作文，连续四次参加考试，25岁时进士及第，正式步入仕途。

韩愈初入政界时官运顺达，很快就做到史官的位置，而且深受皇帝的赏识，可谓春风得意。而且，他还以诗文闻名。唐、宋两代出现了许多散文名家，人们选出八位最有成就的合称“唐宋八大家”，其中韩愈位列八大家之首。这不仅是因为韩愈文采卓越，还在于他敢作、敢为、敢言。

公元819年，迷信佛教的唐宪宗为了将一块佛骨舍利迎入长安，命令全国上下为此修桥铺路，建庙盖祠，动用了大量的人力、物力、财力。韩愈认为大不妥，于是慷慨陈词写下《论佛骨表》。“饿死台城，国亦寻灭。事佛求福，乃更得祸……”态度严正、言辞严厉，惹怒了唐宪宗，被贬至潮州。

一开始韩愈内心失落，但是等到了潮州，一看到这里满地荒凉、满目萧然的情景后，他的责任感就被激发出来了，做了很多便民、利民、惠民的实事，包括推动乡学教育、兴修水利、驱除鳄鱼、关心农业等。仅八个月时间，就使潮州呈现出勃勃生气。至今，潮州仍然屹立着一座韩公祠。

唐穆宗即位后，韩愈被调进京城，先后担任兵部侍郎、吏部侍郎等官职。也正是因为有这番经历，后人又称他为韩吏部。

当时的唐朝正在逐步走向衰败，为了挽救国势，朝中有人建议开展政治革新运动。韩愈深受孔孟正统思想的影响，在思想上主张人只能顺应和服从天命，对这次革新运动并不支持，但是在文学上，他主张文以载道，以儒学为旗帜，以复古为号召，以文体改革为中心，成为古文运动的倡导人。

唐代古文运动，是中唐时期的文学革新运动。当时所说的古文，就是指先秦、两汉的散文。韩愈反对南北朝以来矫揉造作的骈体文，主张恢复先秦、两汉古文的优良传统，强调写文章不要受形式束缚，要有思想内容，要言之有物，要有创造性，不蹈袭前人语句，力求做到文从字顺。

经过韩愈等人的坚持努力，古文运动得到了越来越多人的支持，最终古文取代骈文，革新运动获得胜利，并成为一场影响到宋代的文学运动。宋朝大文学家苏轼说韩愈"文起八代之衰"，也就是说散文衰落了八个朝代，直到韩愈才重新振兴起来。可以说没有韩愈，就没有这场唐代的"文艺复兴"。

▲韩愈雕像

韩愈的诗文内容丰富，形式多样，众体兼备，现存700余篇。散文包括政论、表奏、书启、赠序、杂说、人物传记、祭文、墓志、状、表等，大致可概括为论说与记叙两类，也为古文运动树立了典范。

韩愈的论说文不仅结构上具有很强的逻辑性，而且气势上也很有一股雄浑之风，《论佛骨表》《原道》《原毁》《争臣论》《师说》等名篇，均以宣扬道统和儒家思想为根本，虽有不少封建说教成分，但能针砭时弊，其中有些见解至今仍可供借鉴；另一类重在反映现实，嘲讽现实，作不平之鸣，最有代表性的是《马说》。

韩愈是一个为人正直的人，他的记叙文以抒情为主，爱和憎的界限都很分明，名篇如《送李愿归盘谷序》《送董邵南序》《张中丞传后叙》《祭十二郎文》《柳子厚墓志铭》等，往往融叙事、议论、抒情于一体，除对所写人寄予满腔同情外，于社会黑暗和腐败现象亦多有揭露，充满愤世嫉俗的批判精神。

由于这些鲜明的特点，人们将韩愈的文章统称为“韩文”，而且评价颇高。韩愈还喜欢研究词句，创造成语，我们熟知的成语，如“俯首帖耳”“摇尾乞怜”“不平则鸣”“动辄得咎”“杂乱无章”等均由他所创。

“古之学者必有师。师者，所以传道受业解惑也。人非生而知之者，孰能无惑？惑而不从师，其为惑也，终不解矣。”韩愈一生积极从事教育活动，著名诗人贾岛、张籍、樊宗师、刘叉，古文家、思想家李翱、皇甫湜……这些人都经过韩愈传授学业，自称“韩门弟子”。

公元824年，韩愈病逝，终年57岁。

# 散文大师柳宗元

千山鸟飞绝，
万径人踪灭。
孤舟蓑笠翁，
独钓寒江雪。

这首流传千古的《江雪》，出自柳宗元之手，他是唐朝历史上仕途不顺的诗人之一。

柳宗元，字子厚，河东解县（现山西运城西南）人。他出身官宦家庭，祖辈虽然只是小官，但足以让他衣食无忧，一门心思扑在圣贤书上。21岁时，柳宗元考中进士，同时中进士的还有他的好友刘禹锡。

进士及第后，柳宗元所任官职品位不高，以他的才学完全可以胜任，只要顺其自然，一步步晋升不是问题。可是他为了施展自己"辅时及物""利安元元"的抱负，以昂扬的热情、凌厉风发的气概，投身到王叔文倡导的政治革新运动之中，这场运动就是历史上有名的"永贞革新"。

政治革新往往需要流血牺牲，需要勇敢的先驱。柳宗元为了心中的大唐，义无反顾地与其他几位改革领袖一起，大刀阔斧地改革朝政，压制干政弄权、祸国害民的宦官，举贤任能；打击拥兵自重、骄横不法的强藩；减免百姓赋税，解除民间疾苦……一时间，举国

“人情大悦”，百姓相聚欢呼大喜。

和历史上很多革新运动的命运一样，“永贞革新”遭到保守派的群起而攻之。原因很简单，一方面是改革派急于求成以及内部的宗派习气，一方面是触犯了大官僚、大贵族的既得利益，于是他们联合起来，以绝对的优势搞垮了改革。仅半年时间，“永贞革新”便归于失败。

倡导者王叔文被唐宪宗赐死，先驱者柳宗元被流放3000里，先后被贬为湖南永州司马、广西柳州刺史，这些地方在当时人烟稀少。与他一同被贬的还有刘禹锡等七人，这就是历史上令人扼腕叹息的“八司马事件”。在短暂得志之后，33岁的柳宗元面临的是在流放中度过的失意的后半生。

如果不继续改革，国家将难免一片颓势。柳宗元忧国忧民，却无能为力，只能通过诗文曲折地将自己的忧思表达出来。在《捕蛇者说》中，柳宗元写蒋氏及其乡民“号呼而转徙，饥渴而顿踣”，对广大农民寄予深深的同情。不过，当时他仍被监视，只能寄予同情，对实地的改革却力不从心。

当处境有所改变，掌握了一点实权之后，柳宗元开始了力所能及的改革。在柳州，他废除“以男女质钱，约不时赎，子本相侔，则没为奴婢”的残酷风习，制定了一套释放奴婢的办法，规定那些已沦为奴婢的人，可将应得工钱抵掉所欠债务。此举受到了广大贫苦人民的欢迎，后被推行到柳州以外的州县。

柳州民众迷信鬼神，生病不送诊，而是求神问卜。柳宗元一方面严令禁止江湖巫医骗钱害人；另一方面提倡医术，兴办学堂，亲自采药、晒药，为民治病。

柳州城里缺水，百姓却认为打井会触怒神明，不敢凿井取水。

柳宗元向群众讲中原大地到处有井的实例，还亲自打井以示无妨。就这样，从来不敢动土打井的柳州，接连打了好几眼井，解决了饮水问题。

这些活动让柳宗元赢得了柳州百姓的爱戴，也让柳宗元看到了自身的价值。但在此期间，结发妻子因难产而死，母亲也撒手人寰，他孑然一身，人生地不熟，水土不服，因贬谪的身份还受当地贵族豪绅的冷眼歧视。生活上的困顿和精神上的折磨，使柳宗元的健康状况越来越坏，只活到47岁便病逝。

柳宗元为官清廉、清正、清贫，去世后家里连棺材钱都没有，百姓自发筹钱为他料理后事。临死前，柳宗元写信将自己的遗稿交给刘禹锡，后来刘禹锡根据这些遗稿编成《柳宗元集》一书，涉及诗歌、辞赋、散文、游记、寓言、小说、杂文以及文学理论等诸方面，内容丰富、技巧纯熟、语言精练生动。

▲柳宗元雕像

在文章内容上，柳宗元和韩愈一样认为骈文堆砌辞藻，内容空洞，华而不实，提出“文道合一”“以文明道”。要求文章反映现实，“不平则鸣”，富于革除时弊的批判精神。在文章形式上，提出要革新文体，突破骈文束缚，句式长短不拘，并要求革新语言“务去陈言”“辞必己出”，并在创作实践中身体力行。

在游记方面，柳宗元的《永

州八记》是我国古代山水游记的名作。这几篇优美的山水游记是柳宗元在柳州任职时所记，生动表达了他对自然美的感受，丰富了古典散文反映生活的新领域，从而确立了山水游记作为独立的文学体裁在文学史上的地位。因其艺术上的成就，被人们千古传诵、推崇备至。

除此之外，柳宗元还根据生活中的所见所闻编写了不少寓言故事，《黔之驴》《永某氏之鼠》等，篇幅虽短，但以物寓人，以文警世，足见柳宗元的幽默与睿智，也成为千古传诵的名篇。其中，“黔驴技穷”等已成为尽人皆知的成语。

柳宗元之所以积极投身于政治革新，是因为他是一个具有先进思想的人。在《非国语》《贞符》《时令论》《断刑论》《天说》《天对》等论著中，柳宗元反对天符、天命、天道诸说，批判神学，强调人事，用“人”来代替“神”，这在1000多年前神学迷信思想占统治地位的封建社会中是难能可贵的。

凭借在文学上创造的光辉业绩，柳宗元登上了古代散文创作的巅峰。

▲柳宗元纪念馆

# 以史资鉴司马光

一提起司马光，很多人第一时间会想起“司马光砸缸”的故事。当时司马光只有七岁，他和一群孩子在院落中玩耍，其中一个小孩失足掉进大水缸里，其他孩子都怕得要命，有的哭喊，有的找人，只有司马光非常镇定，拿起一块大石头把缸打破，缸里的水流了出来，救了朋友一条命。

俗话说“三岁看大，七岁看老”，司马光小时候就这样聪慧，长大了更是博学多才，显示了大家风范。成年后的司马光沿着读书、仕进之路节节高升，先后担任学士、翰林等职务，直至做上尚书左仆射兼门下侍郎。其间他一直刻苦钻研史学，发现中国史书虽然众多，却没有一部完整系统的通史。

▲司马光画像

为什么自己不写一本呢？就这样，司马光开始利用闲暇编写通史。一开始，他先编写了从战国到秦朝灭亡的一部分历史，共有八卷，名为《通志》。宋英宗阅读后大为赞赏，立刻让司马光继续编写下去，并给他配了一个专门的书局。司马光选了几个官吏做助手，共同编纂。

公元1067年，宋神宗继位后希望振兴国力，要司马光给他介绍一些历史书籍。司马光呈上《通志》，宋神宗认为此书不仅介绍了历代的兴亡得失、治乱中兴，还可以从中获得鉴戒，帮助统治者进行统治，于是将之命名为《资治通鉴》，“资治”意供统治所用，“通鉴”则是借鉴之意。

《资治通鉴》讲究一个“通”，从周朝到五代为止，1362年的历史，这个工作量是非常大的。书稿虽然是几个人分别撰写，但最后的统稿润色工作却由司马光一个人来完成。为了编成这本书，司马光经常通宵达旦地工作，为此耗尽了自己的大部分精力，前后为之奋斗了19年。

其间，司马光的仕途并非一帆风顺。被任命为枢密副使支持变法时，他坚辞不就。带上书局，退回洛阳，不再公开谈论政事，一心编纂《资治通鉴》。

公元1085年，宋神宗驾崩。前来奔丧的司马光再次出现在都城，被继位的宋哲宗任命为尚书左仆射兼门下侍郎。作为政治家，司马光一向强调“守常”，极为保守。后来，他几个月便把王安石实行的新政全部废除，大力打击改革派，重用蔡京等一大批人。

▲《资治通鉴》手稿

仅仅一年后，

司马光去世，享年68岁。弥留之际，他仍然惦记着的是《资治通鉴》尚未完成付印。他去世后，太皇太后、皇帝和大臣们前来吊唁，看到司马府中萧然，满屋图书，床上铺一领旧竹席，纷纷慨叹不已。宋哲宗为他亲题“忠清粹德”之碑，谥号“文正”，这是文官可以得到的最高谥号。

《资治通鉴》是我国历史上第一部编年体通史，记载了16朝，294卷，又考异、目录各30卷，全书引用的资料达到了300多种，许多引用过的书现在已经失传，因而具有极高的史学价值。书中内容丰富，叙述简洁生动，历来为史家所推崇，这种编年体通史编写方法也为后世所借鉴，可谓影响深远。

《资治通鉴》是一部标准的帝王教科书，主要是总结历代治乱兴衰的经验教训，侧重于讲解统治者如何任官用人、信赏刑罚、纳谏改过，大臣该如何处理跟君王的关系，以达到警示皇帝的目的。对于司马光来说，他希望把君王引向“明君”的方向，让国家可以不断兴盛，百姓安居乐业。

此书并非简单地介绍君臣权谋，还涉及政治、军事、外交、经济、文化，以及对历史人物的评价，覆盖面非常广泛。

作为一代史学大家，司马光在史学上具有开创与奠基之功。《资治通鉴》和《史记》同为古代辉煌的史学巨著，被后世并誉为“史学双璧”。

在政治上，司马光作为旧派代表和新派代表王安石一直针锋相对，历史上对司马光的政治表现褒贬不一，但是说到底，只不过思想略保守而已。虽然司马光阻止了实施变法，但依旧称赞王安石“介甫无他，但执拗耳”，而王安石也给出司马光“司马君实，君子人也”的评价。

# 豪情千古苏轼

在灿若星河的文化史上，有不少父子、兄弟、叔侄并称的组合，如汉末三国时期的曹操与其子曹丕、曹植合称“三曹”，西晋的陆机与其弟陆云并称“二陆”，明代袁宗道、袁宏道、袁中道兄弟合称“三袁”等。但就整体水平和社会影响而言，北宋苏洵与其子苏轼、苏辙合称“三苏”，无疑成就最高。

众所周知，唐宋有著名的八大散文名家，唐朝的柳宗元、韩愈和宋代的欧阳修、苏洵、苏轼、苏辙、王安石、曾巩，其中苏家就占了三位，而且苏轼成就斐然，这不得不令人称赞。

苏轼，字子瞻、和仲，自号东坡居士，人称苏东坡，眉州眉山（今四川眉山）人。苏轼是北宋泰山北斗似的人物，我们很难用一个准确的词概括他，他是文学家，还是书画家，在诸多方面独领风骚。然而，就是这样一位天才，其人生经历却充满艰辛。

苏轼生于四川眉州，由于父亲苏洵一直在外求学求官，他几乎全由母亲抚养教育。母亲出生于官宦世家，知书达理，要求严格，要求苏轼从小就背诵四书五经等。苏轼聪明过人，过目不忘。21岁时参加科举考试，凭借《刑赏忠厚之至论》一文获得主考官欧阳修的赏识，并预言苏轼在未来的文坛必将独步天下。在欧阳修的提携下，苏轼在文坛声名鹊起，成了风云人物。

正当苏轼打算大展身手时，突然传来母亲病故的噩耗，他立即

▲ 苏轼雕像

回乡奔丧。等到守丧期满回京，苏轼参加中制科考，献《进策》《进论》各25篇。这些论文被宋仁宗欣赏有加，常常看到废寝忘食，授苏轼官大理评事、签书凤翔府判官厅公事。可不久父亲病逝，苏轼再次回乡奔丧，守孝三年。

三年之后待苏轼还朝，王安石变法已经轰轰烈烈地开始。对此，苏轼指出，革新一患无财，二患无兵，三患无吏，最好以“课百官”整顿吏治，以“安万民”缓和阶级矛盾，以“厚货财”理财富国，以“训军旅”整军经武。而且，他强调革新不能求快，要一步步地慢慢来，认为法“苟不至于害民而不可不去者，皆不变也”，这种做法显然是理智的，但他却遭到了改革派官员的排挤，被贬到江浙一带。

虽然被贬，苏轼并没有沮丧，在他看来，升或贬是很正常的事情，说不定哪天皇帝高兴了又把自己调回去了，而且当时江浙一带很富裕，气候适宜，既能避开朝廷的纷争，又能游山玩水，生活也很不错，《饮湖上初晴后雨》便是这个时期的作品。

水光潋滟晴方好，
山色空蒙雨亦奇。
欲把西湖比西子，
淡妆浓抹总相宜。

除了秉公处理公务，解决百姓纷争，苏轼还带领当地百姓疏通水利、建亭搭桥。现在杭州四处可见的古凉亭和古小桥，很多都留存着他带领修建的痕迹。

在此期间，苏轼也看到了新法在实施过程中的许多弊端，于是作诗讽刺，没成想这些话被新党利用，说他愚弄朝廷、对皇帝不尊，他不但遭到了弹劾，还因此进了监狱，这就是有名的“乌台诗案”。下狱103日，苏轼遭到严刑拷打和逼供，险遭杀身之祸，这一巨大打击让苏轼心情郁闷，开始以酒为乐。

▲苏东坡祖籍纪念馆

命运依然没有眷顾苏轼，出狱后他再次被贬到黄州。在黄州的那段时间，苏轼的心态已经变得平缓，将时间和精力用在写作上，不仅写下了《鹏鸪天·林断山明竹隐墙》的千古名篇，同时也写了《念奴娇·赤壁怀古》这种磅礴杰作。这一时期，也是苏轼写作的爆发期。

后来，王安石的新法被逐步废除，司马光当上宰相尽复旧法。这时的苏轼已经回京做了翰林院学士，他认为新法尽管在实施时有不少弊端，但也有不少可取之处，于是上书反对司马光的做法，痛骂司马光为“司马牛”，结果他又为旧党所不容，再次被贬，甚至被派到海南岛的琼州当别驾。

因为被贬的地方都是荒蛮之地，收入微薄，没有房子，再加上不愿意讨好上级，苏轼的生活捉襟见肘，日子过得十分清贫，但他慢慢地接受了命运，性格开始恢复了以往的开朗乐观。后来他干脆搭起了茅草房，还开垦了一块坡地耕种，过起了自给自足的隐居生活，“东坡居士”的别号由此而来。

在政治上，苏轼屡次被贬，实在算不上一个成功的人，但正如当初欧阳修所预言的，他在文学上获得了极大成功，写下大量的散文、诗、词，许多至今仍广为流传。

苏轼的诗词，特别是词，拥有瑰丽的意象、恢宏的气势、激昂的情感，他开创了豪放词风，促进了词风的转变。代表作有《念奴娇·赤壁怀古》《水调歌头·丙辰中秋》等。在《念奴娇·赤壁怀古》这一流传千古的词作中，苏轼再现当年赤壁惊心动魄的战争场面，热情讴歌了指点江山雄姿勃发的英雄人物，让人读来荡气回肠。

在散文方面，《留侯论》《记游定惠院》《记承天寺夜游》等，文风气势磅礴，文笔纵横捭阖，融写景、抒情、议论于一炉，极尽曲折变化之妙，富有感染力。

苏轼在书法上也颇有造诣，他曾在《书唐氏六家书后》一文中说过这样一段话：“真生行，行生草。真如立，行如行，草如走，未有未能行立而能走者也。”他不沿袭拘泥成法，而是依据自己对书法的理解，开创了一派新的书风，他的真迹有《祭黄几道文》《前赤壁赋》《黄州寒食诗帖》等。

在绘画方面，苏轼的成就也值得一提，他喜欢画竹、枯木、怪石，且诗画一体，有“诗中有画，画中有诗”的美誉，有《枯木怪石图》《竹石图》等图传世。

在诗歌方面，苏轼与江西诗派开创者黄庭坚并称“苏黄”；在词作方面，苏轼开创了豪放派，与南宋词人辛弃疾并称“苏辛”；在散文方面，苏轼与北宋欧阳修并称“欧苏”，与唐代文豪韩愈合称“韩潮苏海”；在书法上，他被尊为“宋四家”之首，另三家为黄庭坚、米芾、蔡襄，可谓千古第一人。

即便因为政治迫害一生辗转，但苏轼终究没有失去身上那份旷达与乐观。诚如他在词中所说：“试问岭南应不好，却道，此心安处是吾乡。”他宽广的胸怀、豁达的性格直接使他的诗词提升到一个至高境界，也亮堂堂地活出了人生的诗情画意，这种人格魅力永远流淌在中华文明的血液里。

# 元曲大师关汉卿

在文史学上，不同的时代有不同的代表文学，比如汉赋、唐诗、宋词、元曲、明清小说等。其中，关汉卿位列“元曲四大家”之首，被称为“元杂剧的鼻祖”，他也是我国古代戏曲创作的代表人物。

关汉卿，号已斋叟，出身于金末的一个行医世家。元统一全国以后，关汉卿虽被编入“医户”，但却专事喜欢的戏剧活动。据各种文献资料记载，他共编有杂剧60余部，其中《窦娥冤》《救风尘》《望江亭》《拜月亭》《鲁斋郎》《单刀会》《调风月》等，均是他的代表作品。

元朝时期，既有社会矛盾，也有民族矛盾，社会动荡不安，再加上自然灾害频繁，人民群众生活于水深火热之中。关汉卿的杂剧具有强烈的现实性，内容既涉及皇亲国戚、豪权势要葛彪、鲁斋郎的凶横残暴，无情地揭露了官场的黑暗，又有童养媳窦娥、婢女燕燕的悲剧遭遇，热情讴歌了人民的反抗斗争。

感天動地竇娥冤雜劇
元大都關漢卿撰
明吳興臧晉叔校
楔子

▲《窦娥冤》书影

关汉卿的杂剧之所

▲关汉卿画像

以流传至今，在于他认真地观察人生，对人物心理的刻画细致入微，善于提炼激动人心的戏剧情节，创立了通俗、流畅、生动的语言风格，成功塑造了窦娥、杜蕊娘、少女王瑞兰、寡妇谭记儿、婢女燕燕等各具性格特色的人物，故被称为当时戏曲界“总编修师首”的人物。

在关汉卿的笔下，最为出色的作品是《窦娥冤》。剧中的主人公窦娥出身微贱，孤苦无依，明明遭受无辜陷害，反被受贿的贪官判处死刑，真实地揭露了元朝政府惨无人道的黑暗统治，痛斥了官场的罪恶和社会的不公平现象，再现了老百姓在残酷的压迫下，过着万分悲惨的生活。而窦娥不畏强权，至死不屈，一副铮铮铁骨的英勇形象，也恰恰表达了关汉卿自己的理想。

目前，关汉卿的剧作被译为英文、法文、德文、日文等，在世界各地广泛传播。

# 红楼一梦曹雪芹

曹雪芹是清代伟大的文学家，名霑，字梦阮，号雪芹。他的代表作《红楼梦》是我国古典小说四大名著之一。《红楼梦》所引起的广泛深远影响，在中国文学史上是前所未有的；“红学”评论、研究所达到的广泛深入的程度，更是文学史上的奇观。

在国际上，《红楼梦》也享有崇高声誉，然而曹雪芹却不像他的作品那样举世皆知，他生前没能享有应得的声誉，死后事迹也不见经传。以致今天，连他的生卒年月、父母是谁、一生主要有什么活动还存在争论。

据推测，曹雪芹一生经历康熙、雍正、乾隆三个朝代。祖先自曾祖父曹玺起经祖父曹寅，到他的父亲，相继做了六七十年江宁织造，是当时财势熏天的“百年望族”。康熙年间是曹家的鼎盛时期，祖父曹寅当过康熙的伴读和御前侍卫，康熙下江南时有四次以曹寅在任的江宁织造署为行宫。

雍正上台后排除异己，曹寅以亏空款项等罪被革职、抄家，到了乾隆时期，曹家又遭到打击，从繁花锦簇之盛一下子落入凋零落魄之境。经历了家族的惨淡剧变，年少的曹雪芹深切地体验到了人生变幻无常和世道人心的险恶无情，这些经历对他的一生产生了深远影响，为日后的创作积累了不少素材。

家族没落之后，曹雪芹跟随家人一起迁居北京。由于没有正式

▲曹雪芹塑像

职业，曹雪芹的生活非常清贫，只能靠卖画和亲友的接济过日子。穷困潦倒的生活，让他更加痛恨封建制度的黑暗残酷，也增加了对劳动人民的同情。他立志把自己对生活的感受、对人生的见解和对社会命运的强烈批判都写出来。

《红楼梦》别称《石头记》，是曹雪芹披阅十载、增删五次所作，据说是以曹家的真实经历和遭遇为素材基础，“字字看来皆是血，十年辛苦不寻常”！他一边写作一边以抄本形式使其流传，即便“作书时，家徒四壁，一几一杌一秃笔外无他物”，他也没有停止过写作，这种坚毅实在让人敬佩。

面临重重困难和种种压力，曹雪芹从未屈服过，正当他奋笔疾书，即将完成《红楼梦》的时候，一件重大的不幸沉重地打击了他。他唯一的爱子染上痘疹，被病魔夺去生命。曹雪芹悲痛万分，再加上各方面煎迫烦劳，年未五旬竟一病而去，直到去世他也没有写完《红楼梦》。

曹雪芹逝世后，这部作品渐渐地开始有了名气。最初传抄的只有80回，2/3的初稿被保留了下来，余下的几十回也有一些初稿，但没有流传下来。有一种说法为，高鹗和程伟元对在社会上流行20年但“无定本”的《红楼梦》，进行了一番整理，并且增补了后40回，使之成为一部故事完整的作品。

《红楼梦》描写的是贾宝玉和林黛玉之间恋爱和婚姻的悲剧，但它并非孤立地描写这个爱情悲剧，而是以爱情经历为主线，描写了贾、史、王、薛四大封建家族的兴亡过程，深刻且生动地反映了封建大地主阶级残酷的阶级压迫和激烈的阶级斗争，揭露了封建统治的腐败、残酷和黑暗。

这部作品人物众多，事件纷繁，内容丰富，超过了以往的任何一部长篇小说，反映社会生活的广度和深度也是空前的，可以说是一部从各个角度展现中国古代社会世态的史诗性著作。因其具有高度的艺术性和深刻的思想性，把小说艺术推向了新的阶段，达到了古典小说历史上的最高峰。

凭借一本《红楼梦》，曹雪芹享有着崇高的国际声誉，在世界大文学家的排名表上，与莎士比亚、巴尔扎克、狄更斯、托尔斯泰齐名，万古流芳。

▲北京植物园内曹雪芹纪念馆

# 第七辑

# 艺苑巨擘

# 书圣王羲之

俗话说“字如其人，人如其字”，意思是仅仅通过简单的几个字，我们就能够迅速地判断一个人的修养。有史以来，一个人的字被公认达到了登峰造极的艺术境界，甚至他的一部作品还被誉为“天下第一行书”。没错，他就是我国历史上的“书圣”、东晋时期著名书法家王羲之！

王羲之，字逸少，东晋琅邪（今属山东）人，出身于两晋的名门望族。两晋是我国书法艺术的鼎盛时期，许多人都热衷于书法学习，王羲之的父亲王旷就是其中一位。

一天，仅仅12岁的王羲之在房间里玩耍，无意中看到父亲的枕头下放着的一本书——东汉蔡邕的《笔论》。出于好奇，王羲之拿出来开始翻看，结果竟爱不释手。父亲发现后说等王羲之长大成人再学不迟。王羲之却迫不及待地说：“学习就像走路，不走怎么能进步？长大再学就太晚了！”父亲大喜之下将《笔论》传给了王羲之，并系统地讲解书法理论，王羲之对书法产生了浓厚兴趣。

当时著名的书法家有卫瓘、索靖、卫夫人等，王羲之七岁师从卫夫人学习书法，卫夫人师承钟繇，又受卫瓘家传，书法十分精妙。功夫不负有心人，几年下来，王羲之的书法大有长进。

后来王羲之渡江北游名山，见识了许多书法名家的作品，大开眼界。从此，他博采众长，汲取汉魏以来各家书法的精华，并结合自己的体会，创造出一种推陈出新的书法风格，功夫独到，笔势开放，结构严谨，变化多端，使书法界耳目为之一新。人们形容他的字“飘若浮云，矫若惊龙”，犹如“龙跳天门，虎卧凤阁”。

不过，“书圣”的称号不是轻轻松松就能得来的。

王羲之“贵越群品，古今莫二”的成就，源自他的勤奋好学、专心致志、坚持不懈。据说，他因为太痴迷练字，傻到错把墨汁当酱，用馒头蘸着吃；他连走路、休息时也会揣摩字的写法，用手指在衣服上写字，天长日久连衣服都被划破了；他练字用坏的毛笔，堆得像一座小山，人们称之为“笔山”；他每天写完字都要在门前的池塘里清洗毛笔和砚台，日子久了池水都变成了黑色，人们把这样的池塘叫作“墨池”……王羲之不论走到哪里都坚持练字，在会稽山下、温州和江西临川，都有他留下的墨池，北宋著名文学家曾巩写了一篇《墨池记》称颂他。

王羲之的勤奋好学给自己带来了成就和名气，当时不少人都想得到他的真迹墨宝，争先恐后地前来拜访。一位道士想求王羲之给他抄写一本《道德经》，了解到王羲之喜欢鹅，他就精心养了一群上好的白鹅，以一群白鹅换取了王羲之抄写的一部《道德经》，这段佳话被后人广为传颂。

两晋南北朝时期，国家分裂，社会动荡，王羲之没有真迹保存下来，不过他的帖倒是流传下来了一些，其代表作以行书《兰亭集序》和楷书《黄庭经》《乐毅论》最为出名。

公元353年三月初三，王羲之与朋友相约在会稽郡山阴（今浙江绍兴）的兰亭饮酒作诗。会后，众人把此次集会所作的诗赋抄录成集，由德高望重的王羲之写一篇序文，以此记录这次雅集。酒香景美，好友云集，王羲之从来没有这么高兴过，乘着酒兴潇洒挥毫，著名的《兰亭集序》由此诞生。

《兰亭集序》也称《兰亭序》，这幅作品共28行，324个字，章法、结构、笔法都很完美，其中的20个“之”字，神态各异，字字别开生面，表现了王羲之书法艺术的最高境界。而且，充分体现了作者的气度、风神、襟怀、情愫，因此，历代书家都推《兰亭集序》为“天下第一行书”。

对于艺术作品来说，乱世是一种莫大的灾难。公元361年，王羲之去世，《兰亭集序》开始了一波三折的命运，先后为南朝书法家僧永、南朝陈宣帝陈顼、隋炀帝杨广、唐太宗李世民所得。唐太宗酷爱《兰亭集序》，临终时令唐高宗将《兰亭集序》真迹殉葬昭陵，至此“天下第一行书”永绝人间。

在中国书法史上，以王羲之为代表的王氏一族成就最为卓著。在王羲之的言传身教下，他的七个儿子都写得一手好字，儿子王献之、王凝之都是当时很有名气的书法家，最小的儿子王献之还被人称为“小圣”。这不仅是书法史上极为耀眼的成就，在世界艺术史上也是独一无二的荣耀。

# 画才顾恺之

两晋时期，大画家顾恺之是继王羲之之后的又一位偶像人物。

顾恺之，字长康，东晋晋陵无锡（今属江苏）人，出生于公元348年。顾恺之的家庭十分富有，祖父和父亲都做过东晋大官。他从小受到良好教育，成人后很受朝廷的赏识，在大司马桓温和荆州都督殷仲堪手下当过参军，后来又做过通直散骑常侍，是贵族社会中引人注目的人物之一。

当初为了学习绘画的技法，顾恺之曾拜卫协为师。卫协是当时有名的画家，所画人物白描细如蛛网，线条简洁有力，冠绝当代。顾恺之得到老师的真传，并发扬光大，首创绘画“传神论”，提出“迁想妙得”“以形写神”等思想，强调作画以形写神，意在传神，奠定了中国画注重神似的创作特点。他的《论画》《魏晋胜流画赞》《画云台山记》三篇著作，是我国现存的较早的绘画理论著作，其中“迁想妙得”“以形写神”等精辟论点，对中国画的发展产生了深远影响。

顾恺之画人物，不轻易点上眼睛，有时隔了几年才点上眼睛。他认为，人物要画得神似，关键要画出精神面貌，而最能表现精神面貌的，就是人物的眼睛。

有一次，顾恺之给别人在扇子上作画，画了嵇康和阮籍的像，却没有点上眼睛。扇子的主人不解其意，顾恺之解释说：“哪可点睛，点睛便语。”

还有一次，建康（今南京）修建瓦官寺，建寺耗费甚巨，负债累累。寺僧向士大夫募捐，有人捐100，有人捐1000，有人捐1万，顾恺之却在捐款簿上写下100万。大家认为他是讲讲大话，不可能兑现，顾恺之向寺僧要了一面空白墙壁，花了一个多月的时间在墙壁上画了一幅维摩诘（佛教故事中的人物）的像。开寺首天，顾恺之当众开光点眼，画像神采焕发，栩栩如生。门外香客一拥而入，朝着壁画跪地磕头，之后前来观画的香客络绎不绝。不到半天，就已经收到捐款几百万。

这些故事充分说明了顾恺之卓越的绘画才能，他的绘画题材非常广泛，佛教故事、人物肖像、山水禽兽等包罗万象。其中，最为后世所知的如《雪霁望五老峰图》《女史箴图》《洛神赋图》等。可惜，这些真迹后来失传，流传下来的《列女仁智图》《女史箴图》《洛神赋图》等画作只是后人摹本。

顾恺之不但有着高超的绘画艺术，而且博学多才，在书法、诗赋方面也表现突出。

在书法方面，顾恺之的手笔酷似王献之。其中，《女史箴图》上

▲《洛神赋图》（局部）

面所写的箴文就是顾恺之的亲笔，很像王献之《十三行》的笔意。

在诗词歌赋方面，顾恺之以丰富的想象力、瑰丽的辞章、磅礴的气势，独树一帜。“春水满四泽，夏云多奇峰。秋月扬明晖，冬岭秀孤松。”这首《四时诗》形象地表现出大自然在不同季节里的百态千姿，一直为后人传诵。

后世文人画讲究“诗书画印”，也就是说一幅完整的画作应该包括诗文、书法、画功、印章，顾恺之这几样都做到了，因此被称为古代文人画的“始祖”。

顾恺之的辉煌成就源自个人聪慧，更在于坚持不懈的努力。他把自己的全部精力都用到了书画诗文上，通宵达旦也不知疲倦，简直到了如醉如痴的地步。直到晚年，他仍然保持着孜孜不倦的学习精神。才学绝伦，执着专注，再加上性情坦率，为人诙谐，所以被人称为“三绝”，即才绝、画绝、痴绝。

东晋时期，政局动荡，权臣迭起，顾恺之因为早已驰名天下的“痴绝”，不仅没有受到冲击，反而过得平平顺顺。由于其绘画成就超过了晋代以前的所有画家，美术界历来对顾恺之推崇备至，称之为“画圣”“画神”“宗师”“画祖”，这应该是历史对他的最好认可。

# 人物画大师阎立本

“左相宣威沙漠，右相驰誉丹青。”这是唐高宗时期民间广为流传的一句话。左相和右相都是唐朝的宰相，唐高宗时期左相姜恪是战场上屡立功劳的武将，右相阎立本则是才能出众、赫赫有名的大画家。作为既是宰相又是画家的阎立本本人是怎样一种体验呢？

阎立本，雍州万年（今陕西西安）人，出身于贵族世家。他的画艺来自家传，他的父亲阎毗是画家，兄长阎立德也是画家，再加上个人刻苦学习，阎立本年纪轻轻就已成名，与兄长同为唐初“画坛双星”。由于博学多才，他被朝廷重用，任主爵郎中、将作大将、代工部尚书等，后官至右相，终成一代宗师。

当然，宗师也有自己苦恼的事。

有一次，唐太宗与群臣在春苑池泛舟游玩，陶醉于当时的春景美色，便传阎立本前来对景写生。当时，阎立本任主爵郎中。听到传召后，他急忙携画具跑步赶来。虽然他大汗淋漓，仍立即俯身池边挥笔作画。待画毕后，他仰头望向在座的宾客，羞愧得不得了。阎立本狼狈不堪，又见同僚们乘船赏玩，自己却亲躬作画，觉得大辱。回到家里，盛怒之下训诫儿子：“我自幼饱读诗书，官也不比人小，只因为善于绘画，才供人肆意驱使，被人嘲笑。你们都记住，千万别学我作画。”

话虽这样说，可阎立本热爱绘画，根本无法停笔，而且一直虚心地学习着。南北朝时期，张僧繇的壁画很有名，他专门前往荆州观看。第一次有些不服气，觉得其画艺平平，不过徒有虚名；第二次细看看出精髓，认为名不虚传；第三次越看越觉得好，一直认真地研究，甚至睡在下面不肯走了。

阎立本的画作涉及道释、人物、山水、动物等，而以人物肖像画最著名，留下了描绘房玄龄、杜如晦等18位文人谋士肖像的《秦府十八学士图》，又有凌烟阁壁上的长孙无忌、魏徵等24位功臣像《凌烟阁功臣二十四人图》等，此外还有《外国图》《永徽朝臣图》《昭陵列像图》《历代帝王图》等。

其中，《历代帝王图》包括汉昭帝刘弗陵至隋炀帝杨广等13人像。作画时，阎立本根据过去史书的记载，反复研读，力求描绘出带有特征性的细节以表现一定性格及精神状态，所画人物个个栩栩如生、个性鲜明，例如曹丕的目光敏锐，有咄咄逼人的神气；杨坚神情深沉，很有计谋。这是古代画家企图表现人物性格特点的重要作品，这一艺术作品代表了初唐人物画的新水平，在绘画史上有着重要地位。不过这幅千古名作在清朝时期已被人劫去，现藏于美国波士顿艺术博物馆。

《步辇图》是阎立本传世的另一重要作品，画的是松赞干布派使臣禄东赞前来求婚，唐太宗接见的情景。阎立本曾目睹了这次历史性会见，将唐太宗、禄东赞等人的形象刻画得颇为传神，整幅画面充满了隆重而融洽的气氛，歌颂了唐太宗的英明睿智，是记载汉、藏两族友好关系的历史画卷。

阎立本还有一幅非常著名的茶画《萧翼赚兰亭图》，被认为是中国乃至世界历史上第一幅表现茶文化的丹青开山之作。

这幅画作源自一个历史故事：晚年唐太宗喜爱书法，并酷爱王羲之的字，多方搜求王羲之的墨迹。他听说辩才和尚手中有王羲之的书法真迹《兰亭序》，就令御史萧翼扮成商贾访拜辩才，用哄骗的方法得到了这一名迹，这就是此画所画的内容。画面上长者专注地备茶，一童子双手捧着茶碗准备分茶，人物表情传神，刻画入微，再现了1000多年前烹茶、饮茶的部分细节，生动而妙趣横生。

▲《步辇图》

# 百代画圣吴道子

在阎立本之后又出现了许多杰出画家，其中最著名的就是吴道子，这是一个带有传奇色彩的大画家，被后世尊称为“画圣”，也被民间画工尊为“祖师”。

吴道子，又名道玄，阳翟（今河南禹州）人。和阎立本的出身不同，吴道子自幼贫穷孤苦，靠跟民间的绘画工匠学习绘画来维持生计。由于刻苦好学，他渐渐掌握了绘画的妙法，20岁时已“穷丹青之妙”，在画坛上有些名气。后来为了生计，他曾经做过衙门里的小吏，当过县尉。

没有背景、没有人脉……吴道子受过种种不公平的待遇，养成了放荡不羁的性格，而且好酒使气。后来他不再做官，到处游历，并为一些寺院绘制壁画，声名大振。

不久唐玄宗听闻吴道子的大名，便让他做了内教博士，在宫中作画教学。在宫中空闲的时候，吴道子曾追随当时的著名书法家张旭、贺知章等学习书法，并通过观赏将军裴旻舞剑，体会用笔之道。经过耐心钻研和不懈练习，吴道子所作画作“俄顷而就，有若神助”，人物面貌形象逼真。

吴道子习惯用不同厚度的朱粉勾勒骨肉的起伏，身上的衣带更是飘飘如飞，人们称赞为“吴带当风”。

吴道子尤其擅长画佛像。有一次，吴道子受长安兴善寺高僧的

▲吴道子雕像

邀请为四面画佛像开光，只见他一笔挥就，架势就如同雄风刮过一样，人物顿时栩栩如生而现，而且很富有立体感，就如同真人一样，旁观的许多人目瞪口呆。他画的佛像样式，被当时人称为“吴家样”，对后世的宗教人物画和雕塑产生了很大的影响。

吴道子在山水画方面也很有造诣。有一次，唐玄宗忽然想起蜀中嘉陵江山清水秀，妙趣横生，遂命吴道子赴嘉陵江写生。吴道子去嘉陵江玩了一圈，没有绘制一张草图，便返回长安。唐玄宗要去看画稿，他却说根本就没有画稿，全记在了心里。唐玄宗不相信，命他当众在大同殿上作画，他把握住嘉陵江一山一水、一丘一壑引人入胜的境界，只用了一天就让嘉陵江300里的旖旎风光尽现。在此之前，另一个画家李思训也曾画过嘉陵江的山水，虽然画得很精细，但花了几个月的时间，不如吴道子画得又快又好。唐玄宗将两人的画进行对比，不禁感慨万千：“李思训数月之功，吴道子一日之迹，皆极其妙也。”可见吴道子画技高超，笔法娴熟。

吴道子不仅善于画山水画，画动物也颇能传神。吴道子曾陪同唐玄宗前往泰山，经过潞州（今山西长治）一个叫金桥的地方，唐玄宗看到御路数千里间“旗鲜洁，羽卫整肃”，心中非常兴奋，于是召来吴道子、韦无忝、陈闳等人作画，其中桥梁、山水、车舆、人物、草树、雁鸟、马羊、器仗、帷幕等主题部分由吴道子主画，雁鸟、马羊等个个栩栩如生，《金桥图》绘成后“时谓三绝”。

佛道、神鬼、人物、山水、鸟兽、草木、楼阁等，吴道子的画技无论在哪方面都出类拔萃，受到了广泛的尊敬，无愧“画圣”之誉。遗憾的是，他的绘画没有真迹传世，传至今日的作品都是摹本，其中《送子天王图》据推测为宋代摹本，另外还流传有《宝积宾伽罗佛像》《道子墨宝》等摹本。

# 书法亚圣颜真卿

在书法发展史上，唐代是鼎盛时期。此时，在真、行、草、篆、隶各体书中都出现了影响深远的书家，人们言必称虞、褚、欧、颜，即虞世南、褚遂良、欧阳询、颜真卿，这是唐朝杰出的四位书法家。其中，颜真卿是继王羲之后成就最高、影响最大的书法家，成为中国文人书法的里程碑式人物。

颜真卿，字清臣，京兆万年（今陕西西安）人，家学渊源深厚，远祖颜之推是北齐文学家，著有《颜氏家训》。颜真卿从小继承家学，热爱书法艺术，不幸的是父亲早年病故，家里的生活一下子陷入贫困，就连写字的纸张都买不起了，好学的颜真卿就以黄土扫墙学习书法。成年后他在做醴泉县县尉时，习武之余，仍然不忘潜心学习书法，虽然小有名气，但他一直渴望能有所长进。

当时“草圣”张旭名扬海内外，为了学习书法，颜真卿毅然辞去官职，慕名拜在张旭门下学习。张旭是唐代首屈一指的大书法家，各种字体都会写，尤其擅长草书。颜真卿希望在这位名师的指点下，学到写字的窍门，一举成名。但张旭只是给他介绍了一些名家字帖，勉励他勤奋学习，下功夫临写，在临写中体会笔法。大约两年之后，张旭见颜真卿确实踏实肯学，便单独传授笔法规则给他，《述张长史笔法十二意》就是颜真卿根据他和张旭谈笔法时的记录整理而成的。

在此期间，颜真卿还结识了张旭的另外两个弟子怀素和郭彤，

▲颜真卿雕像

他们经常在一起讨论笔法，所谓“屋漏痕”就是他们讨论笔法时提出来的。经过张旭的传授和本人的勤学苦练、潜心钻研，颜真卿的书法有了明显进步，而且为形成自己的独特艺术风格在理论和基本功训练上打下了坚实基础。

由于唐太宗大力推崇王羲之，唐初书法一直在“二王”书风的笼罩之下，许多书法家以二王书法为宗，字形严肃而凝重。颜真卿则认为书法家应该具有各自的风貌，他汲取诸多书法家的特点，兼收篆隶和北魏笔意，完成了端庄雄伟、气势宏大的楷书创作，在凝重之中含有流美飞扬的风韵，使楷体在结构乃至书写外观上有了新的字体形态，后人尊称为“颜体”。

颜真卿顺应时代要求，担负起发展中国书法艺术的重大使命，以自己的艺术成就，继王羲之以后树立了唐代的楷书典范，展示了盛唐的时代风格，终成一代书法大家。在中国书法艺术史上，艺术生命力最强、影响最深、使后世书家受教益最大者，莫过于王羲之和颜真卿。

历史上，许多著名书法家都受到“颜体”的影响，唐代晚期的柳公权得“颜体”精髓，而使唐代楷书书法艺术达到另一高度；宋代四大书家苏轼、黄庭坚、蔡襄、米芾深受“颜体”影响，活字版印刷术

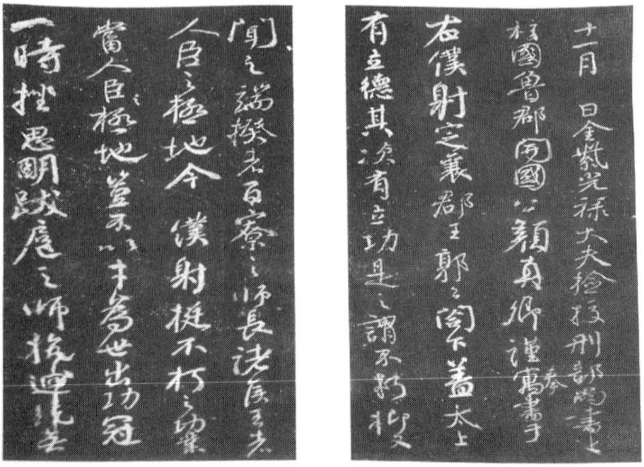

▲颜真卿书法

也多采用“颜体”；明清许多书法家以“颜体”为入门。“颜体”不仅影响了后代著名书法家，至今仍然是临摹标本，这种影响力在中国书法艺术史上是不多见的。

书法大成之后，颜真卿再次出仕。他性格刚正秉直，一向以义烈闻名于官场，后高举义旗，抗击安史叛军英勇就义，其事迹为后人所称颂。他的人生一半在书斋中度过，钻研艺术、文学、书法，这是他内心安静的天地；另一半则是在错综复杂的政治斗争中度过，他把忠心献给了唐王朝，真正做到了忠贞清廉。无论是在书法史上，还是在政史中，颜真卿都是流芳百世的一代宗师，是后人学习的典范。

颜真卿传世碑刻、拓本和真迹有70余种之多，最著名的是《多宝塔碑》《颜家庙碑》《大唐中兴颂》《麻姑仙坛记》《颜勤礼碑》，这些均为世界文化宝库的稀世珍品。其字大气磅礴、挺然奇伟、布局严谨、结构奇特、变化多样，使人观之顿增一股慷慨豪气，正如颜真卿其人一样令人敬仰。

西塞山前白鹭飞，
桃花流水鳜鱼肥。
青箬笠，绿蓑衣，
斜风细雨不须归。

这篇《渔歌子》的作者张志和，是一位博学多才，歌、词、诗、画俱佳的唐朝才子，但由于史书无明确记载，历代专家学者对此莫衷一是。而颜真卿所作的《浪迹先生玄真子张志和碑铭》，则是对张志和事迹的最早记录。

张志和，字子同，浙江金华人。原本是朝廷命官、唐肃宗身边的红人，被贬谪后对官场心灰意冷，随即隐居江湖，自号烟波钓徒，又号玄真子。颜真卿很欣赏张志和，经常和他一起饮酒、作诗词，其间张志和作了几十首《渔歌子》。后来张志和因酒醉溺水而逝，颜真卿十分惋惜，写下碑铭纪念。

# 楷书名家柳公权

颜真卿是盛唐书法的中流砥柱，到了中晚唐时期，柳公权从颜真卿处接过楷书的旗帜，自创“柳体”，使书法登上又一巅峰。后世常以“颜柳”并称，成为历代书艺的楷模。

柳公权，字诚悬，京兆华原（今陕西铜川）人。柳公权从小喜欢书法，但有时难免贪玩懒惰，结果受到父亲的训斥，有一次父亲甚至要动手打他。柳公权赌气认真练起字来，时隔一年多他的字就大有起色，在同村年龄相仿的少年中，已是首屈一指。父亲感到很满意，柳公权自己也很得意。

▲柳公权画像

有一天，柳公权和几个小伙伴在一棵老槐树下比书法，约定每人写一篇大楷，柳公权写了一句“会写飞凤家，敢在人前夸”。当时一个卖豆腐的老人在树下乘凉，看到柳公权的几个大字便皱起了眉头，觉得这个孩子虽然字写得不错，但是如此骄傲，恐怕日后难成大器，于是说道：“这字写得不好，好像我的豆腐一样，软塌塌的，没筋没骨，还值得在人前夸吗？山外有山，人外有人。我曾在华原城里看到有个人用脚写字，人家写的字比你写的字强多了，不信你就去看看。”

听说有人用脚写字都比自己写得好，柳公权很不服气，立即赶往华原城。一进城，他就看见一棵大槐树下围了许多人。待他挤进人群近前一看，只见一个没有双臂的黑瘦老头赤着双脚，坐在地上，左脚按纸，右脚夹笔，正在挥洒自如地写对联，笔下的字迹似龙飞凤舞，博得围观人群的阵阵喝彩。

至此，柳公权想起自己之前因为一些小成就沾沾自喜，却不知另有高人，顿时觉得惭愧万分，走近几步便跪在老人面前，表示愿意拜对方为师。

那位无臂老人觉得自己身份卑微，只是通过书法乞讨谋生罢了，不愿收徒。见对方再三推辞，柳公权就一直跪地不起。见柳公权这么诚恳好学，对方也被打动了，便用脚在地上展开一张纸，提笔将自己的成功秘诀，写在纸上：“写尽八缸水，砚染涝池黑。博取百家长，始得龙凤飞。”

柳公权把这段话牢记在心，回到家后每天发奋练字，磨得手上起了厚厚的茧子，磨得衣肘破了补了一层又一层。柳公权先学“颜体”，而后自创新意，避开了“颜体”肥壮的竖画，把横竖画写得大体均匀而瘦硬，同时吸取魏碑中方笔字斩钉截铁、棱角分明的长处，把点画写得好像刀切一样爽利深挺。另外，他还吸取虞世南楷书结体的紧密、颜真卿楷书结体的纵势，最终创出独树一帜的“柳体”。

“颜体”厚重雄伟、磊落巍峨，“柳体”精密俊逸、骨力遒劲，世称“颜筋柳骨”，成为后人学习书法之津筏。世人将柳公权和颜真卿并称，一是楷书艺术到颜真卿、柳公权时已大成，柳公权同颜真卿一样以楷书嘉惠后学；二是柳公权与颜真卿一样以人格和书艺相结合，成为后世书家的楷模。

“河东世泽启千年，笔谏家声传万古。”这是柳氏家族老祠堂的一副对联。柳公权字好，归功于“心正”。“心正笔正”之说为书法伦理标准之一，这里面还有一段故事。

据说，有一次柳公权在写字，唐穆宗一边连连赞叹，一边追问怎样用笔最佳，柳公权不假思索地回答：“用笔在心，心正则笔正！”字如其人，正直无私，才能运笔遒劲。柳公权说的是写字之道，也是治国之道。当时正沉溺于酒色的唐穆宗，听完柳公权的话心头一震，悟到心正则国正的道理。

柳公权具有正直敢言的诤臣风采，官至太子少师，世称“柳少师”。他不仅是一位出色的书法家，还在皇帝身边建言献策，讲出了一句句有利于国家的“金玉良言”。

作为一代书杰，柳公权的行书、草书有《伏审帖》《十六日帖》《辱问帖》等，另有墨迹《蒙诏帖》《王献之送梨帖跋》传世，碑刻有《李晟碑》（石在陕西高陵）、《玄秘塔碑》（石在西安碑林）、《苻嶙碑》（柳碑中最完全者）、敦煌石室藏旧拓《金刚经碑》《神策军碑》等。

世代后人重其书，慕其人，故书与人并垂不朽。

▲《大达法师玄秘塔碑》

# 草圣张旭

唐朝有一位极具个性的书法家，他性格豪放，喜欢饮酒，常常喝得酩酊大醉后呼叫狂奔，然后挥笔写字，有时竟用头发蘸着墨汁疾书，他就是“草圣”张旭。唐文宗曾向全国发出一道罕见的诏书：李白的诗歌、张旭的草书、裴旻的剑舞可称为天下“三绝”。张旭由此声名鹊起，名噪一时。

为什么张旭的草书如此受人追捧？

张旭，字伯高，吴县（今江苏苏州）人，草楷俱佳，尤擅草书。他把当时流行的“今草”书体发展成笔法放纵、笔势连绵回绕的“狂草”书体，是“狂草”的主要奠基人。他的草书笔画虽然简单，但是书写行云流水、龙飞凤舞、飘逸万态、博大清新，纵逸豪放之处，远远超过了前代书法家的作品，具有强烈的盛唐气象。

草书既要行笔流畅，又要兼顾字形的好看，学好草书还是要费些功夫的。

张旭的书法，取法于王羲之和王献之一脉，字字有法，同时又效仿张芝草书之艺，日日勤加练习。相传，他见公主与担夫争道，从而领悟到书法上的结构布白、偏旁组合应进退参差有致；在河南邺县时爱看公孙大娘舞西河剑器，整个天地好像也在随着她的剑而舞动，因此领会草书之神。

在苏州常熟任县尉期间，一位老人捧着一张状纸前来县衙告状，张旭详细地了解了案情的前因后果，觉得尽是些柴米油盐的生活琐事，便抄起毛笔在案纸上简单地做出了判决。可过了几天，这位老人又来告状，张旭责备对方为了一件小事屡次求判，吵扰衙门。老人磕头解释说自己并非来告状的，是因张旭的字太美了，想得到他的墨宝，又没有好法子，便想出了如此策略。张旭觉得有些非同寻常，再次追问原因，得知这个老人的父亲在世时钟爱书法，留下了大量的书法作品。张旭闻言怒气顿时烟消云散，要老人将父亲的墨宝拿来观览，结果一看惊呼“天下工书者也”，从此张旭尽得运用笔法的妙旨，书艺大进，成了冠绝当时的一代书法大家。

张旭的草书十分精妙，这在于他把满腔情感倾注在点画之间，经常陷入如醉如痴、如癫如狂的状态。唐朝的韩愈在《送高闲上人序》中，称赞他的字“观于物，见山水崖谷、鸟兽虫鱼、草木花实、日月列星、风雨水火、雷霆霹雳、歌舞战斗、天地事物之变，可喜可愕，一寓于书，故旭之书，变动犹鬼神，不可端倪，以此终其身

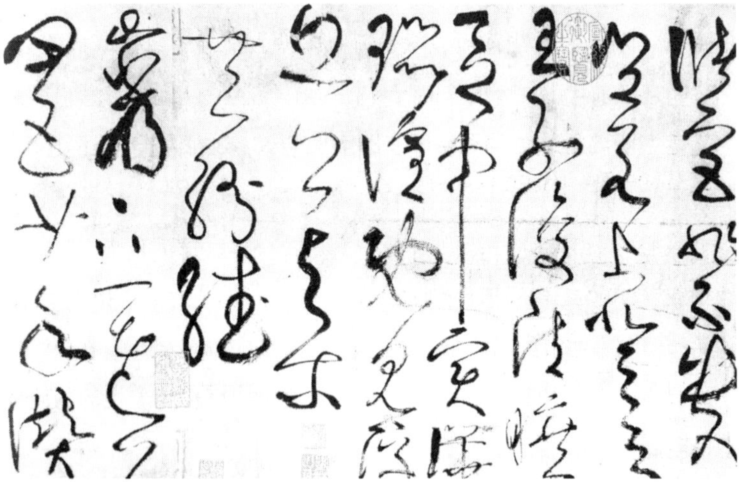

▲《草书古诗四帖》（局部）

而名后世”，这是一位真正的艺术家执着于艺术的真实写照。

在书法艺术中，张旭的草书似怪而不怪，因为点画用笔完全符合传统规矩。可以说，他是用传统技法表现自己的个性，令书法艺术达到了令人仰止的艺术境界，是一个富有超强创造力的书法家。张旭传世的书迹有《肚痛帖》《郎官石记》《冠军帖》《断千字文》《草书古诗四帖》《心经》等。

张旭曾任常熟县尉、金吾长史，虽然身在官场，但他为人洒脱不羁，豁达大度，与同时期的李白、贺知章是好友，杜甫将三人列入“饮中八仙”，誉张旭为“草圣”，有“张旭三杯草圣传，脱帽露顶王公前，挥毫落纸如云烟”的诗句。张旭还擅长作诗，以七绝见长，与贺知章、张若虚、包融号称“吴中四士”，他的每一件墨宝都在中国历史文化的长河中熠熠生辉。

# 狂草名僧怀素

草书始于汉初，经过不断发展，到唐代，张旭、怀素将草书写得更加放纵，笔势连绵回绕，章法跌宕奇诡，字形变化繁多，两人并称“张颠素狂”。所谓“素狂”，并不是指怀素性格粗犷，而是指他写字时不拘一格，敢从破体变风姿，字字笔走龙蛇，风骤雨旋，给人以“剑气凌云”的豪迈之感。

怀素，本姓钱，长沙（今属湖南）人，出身于一个官宦家庭，祖上几代都是朝廷命官。怀素自幼聪明好学，做事少年老成，10岁时却不知为何突然生出出家为僧的想法。虽然父母家人百般阻挠，但是他执意进入佛门。当了和尚后，他改字藏真，史称“零陵僧”或“释长沙”。

怀素自幼喜爱书法，出家之后除了日常诵经之外，每天坚持练习书法，勤苦奋发。由于买不起纸，他便在寺里的墙上、衣帛上、器皿上练字。他还专门种了一万多株芭蕉，用蕉叶做纸，在上面练字。蕉叶不够，他又自制了一块漆盘和一块漆板，写了擦，擦了写，以致把漆盘和漆板都写穿了。

怀素所学对象不拘一格，他曾拜访张旭，请教草书的写法，也曾在公孙大娘的舞剑中颖悟笔法，还曾在大自然中的一动一静中领悟书法之妙。

据说，一天，怀素抬头看到天空中的几块浮云，一会儿像奔马，一会儿像雄狮，一会儿像大鹏，一会儿像奇峰。忽然乌云密布，雷电齐鸣，风雨大作，于是想到将浮云随风的变化运用于书法之中，从此怀素的狂草有了一个飞跃，冲破了王羲之、王献之受章草影响的束缚，创造性地形成了自己的狂草风貌。

▲怀素雕像

怀素的草书在注重气势的同时，也讲究布局的疏密、虚实、大小的对应，线条瘦而有力度，雅致而丰润，具有一种出神入化的神韵。在当时，他就已经远近闻名，不少文人官员特意前来拜访，有人曾赠诗道："衡阳客舍来相访，连饮百杯神转王……笔下惟看激电流，字成只畏盘龙去。怪状崩腾若转蓬，飞丝历乱如回风……于今年少尚如此，历睹远代无伦比……"

怀素是书法史上的一代风骚，由于他才华横溢，声名远扬，与李白、杜甫、苏涣等唐朝名人都有交往，其中他和李白最为投缘，是一对忘年交。李白曾写了一首《草书歌行》赞扬怀素。

少年上人号怀素，草书天下称独步。

墨池飞出北溟鱼，笔锋杀尽中山兔。

……

起来向壁不停手，一行数字大如斗。

恍恍如闻神鬼惊，时时只见龙蛇走。

左盘右蹙如惊电，状同楚汉相攻战。

湖南七郡凡几家，家家屏障书题遍。

王逸少，张伯英，古来几许浪得名。

张颠老死不足数，我师此义不师古。

……

怀素的传世作品很多，包括《四十二章经》《千字文》《自叙帖》《苦笋帖》《圣母帖》《论书帖》《去夏帖》《贫道帖》《逐鹿帖》《酒狂帖》《食鱼帖》《客舍帖》《别本六帖》《藏真帖》《七帖》《高座帖》《北亭草笔》等，其中代表作品为《自叙帖》，记叙了他学习书法的经验历程和入京的情况。

在书法史上，怀素的草书被认为是草书最高的水准。古往今来，多少人写草书以怀素为楷模，可是至今无人能够超越。

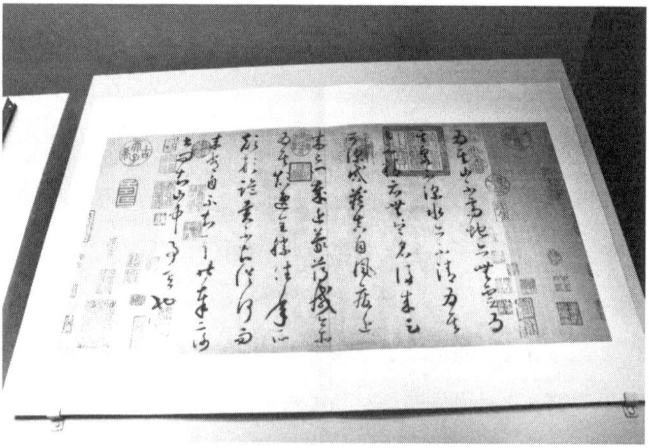

▲《论书帖》书影

# 书法博士米芾

书法史上论及宋代书法，素有“苏黄米蔡”四大书家之称。苏轼天然，黄庭坚劲健，米芾纵逸，蔡襄蕴藉。各具仪态，各具所长，其中米芾首屈一指。

米芾，字元章，号襄阳漫士。由于其母阎氏是皇后乳娘，所以米芾幼时曾生活在宫廷里，七八岁时学书法，10多岁时就能书碑刻。米芾学习书法时喜欢临摹名家作品，但他不是生搬硬套，而是融会贯通，自成一家，其中成就以行书为最大。其书体潇洒奔放，又严于法度，苏东坡曾盛赞其字“真、草、隶、篆，如风樯阵马，沉着痛快”。

这一成就完全来自后天的努力，丝毫没有取巧的成分。24岁时，米芾临桂龙隐岩题铭摩崖。后来，在长沙为官，曾见岳麓寺碑，次年又到庐山访东林寺碑，且都题了名。当时的字虽然很有气势，但并不能脱颖而出。30岁时，他为《步辇图》题跋，令人眼前一亮，使人不禁感慨天资实逊学力。

▲米芾画像

除了勤练书法之外，米芾还独创山水画中的“米氏云山”之法，这是一种以表现“云”为母题的水墨作品，技法上以大小错落的浓墨、焦墨、横点、点簇为主并略加勾染，表现丛树、烟云、远山等，世称“米点”。这种画风融于笔墨，真气弥漫浑然一体，又极具简约、抽象的形式美感，使“文人画风”上了一个新台阶，曾有两句描写“米家云山”的诗曰“解作无根树，能描濛鸿云”。

米芾还爱收藏，尤其喜欢石头。每收藏到喜欢的石头他就会终日闭门不出醉心赏玩，甚至会抱着睡觉，早晚叩拜。按察使杨次曾指责米芾整日玩弄石块，米芾热心地取出几块灵璧石，只见这些石头小巧玲珑、色泽清润、层峦叠嶂、奇巧无比，结果杨次大为心动，夺石而去。米芾多次致函杨次索还心爱之石，最终未能追回，为此几个月郁郁不欢，留下了“石疯子”的名头。

《尧山堂外纪》中记载“米元章在维扬，尝谒蔡攸于舟中。攸出右军《王略帖》示之，元章惊叹，求以他画易之。攸有难色，元章曰：公若不见从，某不复生，即投此江死矣。因大呼，据船舷欲堕，攸遂与之”。意思就是说米芾看上别人的字画，说要拿别的画跟人换，别人不肯他就要寻死。

米芾的古文诗词，无所不涉，集书画家、鉴定家、收藏家身份于一身，但是他具有玩世不恭的个性，时常装疯作癫，所以在仕途上并不得意，只得“三加勋，服五品”而已。但在中国艺术史上，他却是少有的有趣人物，也许这种不掩饰、真自我，正是他能在人才辈出的宋朝出类拔萃的根本原因。

虽然米芾的画迹不传于世，但书法作品却有较多留存。南宋以来的著名碑帖中多数刻其书法，《宝章待访录》《书史》《画史》《砚史》《海岳题跋》等著作皆为后人研究画史的必备用书。水墨手卷《研山铭》乃米书成熟之作、书法精品，于2002年由私人购得并交由故宫博物院收藏。

# 元人冠冕赵孟頫

他原本是宋朝的一个没落贵族，后因身为宋宗室出仕元朝，并网罗了不少才智之士，致力于为元朝效命，“荣际五朝，名满四海”，官至翰林学士承旨。独特的身世和人生经历，使他成为艺术史上争议很大的人物，但是他在书法艺术领域无愧与二王、颜、苏等大家比肩，他的绘画也开启了文人画的新时代。

他，就是赵孟頫！

赵孟頫，字子昂，浙江吴兴（今浙江湖州）人。他是宋太祖赵匡胤的11世孙，是如假包换的皇亲贵胄，元人的铁蹄踏碎了南宋山河，国破家亡之际，许多赵姓宗室子弟慷慨赴难，许多名士纷纷选择隐居避世，赵孟頫却以宋朝遗臣身份选择了出仕。

▲赵孟頫画像

身为赵姓宗室子弟，却为灭国的敌人效命。虽然赵孟頫自始至终都是一个有良知的官吏，为政崇尚义德，但是他一直遭到昔日同胞的声讨，还受到了元朝同僚的排挤，内心的痛苦煎熬可想而知。不过，无处不在的痛苦却是艺术最好的养料，赵孟頫将无处排解的郁闷融入诗、书、画、印等多方面，在艺术上成为元代文人画的领袖人物。

在书法方面，赵孟頫精于篆、隶、真、行、草书，尤以楷书、行书著称于世。其书风遒媚、秀逸，结体严整、笔法圆熟，世称“赵体”，与欧阳询、颜真卿、柳公权并称“楷书四大家”。

在绘画方面，赵孟頫开创元代新画风，被称为“元人冠冕”，他尤其擅长画鞍马人物、山水竹石。例如，有名的《秋郊饮马图》，画面中有十几匹马，多种动态，姿态各异，构图均衡有致，物象虽具体而微，整体却极简括，这是鞍马人物画法的新突破，元、明、清三朝无人能及；著名的《秀石疏林图》和《鹊华秋色图》，更是发展了宋、金的文人画派，多采用简率的水墨法，富于笔墨趣味，而且线纹熟练活泼，是绘画艺术发展的一大转折，对后世影响深远。

作为一代艺术大师，赵孟頫对绘画、书法等有一套自己的看法，他主张向古人学习观察生活与表现生活，而非模仿其“古意”的“笔墨”；他提倡笔墨的书法趣味，再三强调书法笔墨语言以及书法作品章法要不拘一格、平中见奇等，以线条的形式、线条的趣味来表达。他在《秀石疏林图》后面的自题诗很有名：“石如飞白木如籀，写竹还应八法通。若也有人能会此，须知书画本来同。”

在诗歌方面，赵孟頫作的《岳鄂王墓》七律是宋代以后罕见的佳作。

赵孟頫工书法，精绘艺，擅金石，而且懂经济，通律吕，解鉴赏，是迄今在艺术领域涉猎最为广泛的艺术家，并对后世产生深远影响。

**第八辑**

# 科技宗匠

# 造纸术的大革新家蔡伦

造纸术是中国古代四大发明之一，它的出现在世界史上具有划时代的意义。纸张的出现方便了人们记事，方便了文化的传播，促进了科技和教育事业的发展，对世界文明的进步做出了杰出贡献，千百年来备受人们尊崇，这是中华民族对人类的伟大贡献。这一伟大贡献，主要归功于蔡伦。

蔡伦，字敬仲，东汉桂阳郡（今湖南郴州）人，担任中常侍、尚方令，负责监督或采办皇宫使用的器物。

▲蔡伦雕像

在没有发明纸以前，古人多是利用石头、砖头、树叶、树皮、兽皮等记录文字，后来发展为规格一致的竹简，但是比较笨重。当时一些社会上层阶级也会以绢为纸，虽然轻便，但是丝织品珍贵稀少，非常昂贵，也不是理想的书写材料。为此，朝廷一直在寻找一种轻便又实惠的书写材料。

为了帮助朝廷早日实现目标，蔡伦经常到民间走访观察。这天他看到几个妇女在河边清洗蚕丝，席上留下一层薄薄的残留物，他突然萌发在上面写字的念头。随后，他认真总结自西汉以来人们用麻类纤维造纸的经验，在前人利用废丝棉造纸的基础上，糅合树皮、渔网和竹子等物品，发明植物纤维纸，既轻便又经济。

公元105年，当蔡伦将这种纸张献上去时，在位的汉和帝大为赞扬，立即命人投入实际量产运用。从此全国人都开始用这种纸，并通称蔡伦造的纸为“蔡侯纸”。文字的载体从竹简、玉帛过渡到纸张，让文化一下子繁荣起来，之后的晋、唐、宋、元、明的大批文人正是借助纸张这一载体，留下了无数文化瑰宝。

之后的几个世纪，亚洲各个国家都从我国进口纸张，那么造纸术是怎么传遍全球的呢？是通过俘虏。公元751年，唐朝和阿拉伯帝国发生冲突，阿拉伯人从俘获的中国工匠那里学到造纸术，之后十字军东征俘获了阿拉伯工匠，他们又手把手教会了意大利人造纸术，

▲蔡伦纪念馆

后传到北美和欧洲。

据史书记载，公元1150年，阿拉伯人在西班牙建立了欧洲第一个造纸厂，到19世纪造纸术已传遍五洲各国。虽然现代的造纸业很发达，有高级印刷纸、卷烟纸、宣纸和打字蜡纸等，造纸原料十之八九已为木浆所代替，但基本原理仍跟蔡伦造纸的方法相同。

造纸术传到欧洲之后，直接推动了工业革命的发生。显而易见，大量印刷物得以出版发行，主要原因在于有了纸。假如没有数量充足、价格低廉的纸可以用来印刷，那么印刷机器也是不会出现的。

造纸术，对我国乃至人类社会发展所产生的影响都是巨大的，无论在生活中，还是在工作中，我们处处离不开纸张。因此，蔡伦理应在为中国和人类历史进程带来巨大影响的人物名单里占据关键位置。美国天文物理学家、数学家麦克·哈特在所著的《100名人排行榜》里，将蔡伦排在第七位，并给出以下评价："如果没有蔡伦，没有纸，我们很难想象今天的世界将会是什么状况……"

古腾堡是近代印刷术的发明者，但国际上许多史学家把蔡伦的地位排在古腾堡之上。因为如果当时纸张还没有发明出来，古腾堡完全有可能发明不出印刷术。

# 约己博艺的大科学家张衡

我国伟大的科学家张衡，是东汉时期的全才人物，科学家、文学家、画家。东汉时期著名书法家、学者崔瑗曾全面地概括了张衡的一生成就："道德漫流，文章云浮。数术穷天地，制作侔造化。"如此全面发展的人物，在世界史上实属罕见。

张衡，字平子，南阳西鄂（今河南南阳）人。虽然他出生在官僚世家，但由于父亲早亡，家境衰落，后来他凭借才学历任郎中、太史令、侍中、河间相、尚书等官职。在办理政务之余，他喜好写文章，用10年时间完成了《思玄赋》《二京赋》《南都赋》等文学作品，他的赋在语言上具有骈偶化的特点，据说汉赋的格律化就始自他。

▲张衡塑像

张衡担任太史令14年之久，其间他一直潜心研究天文、历算等，根据多年的实践与总结写出《灵宪》这一天文巨著。《灵宪》一书全面阐述了天地的生成、宇宙的演化、天地的结构、日月星辰的本质及其运动等诸多重大课题。他从日、月、地球所处的不同位置，对日食和月食的成因做了我国最早的科学解释，使古代中国的天文学水平提升到了一个前所未有的新阶段。

为了方便观察天体运动的情况，张衡改进了古代用来演示天象的仪表浑天仪。浑天仪的主体是几层均可运转的圆圈，上面刻画着赤道、黄道、南北极、日月星辰以及二十八宿和二十四节气，还有“中”“外”星辰和日、月、五纬等天象。为了使浑天仪能够自动转动，张衡又利用水力推动，使圆圈按着刻度慢慢转动，这样便能从浑天仪上看到各种天文现象，而且与天上所现景象完全相符。

为了测定风向，张衡通过一番实验研究，创造了一种叫作候风仪的仪器。这种仪器是在一根五尺高的竿顶上安放一只衔着花的铜鸟，只要有风，铜鸟就会转动，鸟头所对就是风的方向。这种候风仪既能测风向，还能观测较大风的风力，和欧洲12世纪出现的候风鸡相仿，却比候风鸡早了1000年。

据史书记载，东汉时期我国发生过几次地震，无数百姓遭难。为此，张衡综合当时的先进技术，反复研究地震探测技术，终于在公元132年，创制了人类历史上第一台测震仪——候风地动仪。候风地动仪以精铜铸成，形似酒樽，上有隆起的圆形盖子，盖子中间有一圆柱，柱子四周有八条通道，通道上各铸有一条龙，每个龙嘴里都衔着一个铜球。对着龙头，八只铜蟾蜍蹲在地上。如果哪个方向要发生地震，正对着这个方向的龙嘴就会自动张开吐出铜球，蟾蜍以口接住铜球，由此可测出发生地震的方向。候风地动仪比欧洲地震仪早了1700多年，足见东汉时期的科学技术水平在当时是世界一流的。

公元134年12月13日，一粒铜球突然从候风地动仪的一个龙嘴吐出，可是当时在京师（洛阳）的人丝毫没有感到地震的迹象，有些学者开始怀疑候风地动仪是否灵验。没过几天，陇西快马报告，证实那里前几天确实发生了地震，这才使大家信服。陇西距洛阳有1000多里，候风地动仪标示无误，可见它的测震灵敏度。

张衡制造的候风地动仪不知什么原因失传，后来科学家们根据古书记载复制出一个模型，现陈列在北京的中国国家博物馆里。

公元139年，张衡逝世，享年62岁。由于他对科学发展做出了巨大贡献，后世称之为“科圣”。由于他在科学尤其是在天文学领域的贡献，月球上有一座环形山是以他的名字命名，宇宙间也有以“张衡”命名的小行星。

▲ 候风地动仪模型

# 医圣张仲景

张仲景，名机，南阳郡（今河南南阳）人，东汉末年著名医学家，被后人尊称为“医圣”，与张衡并称“南阳二杰”。

东汉末年社会动荡，战事频繁，再加上天灾瘟疫盛行，无数百姓要么饿死，要么病死，尸横遍野。张仲景出身于豪族世家，早年考中孝廉，是朝廷的预备官员，但他“感往昔之沦丧，伤横夭之莫救”，于是决定悬壶济世，拜同族叔父名医张伯祖为师，开始下苦功夫钻研医药，精究医方。

张仲景深知医术无穷，除了跟随张伯祖外出治病、每天钻研《内经》《难经》等医书之外，他还注意搜集民间的验方、土方、秘方等丰富自己的医学知识，而且会通过实践验证从书本上学到的医学理论，加深对医学理论的理解，丰富自己的临床经验。他的诊断技术很高明，往往药到病除。

在修武县行医时，张仲景曾与文学家王粲结识。当时王粲只有20多岁，通过观察王粲的气色，张仲景推荐了五石汤的药方，并说他若不服此药，20年后就会眉毛脱落，再过半年必死。王粲认为张仲景是在炫耀自己的医术，不以为然。其间，张仲景一再苦心劝说，可是王粲自以为身体健康，始终不相信张仲景的话，还欺骗张仲景已经服药。结果王粲40岁那年眉毛果然脱落，半年后就病死了。有人推测，王粲所患疾病为麻风病，麻风病的潜伏期很长，不容易诊断，也很难治愈。20年前，张仲景就能做到早期发现，主张早期治疗，由此可知张仲景的医术已达到了相当高超的地步。

历史上不乏医术精湛的能人，那么，张仲景如何称“圣”，享有“医中之圣，方中之祖”的美誉？他又当不当得“医圣”之称呢？

张仲景不仅以精通传染病和内科杂病医术闻名于世，他还总结前人的医疗经验，归纳不同传染病的共性和用药规律，总结出一整套治疗伤寒和杂病的理论、方剂，撰写了《伤寒卒（杂）病论》16卷。此书是张仲景一生行医经验之精华，理、法、方、药齐备，使中医学辨证论治的法则趋于完善，是我国医学史上影响最大的古典医著之一，也是我国第一部临床治疗学方面的巨著。

作为医学大家，张仲景心系苍生，一直在为底层的百姓谋生存、积善因。

张仲景在任长沙太守期间，许多贫苦百姓慕名前来求医。对前来求医者他从不拒绝，而是热情接待，细心诊治。一开始是在后堂，由于前来治病的人越来越多，他便在太守府堂上公开坐堂应诊，首创名医坐大堂的先例，他这一举动被传为千古佳话。正因如此，人们称行医为“坐堂”，这也正是中医药店称“堂”的来历。许多名家医馆药铺以“堂”命名，如北京同仁堂、天津达仁堂等。

有一年隆冬腊月，张仲景看到许多无家可归的百姓衣不蔽体，耳朵冻疮流脓，心中十分难受，于是将一些温补的药食同源之材包在面皮里，制成了驱寒的药膳方，然后在空地搭棚架起大锅煮，施舍给四周的百姓。人们吃完喝了汤后浑身发暖，两耳生热，再也没人把耳朵冻伤了。因为药膳形状和耳朵一样，又能防止耳朵冻伤，所以张仲景给它取名为“焦耳汤”。为了纪念张仲景的这种济世情怀，人们将“焦耳汤”流传下来，后来慢慢演化成我们今天过年时吃的饺子。

张仲景在医学上的杰出贡献，以及悬壶济世的高尚医德，使他在中国医学史上享有殊荣，他的伟大精神永远激励着后人不懈求知和探索。

# 神医华佗，妙手回春

东汉时期，除了张仲景之外，还有一位“神医”，即华佗。

华佗，字元化，沛国谯（今安徽亳州）人。在封建社会，读书人往往都以考取功名、步入仕途为荣，而华佗则是例外。华佗青少年时期正值东汉宦官专权，朝廷昏暗，官场腐败，百姓生活在水深火热之中。目睹苍生涂炭，他早早便决心弃绝仕途，终身以医为业，治病救人，悬壶济世。

勤奋好学的华佗通过四处游历，钻研医术，积累了丰富的行医经验，在内、外、妇、儿、针灸等各科均有建树，而且擅长对症下药。即便当时医疗水平落后，他还是成功治愈了许多疑难病症。比如，府吏倪寻和李延都久患头痛症，虽然两人病症相似，但华佗根据两人的不同体质“同病异治”，分别采用泻下法和发汗法，结果两人头痛全消；李将军的妻子腹痛不止，病情严重，被许多医生诊为不治之症，华佗却推断为宫内有死胎，他用针灸扎准穴位，死胎排出，病情好转。

华佗还发明了“麻沸散”这一中药全身麻醉剂，并将其应用于开胸破腹的外科手术，这在世界医学史上是首创，华佗因此被誉为“外科圣手”“外科鼻祖”。

当时一些朝廷有识之士推荐华佗当官，无意追求功名利禄的他数次婉言谢绝，之后一次次深入民间，足迹遍及今江苏、安徽、山东、河南等省，为诸多百姓解脱疾苦。一次，华佗遇到一个患咽喉阻塞的病人，无法进食，瘫坐在路边呻吟，十分痛苦。华佗立即走上前仔细诊视，让病人内服“蒜齑大酢”，病人吐出一条类似蛇的寄生虫后便病愈了。华佗以精湛的医术治好了无数病人，许多人康复后主动携礼前来感谢，他均一一拒绝，这让老百姓们更加尊敬和爱戴他。

据史书记载，华佗性格开朗洒脱，即便年近半百依然强壮有力。有弟子及其周围群众问及秘诀，华佗解释说生命在于运动，一个人只要开展合理的劳动和体育锻炼，全身血脉环流通畅，就能保持健康长寿。为此，他在继承古代气功的基础上，总结出我国及世界上最古老的医疗保健体操——五禽戏。五禽戏包括引颈、昂头、转腰、举足等动作，模仿的是虎、鹿、熊、猿、鸟五种禽兽的活动姿态，古往今来无数人坚持操练“五禽戏”，还有人专门对此进行研究。

历史上流传的华佗治病救人的事例很多，最有名的就是他为曹操治疗头疼病。

曹操染有头风眩症，每当病情发作时就头晕目眩，心烦意乱。听闻华佗医术高明，便邀请华佗前来为自己治疗。每当曹操犯病时，华佗就用几根银针往曹操头上一插，立刻见效。因此，曹操令华佗常在自己左右侍奉。尽管地位很高，待遇也优厚，但华佗的夙愿是在民间行医，因此时常忧心忡忡。后来华佗谎称妻子生病需要立即返家，曹操虽然不情愿，也只好答应这一请求。一回到家乡，华佗就四处为百姓治病。曹操多次命他返回，他都以妻子有病为由要求延长假期。

后来曹操头风眩症再次发作，强令华佗返回军中，并要求华佗彻底根除自己的病症。华佗解释说，彻底根除病症需要将头颅切开做手术。在那个科技不发达的时代，没人相信将头颅切开还能活命。多疑的曹操认为华佗心有怨恨，意图借着治病的由头谋害自己性命，于是恼怒之下下令诛杀华佗。为了将一生行医经验留给世人，华佗临死前整理出一部书稿交给狱吏，狱吏却因不想受牵连而拒绝。华佗感到失望和无奈，一把火将那本书烧掉，一生心血结晶顷刻化为灰烬。

杀死华佗后不久，曹操就开始后悔不已。一是自己的头风眩症没人能够医治；二是儿子曹冲得了重病，因没人能够医治而亡。曹操曾和人痛心感慨，假如华佗在世的话，曹冲得到及时的医治或许能保住性命。

华佗被曹操残杀后，那些曾受过他医治的百姓，在痛心之余自发筹集银两，在广陵修建了华佗神庙，以表达哀思和悼念。神庙附近还有一座小桥，传说取桥下之水煎药，服后即可病愈，因此人们称这座桥为“太平桥”。

▲华佗纪念馆

# 数学王国的巨星祖冲之

生活在南朝宋齐交替之际的祖冲之，是最为我们熟知的人物之一，他精准地推算圆周率到小数点后六位，即3.1415926与3.1415927之间。

祖冲之计算圆周率的兴趣源于建筑。祖冲之的祖父是刘宋朝的大匠卿，画建筑图纸时不可能每个图都用绳子测量圆的周长，必须弄个简单的公式换算。秦汉以前，人们以“径一周三”作为圆周率，这就是“古率”。古率误差很大，魏晋数学家刘徽用割圆术算出了圆周率的两个近似值：3.14和3.1416，但是这个范围还是大，按照这个圆周率近似值去设计圆形建筑的话，到最后往往会是个烂尾工程。

为了替祖父分忧解难，力求圆周率精确，祖冲之在前人成就的基础上，经过刻苦钻研，反复演算，求出π在3.1415926与3.1415927之间，并得出了π分数形式的近似值，称为密率。这个数据是分子、分母在1000以内最接近π值的分数，比后来再重复这项工作的西方人早了800年，而且可以用于一切和圆有关的测量仪器上，比如漏斗、釜瓮。祖冲之在治学上的顽强毅力和聪明才智是令人钦佩的，为了纪念他的这一杰出贡献，外国数学史家建议把π叫作“祖率”。

圆周率的计算，是祖冲之在数学上的杰出成就。但他的成就不仅仅限于此，他还纠正了历法，这个贡献在当时来说，甚至比圆周率的作用更大。

“浑天说”是中国古代的一种宇宙学说，这种学说认为所有恒星都分布在一个“天球”上，而日月五星则附于“天球”上运行，这与现代天文学的天球概念十分接近。在浑天说的基础上，祖冲之通过大量资料对比分析，发现过去历法的严重误差，于是着手编撰《大明历》。在《大明历》中，祖冲之区分了回归年和恒星年，最早将岁差引进历法，提出391年144闰月的新闰法，推算出一个回归年为365.24281481日。这是一次重大的历法改革，开辟了历法史的新纪元。

祖冲之还与儿子祖暅一起，巧妙地解决了球体体积的计算问题。他们首次提出球体的等积原理——“幂势既同，则积不容异”，意思是位于两平行平面之间的两个立体，被任一平行于这两平面的平面所截，如果两个截面的面积恒相等，则这两个立体的体积相等。这一原理在西方被称为“卡瓦列里原理”，而祖冲之提出这一原理比这位西方数学家早了1000多年，现在在微积分领域经常见到这个原理的运用。

祖冲之的卓越贡献不仅属于中国，也属于世界，对世界各国都有深远的影响：

在法国巴黎科学博物馆“发现宫”的墙上，有祖冲之的名字和他发现的圆周率值；

在俄罗斯莫斯科大学礼堂前的走廊上，塑有祖冲之的雕像；

1961年，苏联发射宇宙火箭成功，决定用世界上最著名的科学家的名字来命名月球上的环形山，于是月球背面就有了一座“祖冲之环形山”；

……

在科学发展史的里程碑上，祖冲之的功绩永世生辉。

# 活字印刷术的发明者毕昇

在我国古代四大发明中，对人类文明影响最为深刻的，就是活字印刷术。因为，活字印刷术的出现改变了只有极少数人才能读书和受教育的状况，给人类文化的传播开辟了极其广阔的道路。活字印刷术诞生于我国北宋时代，发明者毕昇，是我国北宋时代的发明家。

毕昇，一作升，是一个印刷铺工人，专事手工印刷。当时，北宋流行的是雕版印刷，这一方法既笨重费力又耗料耗时，制版时首先在一块坚实的木板上，一个字一个字地刻出准备印刷的内容，但必须是反字，或者是反的图画；刻好后涂上墨，一张一张地印刷。印刷完了，版也就废了。不仅存放不便，而且如果在刻版中出现错误，那就更糟了，往往需要从头做起。

▲毕昇塑像

在印刷实践中，毕昇深知雕版印刷的艰难，于是认真总结前人的经验，经过多次反复实践，发明了活字印刷术，这种方法既简单灵活，又方便轻巧，避免了雕版印刷的种种不足。

其制作程序为：首先找来细质的胶泥，制成一个个小方块，然后再做成一个个规格统一的单字，用火烧硬，使其成为胶泥活字。把胶泥活字分类放在木格里，一般常用字备用几个至几十个，以备排版之需。排版时，用一块带框的铁板做底托，涂上用松香、纸灰和蜡制成的药剂，然后按文章的内容，把需要的胶泥活字按顺序排好，排满就成为一版，再用火烤，用一块平板把字面压平，待药剂冷却凝固后就成为版型。印刷时，只要在版型上刷上墨，敷上纸，加上一定压力，就行了。印完后，再用火把药剂烤化，轻轻一抖，胶泥活字便从铁板上脱落下来，下次又可以再用。

由于活字印刷术具有一字多用、重复使用、节约材料等优点，比整版雕刻经济方便，效率更高，所以成为印刷技术史上的一次质的飞跃，也是一次具有创新意义的重大变革。13世纪—19世纪，毕昇发明的活字印刷术传遍全世界，当代世界上的印刷技术都是按毕昇发明的活字印刷术的原理发展起来的。1450年，德国人古腾堡以铅、锑、锡合金制造活字用以印刷，但比毕昇的发明整整晚了400多年。

虽然毕昇是印刷史上的伟大发明家，但他是一介布衣，所谓“布衣”就是老百姓。正史上对毕昇的生平事迹没有记载。幸好沈括在《梦溪笔谈》中做了一段记述，才给后人留下了关于毕昇伟大发明的珍贵资料。

虽然这些泥活字今天已不复传世，不过，在中国历史博物馆里，人们还可见到毕昇创造的胶泥活字版的复原模型，足以瞻仰前人的智慧和伟大。

# 中国科学史的坐标沈括

沈括，字存中，杭州钱塘（今浙江杭州）人，北宋政治家、科学家。他是世界公认的知识渊博，天文地理、政治文学无所不知的人物，在数学、物理、化学、天文、地理、生物、农学、医药、文学、史学、音乐等众多学科都有卓越成就，被誉为“中国整部科学史中最卓越的人物”。

沈括出生在一个封建官僚家庭，父亲沈周一生做地方官，母亲许氏很有文学修养。沈括自幼勤奋好学，14岁就读遍家中千卷藏书，而后跟随父亲游历，接触社会，增长见识，对当时的社会情况有着广泛的了解。沈括自幼体弱，需要服药调理，钱塘沈氏在医药学方面颇有建树，沈括便跟着收集药方钻研医学。其间，他曾寄居母舅家，受舅舅许洞影响，对军事产生了极大兴趣……

▲沈括画像

沈括对获取知识兴趣浓厚，年纪轻轻就成为知识渊博、博古通今的人才，赴京应试中了进士，出任扬州司理参军。35岁时，调入京城担任昭文馆校勘，参加了编校图书的工作。这使他有机会广泛阅读皇家图书馆的丰富藏书。在此期间，他对数学、天文、历法等领域进行了深入的研究。

为了观测北极星的实际位置，沈括曾一连三个月没有好好睡觉，每天夜里用浑天仪窥管观测北极星。一边观看，一边记录，通过200多幅画得出北极星同北极的距离为三度多的科学结论。他还改进了天文仪器，在《浑仪议》《浮漏议》和《景表议》三篇文章中介绍了自己的研究成果，详细说明改革仪器的原理，阐发自己的天文学见解，这些都是我国天文学史上的重要文献。

之后，沈括被提升为太史令，兼管司天监，主持天文历法工作。他罢免了不学无术的旧历官，破格荐入平民卫朴，历经五年一起修成《奉元历》。《奉元历》以365.24385天为一回归年，但由于守旧势力阻挠，《奉元历》实行了18年就被废止。沈括没有灰心，再接再厉，进一步提出用《十二气历》代替原来历法的主张，《十二气历》既符合天体运行实际，也有利于农业活动的安排。现在，英国气象局统计农业气候和生产用的《萧伯纳历》，和沈括的《十二气历》基本一致。

沈括在数学方面也有精湛研究，他通过对堆起来的酒坛和垒起来的棋子等有空隙的堆积物体积的研究，提出求它们总数的正确方法，创立了新的高阶等差级数求总的算法“隙积术”，这在我国古代数学史上开辟了高阶等差级数研究的方向。另外，他考察了圆弓形中弧、弦和矢之间的关系，提出了我国数学史上第一个由弦和矢的长度求弧长的比较简单实用的近似公式，这就是“会圆术”，这一方法促进了平面几何学的发展，并为我国球面三角学的发展做出了重要贡献。

在物理学方面，沈括的研究涉及力学、光学、磁学、声学等各个领域，特别是他对磁学的研究成果卓著。通过亲自观察实验，沈括发现指南针所指的方向不是正南而稍偏东，第一次明确地谈到磁针的偏角问题。另外，他还发现了声学中的共振现象、光学中的各种反光镜的成像、直线传播、小孔成像，指出月亮的盈亏以及虹的成因等，这些内容在《梦溪笔谈》中都有通俗生动的论述。

沈括在地质学方面也有许多卓越的论断，比如他发现了延州一带的石油矿，并断言“此物后必大行于世”。他首先创造了用石油炭黑制墨，“石油”这个名称也是他第一个提出的；他通过对雁荡山、太行山、陕西等地的调查，根据河北太行山山崖间有螺蚌壳和卵形砾石的带状分布，推断出这一带是远古时代的海滨，明确提出华北平原就是由黄河等许多河流夹带大量的泥沙冲积而成的，这也是我国对冲积平原成因的最早的科学解释，这些反映了我国当时的地质学已经达到了先进水平。

沈括视察河北边防时，认真研究所考察的山川、道路和地形，查阅了大量档案文件和图书，经过近20年坚持不懈的努力，绘制完成《天下州县图》。这是一套大型地图集，共20幅，最大的一幅高1.2丈、宽1丈。这套地图在比例尺、方位和精度方面都超过了前人的成果。他还把四面八方细分成24个方位，使绘图的精度有了进一步提高，为我国古代地图学做出了重要贡献。

此外，沈括在生物、医药、文学、音乐等方面也有精湛的研究和独到的见解。

公元1088年，58岁的沈括结束仕途生涯，隐居润州（今镇江市）的梦溪园，他根据自己精通的医药、算术、天文、历法、化学、地质、地理、物理、生物、建筑、军事等各类学问，结合劳动人民在科学技术上的许多卓越贡献，以及遍历天下的所见所得，撰写出笔

▲《梦溪笔谈》书影

记体巨著《梦溪笔谈》。

《梦溪笔谈》一共30卷，其中《笔谈》26卷、《补笔谈》3卷、《续笔谈》1卷，内容涉及各个门类学科，集前代科学成就之大成，是一部中国古代的百科全书，在世界文化史上有着重要地位，被称为“中国科学史上的里程碑”。

# 东方医学巨典之父李时珍

《本草纲目》是一部驰名古今中外的医学巨著，是我国古代珍贵的医药学遗产，作者是明代卓越的医药学家李时珍。

李时珍，字东璧，生于湖北蕲州（今湖北蕲春），家里几代人都是医生。少年时代，他常跟父亲和哥哥采集草药，或帮父亲抄写药方，听父亲讲解药物学知识。随着年龄和知识的增长，李时珍对于各种药物性能和对应病症都日渐了解，越发如痴如醉，整日沉浸在庭园的药房中，有时连吃饭都忘记了。

虽然李时珍酷爱医学，勤奋好学，不过父亲李言闻却让李时珍把心思放到八股文章上，因为那个时代人们都将金榜题名、打马游街视为莫大的荣耀。可是李时珍对这些不感兴趣，接连三次乡试都名落孙山，最终父亲只好放弃了让儿子科举入仕的念头，让李时珍认认真真学习，继承祖业。

▲李时珍画像

李时珍对医学是由衷地喜爱，而且少年时代就打下了医学基础，因此和父亲一起行医时驾轻就熟，毫不费力，不久就因为医术精湛而声名大噪。

在行医过程中，李时珍发现当时

的本草书中，不但对各种草药的名称记录混乱，而且有一些遗漏和错误的地方。于是，下决心编写一部新的本草书。之后，他夜以继日地研读《内经》《本草经》《伤寒论》《金匮要略》等古典医籍以及历代名家著述，努力吸取前人提供的医学精髓，单是摘抄和描绘药物图形的笔记就装了满满几柜。

因为医术精湛，声名远扬，李时珍被聘为太医院的院判。李时珍原本不愿与皇亲国戚交往，但考虑到可以让朝廷支持重修医书，于是欣然前往。其间，他多次提出编写新本草的建议，不仅未被朝廷采纳，反而遭到无端的讥讽。感到这里绝非自己的用武之地，也不能实现重修医书的愿望，一年后李时珍毅然告病还乡。

由于李时珍的医术精湛，他一回到家乡，每天来找他看病的人就络绎不绝，这足以让自己谋生立业。但是李时珍深知，重修医书不但要写出药用植物的形状、外貌，还要详细描述它的特点、疗效，不能坐在家里胡编乱造。于是他放弃了舒适的生活，开始了居无定所、风餐露宿的远行。

从公元1552年开始，李时珍的足迹踏遍了全国，凡是听说有药材的地方，无论是悬崖峭壁，还是深山老林，他都会背着药筐前往。为了弄清药物的疗效，将很多疑难的地方研究透彻，他尝遍了植物药材，甚至一些有毒的药材也会亲自品尝，好几次差点因为中毒而一命呜呼。

历经30年，61岁的李时珍终于写成了举世闻名的《本草纲目》。《本草纲目》一共52卷，分别含有百病主治药类，金石部，水、火、土部、草部，菜、谷、果、木、虫部，服器部，鳞、介、禽、兽、人部，全书共记载药物1900余种，还详细记载了这些药物的采集、制作、特性、治疗病症，并全部附有手绘插图，此外书中还收入经检验有效的方剂1.1万多则。

《本草纲目》历史性地对我国古代本草学做了一次全面的总结，让整个本草学的知识变得系统完整起来。其间，李时珍还对一些较为混乱的物质命名加以更正。

例如，以前炼丹家把铜铁等物熔于一炉，就会炼出和黄金一样的物质，人们称之为“合金”。李时珍指出这种“合金”并不是真正的黄金，而是黄铜，本质上是铜。为了证实自己的看法，他对蒸馏、蒸发、升华、重结晶、沉淀、灼烧等技术做了详细记述，还将铜和它的合金区分为赤铜、白铜、青铜、黄铜等，还描述了如何用比色法鉴别金的成色，使之达到一个新的认识水平。

即便是以现代化学的角度来看，凭借进步的技术，这些鉴别方法也是相当复杂的，而李时珍所做的记录却是详细而准确的，显然这都是他经过反复实验、仔细观察所得出的。就这样，本草学成了中国古代及中古时代化学的一个丰富内容的源泉，也成了我国化学史中辉煌成就的一个侧面。

《本草纲目》问世后，促进了当时的医学发展，很快在中国流传开来，随后被翻译成各国语言，出版到朝鲜、日本、德国等国家，

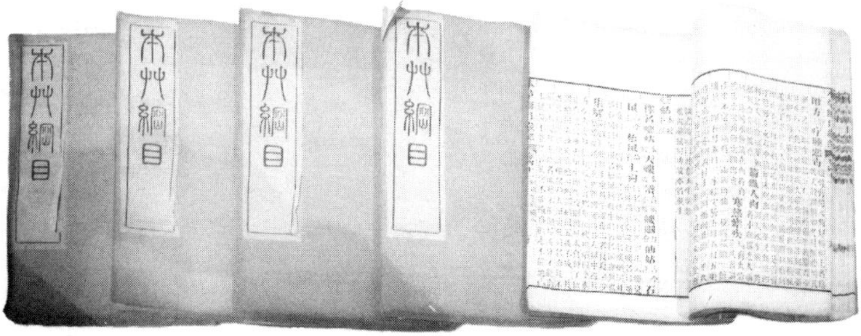

▲《本草纲目》书影

成为世界医学史上的权威书籍。就连生物学家达尔文在著作中也多次查阅并引用《本草纲目》，并将此书誉为“中国古代百科全书”，李时珍在英国人看来是“药物学界中的王子”。在世界文化名人的首批名单之中，李时珍作为唯一的医药学家，受到了全世界人民的景仰。至今，《本草纲目》仍是一部有重大学术价值的古代科学文献。

# 第九辑

# 巾帼红颜

# 和平使者王昭君

“昭君出塞”是中国历史上的经典故事，讲的是中国历史上四大美女之一王昭君离乡背井、远赴匈奴和亲的故事。她促进了匈奴与汉朝半个世纪之久的和平，从而成为文人墨客笔下最受青睐的人物之一。

“昭君出塞”是如何发生的呢？

汉宣帝时，匈奴贵族之间争夺权力，分裂的五个单于互相攻打不休。其中一个单于名叫呼韩邪，被哥哥郅支单于打败，于是决心跟汉朝交好，亲自朝见汉宣帝。这是第一个到中原朝见的单于，汉宣帝为他举行了盛大宴会，临走时还送了3.4万斛粮食。

没过几年，郅支单于侵犯西域各国，还杀了汉朝派去的使者。汉朝派兵打败了郅支单于，帮助呼韩邪单于在匈奴中站稳了位置。为了表达感激之情，呼韩邪单于再抵长安觐见当时在位的汉元帝，表示愿意归附汉王朝，同时恳求同汉朝和亲。汉元帝欣然同意。

以往汉朝和匈奴和亲，会挑选公主或者宗室的女儿。可是将皇室闺秀遣嫁蛮荒之地，汉元帝于心不忍，思虑再三，决定挑个宫女给呼韩邪。后宫的宫女都是从民间选来的，她们一进皇宫就像鸟儿被关进笼里一样，巴望有一天能早些出宫。但听说要离开本国到匈奴去，却又都不乐意。

只有一个宫女自愿报名，就是王昭君。王昭君，名嫱，南郡秭归（今属湖北）人，长得十分美丽，又很有见识。她不想在宫廷默默消磨一生时光，也深为边境的不安定神伤忧虑，决心用自己的微薄之力使汉朝和匈奴睦邻友好。管事的大臣正为没人应征焦急，听到王昭君肯去，就把她的名字报了上去。

呼韩邪单于临行时，汉元帝特意设席宴请，并将王昭君召出，以便前去与呼韩邪单于完婚。只见一群宫女拥出一位绝代佳人，云鬟拥翠、粉颊喷红，袅袅婷婷地轻移莲步，娴静优雅。汉元帝大为心动，本想把王昭君留下，另换一人，然而苦于不可失信，便赏给王昭君锦帛2.8万匹、絮1.6万斤和黄金美玉等贵重物品，亲自送出长安10余里，沿途万人空巷，争睹昭君风采。

汉元帝回宫越想越懊恼，叫人从宫女的画像中拿出王昭君的像，完全没有她本人那样的美貌和风采。原来，挑选入宫的美女数以千计，皇帝无法一一见面，便让宫中的画工一一绘成图像，再由他慢慢挑选。有个画工名叫毛延寿，给宫女画像时谁送礼，他就把谁画得美一点。王昭君家境寒素，又性情刚烈，不愿送礼，毛延寿就故意将王昭君画得丑陋。汉元帝一气之下，把毛延寿杀了。

王昭君出了长安北门，眼见故土渐行渐远，心头涌出离愁别恨，情不自禁弹起琵琶吟唱。

秋木萋萋，其叶萎黄，
有鸟处山，集于苞桑。
养育毛羽，形容生光，
既得行云，上游曲房。
……

这首《怨词》带着无限伤感，伴随着凄婉的琴声，令闻者动容，就连路过的大雁也纷纷扑落在地上，“落雁”由此成为王昭君的雅称。

到了匈奴之后，王昭君和匈奴人一样住着穹庐，穿着毡裘，吃着畜肉，过着骑马射猎的游牧生活。虽然这样的生活很艰苦，但她不忘自己担负的政治使命，经常劝说呼韩邪单于不要发动战争，还把中原的文化传给匈奴人，匈奴人喜欢她、尊敬她，这大大地促进了匈奴和汉朝和睦相处。

在此期间，匈奴和汉朝维持了60多年的和平，无数边境百姓生活安乐。“一身归朔漠，数代靖兵戎；若以功名论，几与卫霍同”，这是王昭君陵墓，又称“青冢”前石刻墓碑上的铭文，也算是对王昭君一生最确切的评价。她的事迹，成为我国历史上流传不衰的胡汉两族和睦亲善的佳话。

# 蔡文姬归汉

蔡文姬，名琰，东汉陈留圉（今河南杞县西南）人。她的父亲蔡邕是东汉赫赫有名的文学家和书法家，而且精于天文数理，妙解音律，在洛阳俨然文坛领袖，同时也是一代霸主曹操的挚友和老师。受父亲的教育和影响，蔡文姬自幼博览经史，而后既博学能文，又善诗词歌赋，兼长辩才与音律。

公元178年，蔡邕因得罪权贵，携家人逃到外地，全家隐姓埋名长达12年。漂泊不定的生活虽然艰苦，蔡文姬却眼界大开，生出了大度的气质。她的随意之作没有女子娇态，充满大丈夫之气。而且，她还具有非凡的识别音乐的能力，隔墙听父亲弹琴，哪根琴弦断了，她都能分辨得一清二楚。古琴共有七根弦，每根弦上都能发出数十个音，而蔡文姬能有如此精准的分辨，实属不易。

由于东汉朝廷的腐败，公元184年，黄巾军起义爆发，豪强地主董卓进军洛阳把持朝政，为了巩固自己的统治，刻意拜蔡邕为左中郎将，于是蔡家返回京城。

之后，蔡文姬嫁给当时的名门世族卫仲道，夫妻两人兴趣相投，恩爱甚笃。可是好景不常在，一年后卫仲道因咯血而死。蔡文姬还没从丧夫的悲痛中恢复过来，董卓的逆行就引起讨伐。董卓被诛杀，父亲蔡邕受到牵连，惨死狱中。噩耗传来，她昏倒在地，醒来后失声痛哭，哭声令闻者无不伤心垂泪。

董卓死后，群雄逐鹿中原，战乱不断。匈奴乘机烧杀掳掠中原一带，无数城郭变成废墟，百姓陷入水深火热之中，纷纷四处逃难。当时已经家破人亡的蔡文姬风餐露宿，饥寒交迫，与许多被掳来的妇女一起被带到南匈奴，饱受番兵的凌辱和鞭笞。这年她23岁，这一去就是12年。

其间，才貌双全的蔡文姬被匈奴左贤王纳为妾，自此她开始身穿厚重的毡裘，吃着腥膻的牛羊，过着异族异乡生活。她为左贤王生下两个儿子，大的叫阿迪拐，小的叫阿眉拐，她还学会了吹奏“胡笳”，学会了一些异族的语言。但她依然思乡心切，只要听说汉朝商人来到草原，就前去打探家乡的消息。

曹操成就霸业之后，听闻蔡文姬的遭遇，立即派使者携带重金将她赎回。虽然蔡文姬无时无刻不盼望回到中原，但又不忍舍弃两个天真无邪的儿子，肝肠寸断中写下了著名诗歌《胡笳十八拍》，深情唱叹了自己被掳西去，在胡地生育二子，别儿归国等悲惨遭遇，如泣如诉，感人肺腑。《胡笳十八拍》成为当地经久不衰的曲调，后世文人也以此为素材写出了不少优美作品。

回到中原，蔡文姬发现故乡已经是断壁残垣，当初的亲友也已经杳无踪迹。一个人孤苦伶仃，又因思念两个儿子，她时常精神恍惚。曹操见此情况，便将她许给了屯田都尉董祀。

谁知，婚后第二年，董祀犯了死罪。蔡文姬闻之，顾不上梳妆打扮，披散头发，赤着双脚，跑到曹操的丞相府求情。曹操正在大宴宾客，公卿大夫、各路驿使坐满一堂。蔡文姬跪在堂上为丈夫求情，逻辑清楚，语意哀婉，在座宾客无不动容。曹操也感动不已，于是宽宥了董祀的罪行。

曹操平时喜欢读书，在一次闲谈中，他谈及蔡文姬家中原来藏书，几经战乱已全部遗失，不免深表遗憾之情。蔡文姬当即表示自己当初背诵了诸多藏书，可以亲自书写出来。从此，她闭门不出，凭记忆默写出400多篇文章，文无遗误，满足了曹操的好奇心。

除了《胡笳十八拍》外，蔡文姬的传世作品还有《悲愤诗》，这是因思念那对生死不明的胡儿所作，倾诉的是“回归故土”与“母子团聚”不能两全的悲痛。《悲愤诗》情真意切，激昂酸楚，技巧圆熟，意境深远，在建安诗歌中自成一体，也是我国诗歌史上第一首自传体的五言长篇叙事诗。

“国家不幸诗家幸，赋到沧桑句便工。”这些优秀作品是蔡文姬人生的缩写，也体现了她不屈不挠、悲而弥坚的抗争精神。那么，一生饱受忧患的蔡文姬最终归宿如何呢？据说，董祀感念救命之恩，对蔡文姬恩爱有加，两人生有一儿一女。后来他们放下功名利禄，定居于风景秀丽的山麓之中。

# 汉藏友好使者文成公主

藏戏是藏族文化的“活化石”，其中《文成公主》是经典剧目，多年来深受藏民们的喜爱。中国历史上，有不少公主或宗室女和亲的事例，为何文成公主深受爱戴和敬仰呢？

文成公主，唐太宗养宗室女。史书上说她聪慧美丽，自幼受家庭熏陶，学习文化，能诗善文，知书达理，并信仰佛教。

唐太宗贞观时期，在当时唐朝的西边，也就是现在的青藏高原，出现了一位叫松赞干布的英雄人物。他年纪轻轻就当了吐蕃赞普（国王），性格骁勇，足智多谋，勇敢善战，带领他的部下用武力统一了藏区，建立起强大的奴隶制政权，成为青藏高原各部落的霸主，以逻些城即今日的拉萨为首都。

其间，野心勃勃的松赞干布率领军队几次与唐朝交战，见识到唐朝的强大力量之后，转而俯首称臣，欲效吐谷浑和突厥之先例，娶唐朝公主为妻。

吐蕃的实力不容小觑，唐太宗经过一番考虑，决定“以和为贵”，便答应了松赞干布的要求，在宫中物色了一位宗室之女，封为文成公主。文成公主原是唐太宗一个远亲李姓侯王的女儿，人长得端庄丰满，自幼饱读诗书。她虽然对嫁到遥远的吐蕃心存疑虑，但为了承担起和亲的使命便应允了。

为了保证唐朝西南边陲的稳定，唐太宗对这次和亲非常重视，不仅准备了诗文、经史、农事、医药、天文、历法等书籍作为文成公主的嫁妆，还准备了谷物、蔬菜、果木种子以及各种精美的手工艺品。除此之外，还有一支包括各种技术工匠、宫廷乐队等的陪嫁队伍。

前后准备了两个多月，这支浩浩荡荡的陪嫁队伍才踏上了漫漫的唐蕃古道。又经过一个多月的辛苦奔波，文成公主一行抵达柏海（今青海扎陵湖或鄂陵湖）。在这里，松赞干布率领迎亲人马已经翘首以待，他对身着华服、神态端庄、气度文雅的文成公主一见倾心。这位驰骋高原的吐蕃王虽然粗犷，但是高大健壮、英武潇洒，文成公主心中也不禁生出爱慕之情。

送亲和迎亲的队伍会合，欢天喜地地回到逻些城，举行了盛大的婚礼。婚后，文成公主处处温柔体贴，松赞干布大为感动，决定为文成公主修筑一座宫殿——布达拉宫。这座宫殿共有1000间宫室，为了慰藉文成公主的思乡之情，一切建制都模仿唐朝宫苑的模式，富丽壮观，美轮美奂。

文成公主一边过着夫妻恩爱的幸福生活，一边带领送亲队伍开始履行职责。

看到吐蕃没有文字，有关文献还在用绳子打结或石头刻字记录，随行的文士们主动承担起记录要事的任务。在文成公主的建议下，松赞干布开始着手制作吐蕃文字。当时，一批批的藏族贵族子弟远赴长安学习，最终创造出30个藏文字母和拼音造句文法，结束了藏人无文字的历史。

为了发展吐蕃的农业生产，丰富当地百姓的饮食，文成公主带领农技人员向他们传授小麦、土豆、蚕豆、油菜等农业种植技术，藏族人最喜欢的青稞就是小麦变种而成的。种桑养蚕的技术使吐蕃

▲ 文成公主雕像

的丝织品变得光泽细柔，花色浓艳，百姓的服饰、家居变得多姿多彩。

还有音乐。宫廷乐队所演奏的唐宫音乐，轻慢舒缓，优美动听，令人如痴如醉。松赞干布大加赞叹之余，选拔了一批资质聪慧的少男少女，跟随汉族乐师学习，使汉族的音乐渐渐传遍了吐蕃的领地。

总之，文成公主的到来给吐蕃带来了唐朝最先进的文化，大大提高了吐蕃人的生活水平，使他们深得其利，由衷地感谢这位大唐公主。

当时吐蕃流行着这样一首歌颂文成公主的歌："美丽的文成公主啊，你从遥远的大唐来，带来的种子三百六十种；美丽的文成公主啊，你从遥远的大唐来，带来的禽兽三百六十种；美丽的文成公主啊，你从遥远的大唐来，带来的工匠三百六十行；美丽的文成公主啊，你从遥远的大唐来，带来的绸缎三百六十种；美丽的文成公主啊，你从遥远的大唐来，佛主的光芒照亮了大地……”

文成公主的功绩，不仅在于大力发展了吐蕃的经济和文化，她还根据吐蕃的实际情况和民情民意，多次提出合情合理的建议，协助松赞干布努力推行改革，致力于吐蕃国的发展和进步。

经过30多年的时间，文成公主不但把汉民族文化成功传播到吐蕃，更是带领吐蕃在军事、政治、经济、文化等各方面都取得了突飞猛进的发展，因而称霸西域，成为唐王朝西方的有力屏障。唐朝与吐蕃的同盟关系达到顶峰，文成公主也因此被称为唐蕃交好的“和平使者”。

松赞干布去世后，吐蕃与邻邦吐谷浑关系恶化。在位的钦陵起兵击溃吐谷浑，唐高宗以擅自用兵之名派薛仁贵督师讨伐吐蕃，结果被吐蕃军队打得一败涂地，从此吐蕃人不再服从唐朝管制，连年兴兵进犯唐朝边境。唐廷将吐蕃视为最大的敌人，双方陷入了不可收拾的敌对局面。

公元680年，文成公主在郁郁寡欢中病逝。唐高宗听闻消息后，立即派使者前往吐蕃祭奠，但这也没能缓和双方的关系。不过，吐蕃官民对文成公主的敬仰之情并没有减弱，他们在悲痛之余，不仅为文成公主举行了隆重的葬礼，还立庙设祠纪念她，前来朝拜者络绎不绝。

# 一代女皇武则天

中国的封建社会是以男权为中心的，然而却有一个女性冲破男尊女卑的罗网，打碎封建时代的桎梏，一跃登上皇帝宝座，堪称封建皇权史上的奇迹。她就是千古中华第一位女皇帝，也是中国历史上唯一一位女皇帝——武则天。

武则天，名曌，并州文水（今山西文水东）人，是唐朝开国功勋武士彟次女。据记载，武则天十几岁时已出落成了亭亭玉立的美女，而且博闻强记，尤其擅长书法，姿态卓尔不群。由于美貌和才智声名远扬，武则天十四岁时被唐太宗召入宫内，封为“才人”，赐号“武媚”。

公元649年，唐太宗去世。没有生育子嗣的嫔妃们被送往感业寺削发为尼，武则天也是其中之一。之后，唐高宗前来感业寺拜祭时看中武则天，降旨召回宫中。武则天二次进宫，被封为“昭仪”，地位仅次于皇后和妃。

公元655年，唐高宗不顾众臣反对，下诏书废掉王皇后，紧接着正式立武则天为皇后。武则天一当上皇后就开始打击报复曾经反对自己当皇后的元老重臣，褚遂良被一贬再贬，长孙无忌被逼自杀。另外，她还罢免了20多个与她政见不合的官员，又大力培植亲信。

不到五年时间，武则天就扫除了反对她的政治力量，巩固了自己的皇后之位，扩大了自己的权力。与此同时，看到唐高宗因为体弱多病，总是疏于国事，她开始积极主动地参与政事。后来，唐高宗因患风眩，双目不能视，于是诏告重臣朝政之事委托武后协助处理。武则天机智精明，又有“通文史，多权谋”的长处，处理政事合情合理，她所提出的意见经常令大臣们折服。

公元664年，唐高宗看到武则天的权势和声望不断上升，深感自己的权力受到极大制约，于是授意中书侍郎上官仪起草诏书，废掉武则天的皇后之位。不料这事被武则天知道了，她以谋逆罪名下令处死上官仪，并在宫廷内外布满密探。凡探听到内外官员有谁想要废后的一律杀无赦，一连数年，京城再没人敢言废后。

再后来，唐高宗的身体状况越来越不好，再加上性格优柔寡断，正式诏令武则天摄政，与自己同临紫殿，一起接受群臣朝拜，以致朝臣们将武则天与唐高宗并称为“二圣”，武则天的地位与皇帝无异。

唐高宗与武则天共育有四个儿子，分别是李弘、李贤、李显、李旦。唐高宗一心想保住李家的皇朝，于是打算禅位给太子李弘。李弘为人忠厚、谦虚忍让、关心国事，朝中不少大臣盼着太子李弘即位之后能一改武后专权的局面。武则天不能接受，便用药酒毒死李弘；唐高宗又立次子李贤为太子，并令李贤监理国政，权欲熏心的武则天又感到权力将要旁落，于是指使人诬告李贤贪恋女色，图谋叛乱，贬之为庶人，后来又派人杀之；唐高宗病死

▲武则天画像

后，三子李显即位，称唐中宗，但第二年就被武则天废掉，远放边陲；之后，四子李旦为帝，即唐睿宗，但武则天不允许唐睿宗参与政事。一些士族官僚与其他皇子举兵反抗，武则天临危不乱，不到50天就平定起义。

公元690年九月初九，在武则天的指使下，唐睿宗上表请求母后武则天称帝。于是武则天废睿宗，改国号为周，自称“圣神皇帝”，史称“武周”。67岁的武则天身穿皇帝服饰，光彩熠熠，接受文武百官和八方夷狄的山呼“万岁”，登上了权力的最高峰，中国历史上第一位女皇就此正式诞生。

作为一个参政已久的女人，武则天的治国手段一流，她知人善任，不计门第，不拘资格，大力选拔人才，选出了狄仁杰、姚崇、宋璟等一批有才学之士；在全国大力推行“均田制”，在边远地区实行军事性屯田、营田，成效显著；重视农业生产，奖励农桑，百姓生

▲则天殿

活富裕，人口不断增加；继承唐太宗民族怀柔和“降则抚之，叛则讨之”的策略，缓和了与周边少数民族的关系，呈现出一片和平景象。

但不能否认的是，武则天善权谋，重权力，做了一些阴险残忍的事情，比如为了谋取皇后的位子，亲手扼死亲生女儿并嫁祸于王皇后；为了谋夺帝位，又将两个亲生儿子害死；为了打击政敌，她鼓励任用酷吏，手段残忍，朝廷上下人人自危，后世有人称武则天为“杀人魔王”。此外，她大事崇佛，极度奢侈铺张，耗费了巨大的人力、财力。到了晚年，已把朝政搞得混乱不堪。

公元705年，武则天年老病重，文武群臣发动宫廷政变，拥唐中宗李显复位，恢复唐国号和制度，武则天被迫退位，同年十一月病死，时年82岁。

▲《武后行从图》

# 婉约词宗匠李清照

李清照，号易安居士，齐州章丘（今山东章丘西北）人，出身于书香门第。受到父母的影响，再加上家中藏书甚富，李清照从小爱好文学，文采卓然，诗词、散文、书画、音乐等无不通晓，特别是在作词方面，有很高的造诣。

由于少女时代生活平安无忧，又是在风景如画的济南度过，李清照养成了纯真、自由的个性。

常记溪亭日暮，沉醉不知归路。兴尽晚回舟，误入藕花深处。争渡，争渡，惊起一滩鸥鹭。

我们熟知的《如梦令》就是李清照少女时代在济南生活的真实写照，可见那时她的生活是幸福的，精神是愉悦的。

18岁时，李清照与太学生赵明诚结为夫妻，两人都爱好文学，情投意合，婚姻生活幸福美满，也留下了诸多精彩作品，如《丑奴儿》。

晚来一阵风兼雨，洗尽炎光。理罢笙簧，却对菱花淡淡妆。

绛绡缕薄冰肌莹，雪腻酥香。笑语檀郎，今夜纱厨枕簟凉。

仅仅一个夫妻生活的日常画面，经过李清照妙笔的润色，勾勒出了无穷乐趣。

李清照的婚姻是幸福的，但由于赵明诚当时在太学读书，后又外派做官，其间夫妻大约有14年的分离。作为一个感情细腻丰富的女性，李清照将这种相思的苦楚化为一首首诗词，留下了诸多抒写离愁别绪的名篇佳作。如《醉花阴》中以黄花自喻。

薄雾浓云愁永昼，瑞脑销金兽，佳节又重阳，玉枕纱厨，半夜凉初透。

东篱把酒黄昏后，有暗香盈袖，莫道不销魂，帘卷西风，人比黄花瘦。

该词构思新颖，情意深挚，意趣高雅，别具一格，不是一般怨词所能相比的。

在尔虞我诈的政治斗争中，赵明诚因得罪权臣被罢官，带着李清照返回故乡青州。在接下来十几年的时间里，夫妻两人一直潜心于金石书画的搜求研究，他们先后搜集整理了数十屋子的金石字画，共同校勘、鉴赏、整集签题，指摘瑕疵，并完成了一部记载古代历史文物的著作——《金石录》。

当时处于北宋末年，金兵入据中原，东京被攻陷，繁华顷刻破碎。要埋头整理文物已经不可能了，李清照与赵明诚带着金石刻本2000卷，开始了流寓南方的孤苦后半生。到了建康（今南京）后，赵明诚病故，李清照从此只身漂泊于台州、温州、金华等地，过着颠沛流离的生活。

国破、家亡、夫死，李清照的生活变得凄凉愁苦，故而后期的词充满“物是人非事事休”的伤感情调。如《声声慢》。

寻寻觅觅，冷冷清清，凄凄惨惨戚戚。乍暖还寒时候，最难将息。三杯两盏淡酒，怎敌他、晚来风急？雁过也，正伤心，却是旧时相识。

满地黄花堆积，憔悴损，如今有谁堪摘？守着窗儿，独自怎生得黑！梧桐更兼细雨，到黄昏、点点滴滴。这次第，怎一个愁字了得！

当然，李清照也有着文人的傲骨，痛恨一味求安的南宋政府。

生当作人杰，
死亦为鬼雄，
至今思项羽，
不肯过江东。

▲李清照故居

这首《夏日绝句》歌颂了建功立业的雄心壮志，这种正气凛然、慷慨雄健的诗风，在当时典雅温婉的宋代诗坛上独树一帜，以至于后人称赞“不徒俯视巾帼，直欲压倒须眉”。

李清照的作品颇丰，虽然其词作随着个人生活的变化而变化，以“靖康之变”为界分为前、后两个时期，但是不论是少女、少妇清丽明快的情调，抑或国破家亡、孤苦飘零的伤感情愁，她总是以至情至性而作。她的父亲李格非曾说：“文不可苟作，诚不著焉，则不能工。且晋人能文者多矣，至刘伶《酒德颂》，陶渊明《归去来辞》，字字如肝肺出，遂高步晋人之上，其诚著也。”从李清照的作品中可以清楚感受到父亲的言传身教对她的影响。

在宋代词人中，李清照的作品因为流露着真情实感，所谓“以寻常语度入音律”者也，其词清新简美，被称为“易安体”，人们称其为“婉约派正宗”。

# 女子英雄梁红玉

在中国封建社会，传统女子的地位低微，多以结婚生子、传宗接代为职责，不能参与国家大事，领兵作战更不可能。而南宋名将韩世忠的夫人梁红玉却是例外，她以不输男儿的豪气和才能，协助丈夫屡败金兵，成为保家卫国的巾帼英雄。

梁红玉，史书中不见其名，早期生平不详。据传，她出生于一个习武世家，从小跨马射箭、修炼拳脚，习得一身好武艺。家道中落后无奈被迫沦为京口（今江苏镇江）营妓。营妓就是军中艺人，以舞剑弹唱为生。后来她与军营校官韩世忠相遇，以终身相托，结为夫妇。

宋高宗懦弱无能、优柔寡断，邻近的金国经常入侵。公元1130年，完颜宗弼即金兀术带领金军从南方掠夺得盆满钵满，事后扬扬得意地北归。韩世忠夫妇收到消息，号令军队紧急出动，在黄天荡挡住金兵去路。但金军有10万人，他们只有8000人，寡不敌众，如何取胜？梁红玉通过一番分析，建议埋伏在四周，利用火箭攻打敌人。

大战当天，梁红玉亲自挥旗击鼓，将士们不由得士气大振，再加上火箭四射，打得金军落花流水，大败而归，不可一世的金兀术再也不敢随便过江南侵。这是中国历史上一场战绩辉煌的大胜仗，即著名的“梁红玉金山击鼓退金兵”，后被编成《抗金兵》广为传诵，流传千古。

梁红玉不但是战场上智勇双全的巾帼英雄，在重建家园时，她也是尽心竭力的实干家。朝廷派韩世忠坐镇楚州时，由于连年战乱，这里到处都是废墟。梁红玉亲自组织当地妇女种菜、织布、建房，重建家园，还组建了一支“娘子军”配合丈夫的部队与金军征战。经过夫妻二人的苦心经营，楚州逐渐恢复生机，又成为一方重镇。据史料记载，当时楚州“兵仅三万，而金人不敢犯”。

梁红玉因病逝世，得知消息的宋高宗专门赐贵礼以示哀悼。

> 青眼识英雄，寒素何嫌，忆当年北虏鸱张，桴鼓亲操，半壁山河延宋祚；
>
> 红颜摧大敌，须眉有愧，看此日东风浩荡，崇祠重整，千秋令誉仰淮壖。

梁红玉祠堂前，这长达54字的泥金，是她一生的真实写照。

在女性地位卑微的封建旧社会，梁红玉以常人所不及的飒爽英姿，调动枪杆，应对刀兵，协助丈夫保卫国家的壮举以及英勇作战的精神，使她成为中国历史上一位杰出的女性，留名青史，永垂不朽。

# 纺织革新家黄道婆

在史册上留有名字的女人，大多是才貌双绝的名门闺秀，而黄道婆既没有才情学识，也没有高贵出身，却是对百姓影响最大、最贴近我们生活的人。

黄道婆，南宋末年松江府（今上海）人。由于父母早逝，黄道婆幼年沦为孤儿，受生活所迫，不得不到有钱人家做了童养媳。那个时代童养媳的地位很低，家庭重任几乎全都压在她肩上。种地、砍柴、做饭、洗衣……小小年纪的她无一不通，常常日出而作，日落而息，还要挨打挨骂。

▲ 黄道婆雕像

忍无可忍之下，黄道婆偷偷逃出家门，跟着一艘船到达海南岛的崖州（今海南三亚西北崖城）。崖州的木棉和纺织技术十分有名，当地不少女人都会棉花纺织技术。看到那些五光十色的黎布做成的漂亮的衣服、被子、桌布，黄道婆顿时爱不释手，决心要好好留在这里，将这些技术全部学到手。

黄道婆虚心向黎族人民请教关于纺织的技术，大家都看她可怜，再加上她诚恳的请求，都愿意传授给她。黄道婆学得十